Helen Brown

À PAS DE CHAT

Traduit de l'anglais (Nouvelle-Zélande) par
Paul Benita

JEAN-CLAUDE GAWSEWITCH ÉDITEUR

Titre original : *Cats and daughters*

Aux chats et aux filles
qui ne répondent pas toujours
quand on les appelle.

Édition originale : Two Roads Books

130, rue de Rivoli
75001 Paris
ISBN : 978-2-35013-392-8

Helen, sa mère et ses deux filles

Lydia

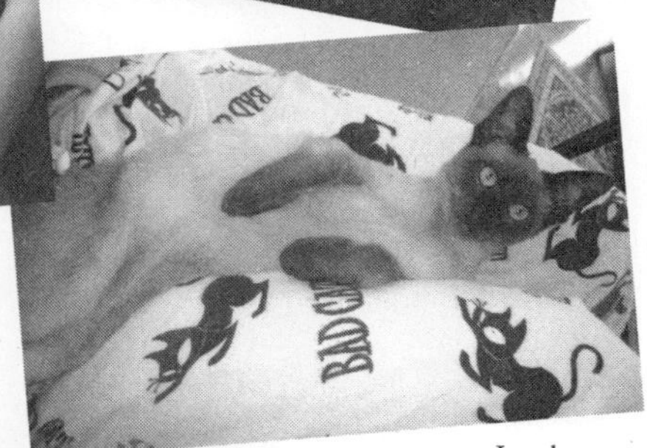

Jonah

Lydia

Temple
bouddhiste
au Sri Lanka

Lydia au Sri Lanka

Lydia et Jonah

Lydia et sa fille

Jonah

Katherine

Lydia, Philipp, Katherine, Rob, Chantelle et Helen

Table des matières

1

De chat en chat

Les félins ont un drôle d'effet sur nous. Je n'aurais jamais cru que nous nous retrouverions avec un chat qui exigerait qu'on le promène.

Alors que les ombres du soir avançent dans la cuisine, les pattes de Jonah tambourinent dans le couloir. Il apparaît devant moi, son harnais rouge entre les dents.

— Pas maintenant, dis-je en pelant une carotte. On dîne dans une demi-heure.

Ses yeux s'écarquillent jusqu'à devenir une paire de lacs. Il s'assied devant moi, enroule sa queue autour de lui et m'examine attentivement. Que voient les chats quand ils nous regardent ? L'absence de poils ? Ça doit les atterrer.

Après mûre réflexion, il se dresse contre moi, étire son corps, me tapote les cuisses avec les coussinets de ses pattes antérieures, aplatit les oreilles et penche la tête sur le côté. Puis il dépose le harnais à mes pieds et émet une plainte lugubre.

Irrésistible.

Je m'accroupis pour saucissonner son corps doux et souple. Il s'arc-boute de plaisir. Son miaulement résonne dans la pièce carrelée.

« *Cruel, trop cruel !* » C'est la voix de maman. « *Les chats sont des animaux sauvages. Que fais-tu à cette pauvre créature ?* »

C'est étrange comme maman me parle encore, onze ans après son départ. Je me demande souvent si ce sera pareil pour mes filles, si elles m'entendront les cajoler et les encourager quand elles atteindront les premiers stades de la vieillesse.

Dans un monde idéal, Jonah serait libre d'errer où bon lui semble. Mais les temps ont changé. Nous vivons dans des villes. Les rues grouillent de voitures.

Un chat normal détesterait qu'on le tienne en laisse. Trois années avec Jonah m'ont appris qu'il est tout sauf normal. En dehors du fait qu'il adore son harnais, son obsession pour les gants, les rubans de fleuriste et les robes de soirée témoigne d'une perspicacité hors normes pour un félidé.

Il est compliqué. Alors qu'il fait parfois preuve d'une intelligence incroyable, il s'imagine que les voitures servent surtout à se cacher entre leurs roues. Loin de moi l'idée de le garder prisonnier, mais nous vivons une époque périlleuse.

J'attache le harnais à une laisse extensible afin de lui laisser une autonomie maximale. Les vibrations de ses ronronnements parcourent mon bras quand j'ouvre la porte de la buanderie pour le déposer dans l'herbe. Immobile, il se concentre avec délice sur la chaude brise qui lui raconte des histoires de souris et de pigeons, de petits chiens blancs et de chats – amis ou ennemis. Autant de récits qui échappent à mes sens humains trop primitifs.

Tirant sur la laisse, Jonah fonce droit devant et nous longeons la maison d'un pas vif. Son énergie juvénile est épuisante. Son assurance terrifiante. Souvent, je me dis que cet animal splendide et obstiné ressemble à Lydia, ma fille aînée.

Tandis qu'il s'immobilise devant le portail pour renifler la haie de romarin, je sens que Cléo, là-haut, au paradis des chats, me contemple en ricanant. Pour elle, qui venait de la rue, les harnais étaient des trucs réservés aux toutous qu'on exhibe dans les défilés de mode.

Les chats ne débarquent pas dans votre vie par hasard. Ces créatures magiques possèdent souvent des pouvoirs de guérison. Quand Cléo est arrivée, il y a près de trois décennies, notre famille était brisée par la mort de notre fils de neuf ans, Sam. Son jeune frère, Rob, qui l'avait vu se faire renverser, était traumatisé. Quant à moi, ma souffrance et ma colère à l'égard de la conductrice de la voiture m'empêchaient de lui offrir le réconfort dont il avait besoin. Mon angoisse la plus profonde était de savoir que Sam était mort seul au bord de la route. Mais on m'avait mal informée. Des années plus tard, j'ai reçu une lettre d'un homme merveilleux, Arthur Judson, qui m'a appris qu'il se trouvait sur les lieux ce jour-là et qu'il était resté avec Sam jusqu'à la fin.

C'est une petite chatonne noire nommée Cléo qui a rendu le sourire à Rob. Elle semblait comprendre la crise que nous traversions. À force de câlins et de jeux, et par sa présence constante à ses côtés, elle lui a permis de se lancer dans une nouvelle vie sans son frère. J'ai alors compris que certains animaux savaient panser nos blessures.

Bien sûr, la mort de Sam a changé le cours de nos existences et nos cœurs ne s'en sont jamais totalement remis ; mais, tout au long de ces années, Cléo a veillé sur nous. Elle se blottissait contre mon ventre de plus en plus rond quand j'ai été à nouveau enceinte, elle me tenait compagnie pendant ces nuits interminables où il fallait nourrir la petite Lydia. Quelques années plus tard, elle est devenue ma copine de divorce et, quand j'ai été prête, elle a scruté mes très rares soupirants de son regard aiguisé pour s'assurer que je faisais le bon choix. Il s'avéra que Philip – le premier à obtenir l'aval de Cléo – fut la bonne personne, même s'il passe l'essentiel de sa vie dans des avions ces temps-ci. Avant la naissance de notre fille, Katharine, elle s'employa à nouveau à me réchauffer le ventre et, après, à m'encourager la nuit quand je lui donnais le sein.

Rob fut, de tous nos enfants, celui qui forgea les liens les plus forts avec elle. Ils ne cessaient de s'amuser ensemble et quand il tomba gravement malade un peu après ses vingt ans, elle veilla à nouveau sur lui. Cette petite chatte noire nous a accompagnés dans le deuil ; elle nous a suivis bien plus tard lors de notre émigration en Australie et jusqu'à ce que nous trouvions enfin un bien-être un peu désordonné. Puis, à peu près à l'époque où Rob est tombé amoureux de la fille de ses rêves, Chantelle, Cléo s'est effacée avec grâce. Sa moustache a soudain blanchi… comme si elle estimait sa tâche accomplie maintenant qu'il était adulte et heureux et que notre famille était à nouveau plus ou moins sur pied. Elle était enfin libre de nous quitter pour monter au paradis des chats, si un tel endroit existe.

Je m'étais fait le serment de ne pas avoir d'autre chat. Mais quand la vie est redevenue compliquée, un petit être soi-disant siamois a soudain fait son apparition dans la maison.

2

Partir

Votre ancien chat choisit son successeur.

— Quand allez-vous prendre un autre chat ? me demanda ma voisine Irene, de l'autre côté de la haie.

Quel manque de tact ! On ne va pas s'acheter une nouvelle mère à la seconde où on a mis la sienne en terre !

Je l'ai regardée malgré le soleil qui m'aveuglait. Elle portait des lunettes noires et un de ces chapeaux idiots qu'on trouve dans les boutiques de sport. Avec un rire faussement désinvolte, je lui ai demandé ce qu'elle voulait dire.

— Tous les matins, vous venez parler à ce buisson sous lequel est enterrée Cléo. Ce n'est pas sain.

Mais qu'est-ce qu'elle en sait ? me suis-je dit, les yeux soudain baissés vers ma tasse de café. J'avais bien le droit de venir causer avec un animal mort après le petit déjeuner, et puis ce n'était pas plus étrange que la moitié des autres trucs que je m'étais mise à faire ces derniers temps, comme porter mes vêtements à l'envers ou acheter des cartes d'anniversaire six mois à l'avance. Sans parler de mon obsession croissante pour les mots croisés et les jeux télévisés. J'aimais bavarder avec un chat décédé, et alors ?

— Une de mes amies vient juste d'avoir trois petits chatons, poursuivit-elle. Enfin, je ne veux pas dire que c'est elle qui leur a donné naissance, hein !

Les gens sont prêts à tout pour se débarrasser de ces petites bêtes. « Venez juste les voir », roucoulent-ils, certains qu'à la seconde où vous poserez les yeux sur un être à quatre pattes, sans queue et à moitié chauve, votre cœur va se liquéfier. Dans ces cas-là, il faut faire vite. Deux mots suffisent : « Non » et « merci ».

Il n'existait pas une seule créature dans toute la biosphère capable de remplacer Cléo. Cela faisait un an que Philip avait couvert son petit corps de pelletées de terre. Quand je m'étais éloignée pour pleurer seule dans mon coin, la voix de maman m'avait rattrapée : « *Ne fais pas l'idiote ! Ce n'est qu'un chat, pas* une personne. »

De bien des façons, Cléo était plus qu'une personne. Dans une maison, les gens vont et viennent mais les animaux demeurent une présence constante. Pendant près de vingt-quatre ans, Cléo avait assisté à tout ce qui était arrivé à notre famille.

Même après leur disparition, les chats et les gens ne vous abandonnent jamais complètement. Il m'arrivait encore de retrouver des poils noirs au fond d'un placard.

— Et si vous veniez avec moi voir ces chatons ? insista Irene. Ils sont superbes. Tout doux et rayés.

— Je ne veux pas d'un autre chat, répondis-je avec plus de véhémence que je ne l'aurais voulu.

— Plus jamais ? s'enquit-elle en ajustant ses lunettes de soleil sur son nez.

Je fus surprise car sa proposition me tentait. C'est alors qu'une fleur d'hibiscus s'est détachée d'une branche pour venir atterrir près de mon pied. La plupart des gens se contentent de *buissons* d'hibiscus mais les nôtres avaient donné un arbre haut de sept mètres, chargé de centaines – voire de milliers – de fleurs roses. En été, c'était si spectaculaire que nous avions fait installer un banc semi-circulaire le long du tronc, sur lequel je m'installais pour siroter un café au milieu des fleurs et des moustiques en me prenant pour Scarlett O'Hara. En automne, c'était beaucoup moins pittoresque. À mesure que le froid s'installait, chacune de ces fleurs tombait à terre, attendant qu'on vienne la ramasser. Chez nous, une seule personne se chargeait du nettoyage : moi. Si je me mettais en grève, les fleurs se vengeaient en pourrissant et en se transformant en vase gluante. Le reste de la famille se débrouillait pour les éviter mais moi, je glissais toujours sur cette substance visqueuse, multipliant les chutes sur les pierres de l'allée.

Il se passerait la même chose si nous avions un autre chat. Comme tous les habitants de cette maison, il ne tarderait pas à développer une personnalité hypertrophiée et c'est moi qui finirais par me taper tout le travail. Non, un autre chat, c'était hors de question.

— Jamais.

— Vous changerez d'avis, affirma ma voisine en agitant un doigt mystérieux sous mon nez. Vous voulez que je vous confie un secret ? Savez-vous comment les chats s'immiscent dans nos vies ?

Je feignis d'être intéressée.

— Ils choisissent leurs successeurs à notre place, dit-elle.

— Vraiment ?

— Oui et le nouveau chaton qu'ils ont déniché pour nous finit toujours par s'imposer, répondit-elle. Croyez-moi, c'est exactement ce qui va vous arriver.

— Je ne vois aucun matou dans les parages, dis-je en bâillant au soleil.

Elle tendit le bras pour cueillir une fleur d'hibiscus sur l'arbre.

— Votre ancienne chatte ne s'est pas encore décidée, voilà tout, dit-elle avant de se tapoter l'aile du nez, de glisser la fleur sur son chapeau et de partir pour sa promenade du matin.

Je terminai mon café en la regardant s'éloigner. L'idée de Cléo trottinant dans un univers parallèle, à la recherche de son remplaçant, était assez fascinante. Elle allait devoir trouver un bâtard rusé, un petit malin né et éduqué dans la rue.

Mais, encore une fois, je refusai d'adopter un autre chat. Après plus de trois décennies de maternité, j'avais bien besoin d'une pause. Je ne voulais plus m'occuper de qui que ce soit. Les enfants n'avaient presque plus besoin de nous. Dès que Katharine aurait passé ses derniers examens, je prendrais une année de congé sabbatique pour visiter les plus beaux musées du monde et faire toutes ces choses que j'avais ratées en ayant eu un enfant trop jeune. Je ne voulais pas d'une nouvelle charge – que ce soit à deux ou quatre pattes. J'envoyai donc un message muet à l'adresse de Cléo, là-haut, au ciel des chats : « *S'il te plaît, non !* »

Malgré tous mes efforts pour l'oublier, elle demeurait présente. Partout. En dehors de sa dépouille sous le buisson et des poils noirs dans les placards, son endroit préféré pour faire la sieste au soleil était toujours reconnaissable au petit cercle d'herbes écrasées. Dans la maison, les souvenirs étaient gravés dans chaque pièce comme autant de coups de griffes. La porte du salon portait encore les cicatrices qu'elle avait laissées en cherchant à entrer alors que nous mangions du poulet. Quand une ombre traversait la cuisine, je devais me rappeler que ce n'était pas elle. Pour la première fois en vingt-quatre ans, je n'avais pas peur de laisser une assiette de saumon sur le buffet. Dehors, dans le jardin et sous la maison, les souris pouvaient enfin ronger en paix.

Ma voisine avait peut-être raison. La disparition de Cléo m'avait sans doute plus affectée que je ne le croyais. En y repensant, je présentais d'inquiétants symptômes depuis sa mort. Sans entrer dans les détails, ces derniers mois, des mots comme « pertes », « fuites », « sueurs » et « frissons » avaient acquis une nouvelle signification pour moi. J'étais devenue une véritable catastrophe environnementale ambulante. Quand j'avais abordé le sujet avec certaines de mes amies, je l'avais aussitôt regretté. En comparaison des miennes, leurs souffrances étaient effroyables. On aurait juré que certaines d'entre elles étaient passées directement de l'adolescence à la ménopause, non sans traverser quelques épisodes de grossesses particulièrement douloureuses.

Néanmoins, il allait falloir que j'arrête de parler à ce buisson. Mon comportement allait finir par attirer l'attention et les gens préféreraient sans doute traverser la rue plutôt que de risquer de me rencontrer. Non pas que cela me dérangeait. Nous avions toujours été les excentriques du quartier. Et maintenant qu'une maison sur deux était démolie pour être remplacée par un monstre de béton, je m'y sentais de moins en moins chez moi. Quand Irene m'avait montré les plans de sa future MacDemeure, je n'avais dissimulé mon horreur qu'au prix d'un effort surhumain. Non seulement cette chose allait surplomber notre jardin, mais ses colonnes et ses portiques faisaient référence à un nombre hallucinant de cultures antiques.

Les goûts de nos voisins me consternaient. Je n'avais jamais été assez mince, ni assez fascinée par la mode pour les partager.

Des changements étaient nécessaires.

Une autre fleur d'hibiscus tomba en plein dans ma tasse. C'était décidé ! Et la solution était tellement évidente que je me demandais pourquoi je n'y avais pas songé plus tôt.

Après avoir sauvé la fleur de la noyade dans un fond de café, je saisis mon téléphone portable.

J'allais échapper à l'horreur d'une vie à l'ombre du grand projet d'Irene et à des décennies de ramassage de pétales d'hibiscus. Plus jamais je n'entendrais le bruit des pattes de Cléo sur le carrelage. Quant au buisson, mon cimetière personnel, il allait enfin pouvoir redevenir une simple touffe d'herbe.

Philip était sur répondeur mais je lui annoncai tout de même :

— Nous allons changer de maison, avant de presser le bouton *off* qui émit un joyeux clic.

3

Arrivée

Une maison est une seconde peau.
Il faut lui laisser le temps de pousser.

— Qui aurait envie de vivre dans un endroit qui s'appelle *Shirley* ? s'enquit Philip en fixant la plaque de cuivre à côté de la porte d'entrée.

Honnêtement, il peut être très agaçant. Notre ancienne maison avait été vendue plus vite que prévu. Nous devions la quitter d'ici quatre semaines. Et voilà qu'il faisait des manières à cause d'un nom sur une plaque.

— Autrefois, les gens aimaient donner un nom à leurs maisons, dis-je. Et je ne vois pas ce que tu as contre *Shirley*.

Cette remarque n'eut manifestement pas l'effet désiré. Au fond, je savais qu'il avait envie d'emménager dans un grand machin blanc et moderne, un peu comme un frigo. Au lieu de cela, *Shirley* lui évoquait sans doute l'union d'une maison de poupées avec le château de Sissi. Bâtie au début du XXe siècle, avec des briques rouges et un toit en tuiles, elle rappelait une époque où les mères préparaient les sacs de leurs fils qui partaient à la guerre et où il était impensable de coucher avant le mariage. Si Shirley avait un jour connu une quelconque splendeur, celle-ci avait disparu depuis bien longtemps. Ne restaient plus que les murs craquelés et les fenêtres sans ornements.

La maçonnerie dessinait des vagues et l'élément gris qui servait de mortier ne semblait plus tenir grand-chose. Les tuiles orange du toit faisaient penser à des rangées de biscuits cassés dont beaucoup risquaient la glissade et la chute. Inutile de faire remarquer ces détails à Philip. Si nous n'achetions pas très vite une maison, il nous faudrait louer, avec tous les désagréments et l'incertitude que cela entraînerait.

J'avais cru qu'il serait facile de trouver un nouvel endroit où vivre mais nous venions de passer des semaines à visiter appartements, habitations de ville et chantiers en construction. Tout ce que nous avions vu était soit trop exigu, soit d'un prix exorbitant, ou alors réparti sur tellement de niveaux qu'il aurait fallu nous équiper d'un matériel d'escalade. Nous ne voulions ni réduire notre espace vital, ni choisir une de ces maisons de banlieue qui s'étale à n'en plus finir.

J'ai toujours aimé Prahran (un nom aborigène que les gens du coin prononcent « Pran »), un quartier un peu déluré, et je reconnais qu'une certaine exaltation m'a saisie quand j'ai repéré Shirley pour la première fois, au coin d'une impasse sans prétention non loin de High Street. Ici, toutes les habitations dataient d'entre les deux guerres, ce qui conférait à ce secteur une harmonie agréable plutôt rare à Melbourne. La plupart n'avaient qu'un étage. J'aimais leurs palissades et leurs jardins biscornus. Tout cela rappelait *Alice au pays des merveilles*. Un arrêté municipal interdisait qu'on y construise le moindre édifice moderne.

À la différence de nos voisins actuels, ceux de Shirley ne semblaient pas affectés par le syndrome de la pelouse tondue. En fait, on aurait plutôt dit que la compétition faisait rage pour savoir qui aurait l'herbe la plus touffue.

Le jardin devant la maison, un rectangle de sable longeant le garage double, était un désert. Des plaques de béton posées par terre formaient l'allée menant à la porte d'entrée. Le seul indice permettant de croire que Shirley avait un jour abrité une vie de famille était un vieux pommier tout tordu adossé à la véranda.

— Viens, dis-je à Philip, allons voir l'intérieur.

Mais mon mari refusa de bouger. Il contemplait toujours la plaque de cuivre portant le nom honni. Le métal avait été poli récemment, sans doute dans l'espoir d'une visite comme la nôtre.

— Si ça te gêne tant que ça, dis-je en le prenant par le bras, nous l'enlèverons.

— Je ne vois pas comment : cette plaque est coulée dans le béton.

Je parvins néanmoins à le traîner sur les marches en bois du porche, que des décennies d'allers et venues avaient mises à l'agonie. Nous entrâmes enfin. Les plafonds étaient hauts, les courants d'air glacés. Un rayon de soleil poussiéreux tombait sur une pyramide de cartons. Je m'y sentis tout de suite à l'aise.

— Pas vraiment en super état, observa Philip.

— Normal, dis-je, les précédents propriétaires se sont fait expulser.

— Qui dort ici ? demanda-t-il en inspectant une chambre très sombre encombrée de valises et d'équipement de gym. Le marquis de Sade ?

Un agent immobilier apparut, tel un spectre, sur le seuil.

— C'est la chambre principale, monsieur, dit-il, vexé, en lui tendant une brochure avant de tourner les talons.

— Ah oui, marmonna Philip, la chambre avec les instruments de torture et une vue imprenable sur le mur des voisins.

Les lattes du parquet craquèrent sous nos pieds quand, suivant une odeur de naphtaline, nous nous dirigeâmes vers une chambre plus petite, dotée d'une cheminée encatsrée. Des taches circulaires au plafond présageaient une toiture qui fuyait.

— Et ici, c'est la chambre de bébé, dit-il en examinant le papier peint qui pelait.

Il était couvert de nounours en peluche.

— Ou alors un bureau, ajoutai-je en regardant le pommier par la fenêtre au cadre ébréché, rose et vert.

Une nouvelle escapade sur le plancher grinçant nous amena dans la salle à manger-cuisine. Nos voix retentissaient étrangement dans l'espace vide. Philip me fit remarquer le plan de travail en marbre jaune constellé de taches brunâtres. Inhabituel, je l'admets. Un téléphone décroché de son socle émettait une tonalité persistante, comme un moniteur cardiaque enregistrant le déclin d'un patient.

Même si Shirley avait été négligée depuis trop longtemps, elle m'attirait. Comme moi, c'était une vieille dame fatiguée, un peu trop imposante et dont l'état général méritait sans doute quelque attention. J'avais l'impression de rencontrer une femme aux yeux doux et tristes — une inconnue appelée à devenir une amie pour la vie.

— Si les murs étaient d'une couleur un peu plus chaude... et en ajoutant quelques tableaux... et puis regarde ! dis-je en lui montrant un balcon qui occupait tout un pan de mur.

Malheureusement, il donnait sur un carré d'argile habité par un arbre morose et solitaire. Je dus convenir que ce jardin-là paraissait encore plus lugubre que celui de devant. La pelouse s'était depuis longtemps transformée en poussière. Depuis des années maintenant, une terrible sécheresse accablait Melbourne. J'avais lu des articles à propos d'enfants en bas âge pour qui la pluie était un phénomène si étrange qu'ils se mettaient à hurler les rares fois où elle tambourinait sur leurs toits. Les restrictions d'eau étaient si sévères que la consommation des ménages était revenue au niveau de celle des années cinquante. Un simple brossage de dents vous rongeait de remords et nous avions installé un minuteur dans la douche. Certains se lavaient dans un seau, récupérant une eau trouble pour arroser leur jardin.

L'odeur de la pluie me manquait, sa douceur, sa fraîcheur vivifiante. Mes yeux me piquaient en permanence dans cet air dépourvu de la moindre humidité.

Nous poursuivions notre visite. Philip opposait deux arguments à chacun des miens en faveur de Shirley.

— Le salon fait la bonne taille. On peut y mettre la table en chêne, dis-je, regrettant aussitôt mon erreur.

Relique de mon premier mariage, ce meuble conservait les traces des coups de scie que lui avaient infligés Sam et Rob alors qu'ils n'étaient même pas en âge d'aller à l'école. Même si Philip n'avait jamais émis le moindre commentaire désobligeant à son sujet, je me doutais qu'il ne partageait pas mon affection pour ce vieux bout de bois.

— Imagine que nous prenions un autre chat, dit-il. Il y a des tas de rues très passantes dans ce…

— Arrête ! aboyai-je.

Pourquoi me harcelaient-ils tous avec ces bestioles ? Pas question que j'ouvre mon cœur pour qu'on me le brise une fois de plus. Si ce nouveau chat vivait aussi longtemps que Cléo, j'aurais soixante-dix-huit ans à sa mort. Par ailleurs, Philip avait raison : la rue dans laquelle était située Shirley évoquait le Far West. Sur chaque lampadaire était placardée une affiche « RECHERCHE » révélant la photo d'un chaton perdu.

Il haussa les épaules, retourna dans le couloir et disparut dans une autre pièce. Parfois, j'aurais aimé qu'il soit plus docile. Mais si j'avais voulu quelqu'un de malléable, j'aurais épousé un pot de pâte à modeler.

Je retournai dans la chambre de bébé pour regarder la rue à travers les branches du pommier. Un homme se promenait sur le trottoir d'en face. Je plissai les yeux. Il portait un peignoir bleu à carreaux, à 2 heures de l'après-midi !

— Regarde *ça* ! s'exclama Philip dans le couloir. Les murs du salon sont en *plâtre* !

Le cœur battant, je le rejoignis. Avec ses murs blancs et grumeleux et sa moquette verte mitée, la pièce était aussi chaleureuse qu'un igloo. Grande comme un demi-terrain de basket, elle était vide et glaciale. À se demander si les tableaux et gravures qu'on y accrocherait n'allaient pas se couvrir de givre.

— Regarde ces miroirs encastrés au-dessus de la cheminée et ces moulures au plafond, dis-je en me demandant comment nous allions pouvoir rendre cette pièce vivable. De nos jours, on ne porte plus une telle attention aux détails.

Un escalier de bois à balustres jaunes nous conduisit dans un vaste espace s'ouvrant sur deux chambres à coucher et une salle de bains. Visiblement, Shirley avait subi une opération de chirurgie esthétique bas de gamme. Un « refuge pour adolescents » avait été installé à moindre frais sous les combles. C'était le coin idéal pour deux jeunes femmes en quête d'indépendance, et Kath et Lydia allaient probablement l'adorer. Nous aurions enfin la possibilité d'héberger les amis de passage ainsi que quelques-unes des personnes invitées au mariage de Rob et Chantelle prévu six mois plus tard. Et qui sait, pourquoi pas des petits-enfants ?

En contemplant la ville par une des fenêtres de l'étage, j'avais la sensation que Shirley m'accueillait comme une vieille amie. Elle me rappelait la maison où j'avais grandi – une demeure pleine de rires et de secrets, offrant tout l'espace nécessaire. C'était le genre d'endroit dont j'avais toujours rêvé, que j'avais toujours voulu acheter. Cerise sur le gâteau, mon café préféré, Spoonful, se trouvait de l'autre côté de la rue, sur High Street. Comme si un cocaïnomane vivait en face de chez son *dealer*.

Je me tournai vers Philip qui essayait machinalement d'écraser une bosse de la moquette avec son talon. Il semblait exaspéré. Je détestais que nous ayons des désaccords. Raidissant la mâchoire, il s'enferma dans le silence tandis que je lui rabâchai encore et toujours les mêmes arguments. Cette fois, je n'avais pas la force de l'affronter, mais je devais quand même essayer :

— Elle ne te plaît pas ? Il y a toute la place qu'il faut pourtant, on devrait pouvoir lui donner un peu de caractère, et puis tu serais beaucoup plus proche de ton travail, sans compter que…

— Mais ce *nom*… dit-il, les dents serrées.

— Pense à toutes ces merveilleuses Shirley… Shirley Bassey, Shirley Valentine, Shirley Temple. Et tu as toujours été amoureux de Shirley MacLaine.

Silence.

— On n'est pas forcés de lui donner un nom, ni même de garder celui-là.

— Cette plaque est inamovible.

— Pas si on utilise une perceuse.

— Tu l'aimes tant que ça ? demanda-t-il, vaincu.

Il était très en dessous de la vérité. À mesure que la vente aux enchères approchait, Shirley devint pour moi une véritable obsession. Tous les jours, je me trouvais une excuse pour passer la voir en voiture. Dans mes rêves, la nuit, je me promenais dans les pièces de Shirley, les transformant en publicités dignes de « Maisons et jardins ». À ma grande honte, je me présentais à chacune des visites proposées. Les yeux de l'agent immobilier brillaient un peu plus chaque fois qu'il me voyait franchir le seuil.

Nous avons commandé un rapport à un cabinet d'experts qui conclut qu'hormis quelques menus problèmes, Shirley était saine. À la condition que nous puissions changer cette plaque d'une manière ou d'une autre, Philip et moi sommes tombés d'accord sur un prix qui serait notre limite absolue lors de la mise aux enchères.

D'une manière générale, j'évite de prendre part à ce type d'événements, car je souffre du syndrome du bras levé. Dès que des gens qui m'entourent commencent à crier des chiffres, ma main se retrouve en l'air avant même que je m'en rende compte. Le jour de la mise en vente de Shirley, je me suis cachée au coin de la rue, serrant un gobelet de café entre mes doigts, tandis que Philip se joignait à la petite foule des acheteurs et des curieux massés sur le trottoir.

Au bout de quinze minutes, estimant que tout devait être terminé, je me dis qu'il n'y avait plus aucun risque, que je pouvais aller voir. Mais la meute était toujours là. L'atmosphère, macabre, semblait celle d'une fin de corrida. Les mains sous les cuisses, assis sur un muret de l'autre côté de la rue, Philip se contentait d'observer.

— Que se passe-t-il ? demandai-je.

Il était trop absorbé par la scène pour me répondre.

— Tu as placé une enchère ?

— Au début, oui, mais ces deux types ont depuis longtemps dépassé notre plafond, dit-il en hochant la tête vers deux hommes qui se livraient une guerre sans merci.

La maison avait atteint un prix grotesque mais le commissaire-priseur ne cessait de les relancer et cela fonctionnait. Les spectateurs semblaient fascinés par la brutalité du spectacle.

Finalement, l'un des enchérisseurs grimaça, chassa une mouche imaginaire et s'éloigna. La foule était électrisée. Le visage congestionné par le triomphe, son opposant se redressa de toute sa hauteur, prêt à savourer sa victoire. En secret, je dis adieu à Shirley et me résignai à passer l'hiver dans un appartement de location.

À mes côtés, Philip bougea, d'abord imperceptiblement. Puis, bouche bée, je le vis libérer la main de sous sa cuisse et la lever lentement. Sautant sur le trottoir, il lança une enchère aussi terrifiante qu'excitante.

Une somme extravagante. Où allions-nous trouver tout cet argent ?

Nous savions tous les deux que ce serait notre seule et unique offre, une offre dont nous n'avions même pas les moyens, à vrai dire. Une vraie folie. Mais cela faisait partie des raisons pour lesquelles j'étais tombée amoureuse de cet homme. À plusieurs reprises au cours de notre mariage, alors que je me trouvais au-delà du désespoir et que j'avais renoncé à tous mes rêves, il avait pris une initiative stupéfiante bouleversant nos vies. Mais il n'avait encore jamais rien accompli d'aussi merveilleux, ni d'aussi potentiellement désastreux : consacrer toutes nos économies passées et futures à une maison qu'il n'appréciait pas, pour la simple raison qu'il comprenait à quel point j'y tenais.

Le silence tomba tandis que la foule – un monstre à têtes multiples – se tournait vers lui. Quiconque ne le connaissant pas aurait juré qu'il était d'un calme olympien. Il n'avait pas changé de couleur. Il respirait normalement. Il ne tremblait pas.

Moi seule percevais les signes. Et ils étaient bien là : des flammes bleues dans ses yeux. Le commissaire-priseur tenta de relancer l'homme au teint rougeaud, lui suggérant de monter de 500 dollars.

50 cents de plus et nous étions à la rue.

— Une fois… rugit le commissaire-priseur, attendant que l'ennemi bondisse.

— Deux fois…

Le temps, élastique, s'étira et nous vîmes le marteau s'élever doucement pour retomber…

La maison était vendue.

À nous.

4

Mystère

Un chat ne vous abandonne jamais complètement.

Alors que la foule se dispersait, l'agent immobilier nous fit remonter l'allée pour nous inviter dans la salle à manger de Shirley où le téléphone bêlait toujours comme un agneau égaré.

Toutes dents dehors, le bonhomme enveloppa ma main dans la sienne et nous félicita. Il dit que les vendeurs allaient être ravis d'avoir obtenu un si bon prix pour une maison qui était quand même quelque peu souillée.

Souillée ? Comme une jeune fille de l'époque victorienne ? Il confessa que, lors d'une précédente mise aux enchères quelques mois plus tôt, Shirley n'avait même pas atteint son prix plancher. J'attendis le regard noir de Philip, mais il faisait semblant d'être fasciné par les documents de vente.

— Tu es un homme merveilleux, soupirai-je une fois dans la voiture, mes mains tremblant encore d'avoir signé des papiers sur lesquels s'alignaient autant de zéros. Tu es sûr que nous en avons les moyens ?

— On se débrouillera, répondit-il sur le ton rassurant qu'il employait avec ses clients quand il travaillait à la banque. Nous avons quelques économies et, avec un peu de chance, je devrais avoir une augmentation à la fin de l'année. Et puis, qui sait ? Tu vas peut-être écrire un *best-seller*.

Sa foi en mes capacités littéraires avait quelque chose de saugrenu. Avant que je ne produise quoi que ce soit qui ressemble à un *best-seller*, les top-modèles feraient du 48.

Après des semaines de rangement et de mise en cartons, le jour du déménagement arriva enfin. Je franchis la porte de la maison qui, heureusement, n'avait jamais reçu de nom, et dans laquelle nous avions passé les six années précédentes, en disant adieu à Cléo et au buisson, me promettant de venir de temps à autre leur rendre visite. Les déménageurs chargèrent le banc semi-circulaire dans leur camion. Les arbres de Melbourne avaient mis leurs habits rouges et or d'automne ; nous gagnions notre nouvelle demeure où le pommier tendait ses branches pour nous souhaiter la bienvenue.

Les entrailles de Shirley étaient froides et l'écho y résonnait. La table en chêne paraissait minuscule dans la nouvelle salle à manger où le téléphone émettait toujours sa longue plainte. Certains de nos meubles s'y intégraient mieux que d'autres. Les canapés verts paraissaient accueillants à l'autre bout de la pièce, et la statue du Bouddha en pierre qui, dans notre ancienne maison, trônait sur un rebord de fenêtre, se nichait confortablement dans une alcôve à côté des fauteuils. En la dépoussiérant, je repensai au jour où je l'avais achetée dans une jardinerie – pas pour des raisons religieuses parce que son expression possédait une tranquillité dont j'espérais qu'elle déteindrait sur moi.

Et, en ce jour, j'allais bien avoir besoin de sérénité. Toutes les maisons possèdent un secret ou deux. Shirley nous avait caché les mites qui l'infestaient. Des nuages d'insectes se formaient spontanément dans chaque pièce et de petites ailes brunes nous frôlaient le visage. Alfred Hitchcock avait raté un sujet de film d'horreur.

En regardant les déménageurs installer le banc sous l'arbre planté dans le désert à l'arrière, j'espérais que nous n'avions pas commis une erreur.

Philip et moi évoquâmes à haute voix l'éventualité de nous approprier les « appartements » à l'étage. Les deux chambres à coucher (dont l'une aurait fait un très beau bureau) étaient étonnamment spacieuses et offraient chacune une vue charmante sur des arbres et des jardins tandis que, depuis le salon, on pouvait admirer les gratte-ciel au loin, se découpant sur fond de coucher de soleil orange. Finalement, nous installâmes notre lit *king size* et nos oreillers anti-ronflements dans la chambre faisant face à celle du marquis de Sade. Dépourvue du moindre placard mais munie d'une cheminée inutilisable et de murs blancs, elle était aussi spartiate qu'ensoleillée. Je posai notre photo de mariage sur le manteau de la cheminée en espérant que nous parviendrions à donner à cette pièce un peu plus de personnalité. Nous décidâmes d'utiliser les penderies disponibles dans la chambre du marquis, dans laquelle nous rangeâmes nos commodes, nos vêtements et le vélo d'appartement de Philip.

Je nettoyai l'ancienne chambre de bébé, la repeignis en rouge avant de décider qu'il s'agirait de mon espace de travail. Mon premier bureau avait été le bout de la table en chêne dans la cuisine. J'étais ensuite parvenue à obtenir un coin de la chambre à coucher. Cette pièce constituait donc, et de loin, mon plus bel environnement en trente années d'écriture. Grâce à elle, j'allais pouvoir rester à l'écart des jeux télévisés et rendre dans les temps les articles que je scribouillais depuis des décennies pour divers journaux et magazines. Je m'étais aussi récemment lancée dans l'écriture d'un livre sur Cléo.

C'était l'une des raisons pour lesquelles je ne voulais pas d'un autre chat : lorsque je la convoquais sur mon écran, Cléo me semblait plus vivante que jamais. Confortablement installée devant mon ordinateur dans mon nouveau bureau, je la sentais presque s'enrouler autour de mes chevilles. Néanmoins, ma confiance en mon talent d'auteur était au plus bas. J'avais envoyé mon manuscrit à plusieurs agents et éditeurs, et aucun n'avait manifesté le moindre intérêt. Dans l'espoir de trouver de l'aide, je m'étais inscrite à un atelier d'écriture.

Il durait trois jours au cours desquels le talent des autres participants, tous des amateurs, m'impressionna tellement que j'en fus réduite au silence quasi total. À la fin du stage, les participants furent invités à faire part de leurs idées. Je griffonnai quelques paragraphes sur Cléo et fis ma lecture la dernière. Le silence tomba dans la salle quand je terminai. Puis les questions commencèrent à pleuvoir. On voulait savoir ce qui arrivait au chat et à notre famille. Plusieurs personnes dirent qu'elles achèteraient le livre s'il était publié. Voilà comment j'ai commencé à comprendre que l'histoire de Cléo et Sam tenait la route.

La personne qui animait l'atelier me parla du *Friday Pitch* organisé par des éditeurs de Sydney, Allen & Unwin. Tous les vendredis, les écrivains pouvaient envoyer leurs propositions de livre par courriel contre la promesse de recevoir une réponse dès la semaine suivante. Cela concernait les auteurs de fiction mais je décidai de tenter ma chance.

À l'abri dans mon nouvel espace de travail, je repris mon manuscrit tandis que les filles s'installaient à l'étage. Maintenant que je sentais que ce récit pouvait intéresser, écrire devenait une routine. Dopée par les cafés de chez Spoonful, je m'installais tous les matins à mon bureau pour travailler jusqu'à ce que mon cerveau demande grâce. Rendre compte de nos vies sous une forme lisible m'aidait à accepter les expériences douloureuses. Et, pour être tout à fait honnête – le plus honnête possible, en tout cas –, il était même probable que cet exercice me fasse du bien.

Katharine et Lydia adorèrent Shirley et aimèrent leurs nouvelles conditions de vie. Toutes deux faciles à vivre, elles s'étaient toujours très bien entendues, malgré leurs sept ans d'écart. Depuis que Katharine était adolescente, elles s'étaient encore plus rapprochées, échangeant vêtements et maquillage. En proie toutes les deux à une fascination pour les boutiques humanitaires, elles se réjouissaient de ramener chez nous de vieux habits puants qu'elles qualifiaient fièrement de *vintage*. Il n'y eut pas la moindre tension au moment de la répartition des chambres ; elles tombèrent très vite d'accord : Katharine prendrait la bleue et Lydia celle aux murs couleur abricot.

Notre installation à Shirley me fit regretter de ne pas avoir pu nous offrir un logement aussi grand quelques années plus tôt, quand Rob vivait encore avec nous. Il était agréable de bénéficier enfin d'autant de place.

Notre appartenance à cinq décennies différentes donnait à nos repas dominicaux une certaine animation. Par exemple, lors d'un récent déjeuner, Philip (né en 1962) portait un *tee-shirt* que je l'avais plus ou moins forcé à acheter parce qu'il portait l'inscription *Free Leonard Bernstein*. Pour Philip, Leonard Bernstein était un vieux musicien inconnu, un peu comme Leonard Cohen. Il ne portait ce *tee-shirt* qu'à cause de son *look* rétro qui plaisait à ses filles. Pour ma part (née en 1954), j'aimais ce *tee-shirt* parce que je me souvenais avoir vu des rediffusions en noir et blanc de concerts gratuits que Bernstein avait donnés à New York pour des jeunes. Katharine (née en 1992) connaissait Leonard Bernstein car elle aimait *West Side Story*. La première fois que Lydia (née en 1985) vit le *tee-shirt*, elle l'examina avec respect avant de demander sur un ton très Amnesty International :

— Qui est Leonard Bernstein et pourquoi est-il en prison ?

Rob (génération X) avait une vision assez critique de la génération Y de Lydia. Pour lui, elle et ses semblables n'avaient pas la moindre idée de la dureté de la vie et s'attendaient à ce que tout – les emplois, la technologie – leur soit servi sur un plateau. Lydia donnait l'impression de considérer la génération X comme pleine de suffisance. Quant à Philip et moi, en tant que *baby-boomers*, nous étions des cibles faciles pour *toutes* les générations suivantes. Non seulement nous avions été les acteurs du plus formidable gâchis écologique et politique de la planète, mais nous avions bénéficié de logements quasi gratuits, d'études qui, elles, l'étaient complètement, et les employeurs nous avaient suppliés de venir travailler chez eux. Frôlant la génération Z, Katharine était la seule qu'on laissait tranquille car on n'avait pas encore établi le profil de ladite génération. Chantelle (née en 1979) avait tendance à nous observer en silence, se demandant sans doute dans quelle famille elle avait débarqué.

Chacune de nos filles était belle et sophistiquée à sa manière. À quinze ans, Katharine était une grande blonde au teint pâle, qui avait hérité des superbes yeux bleus de son père, Philip, et des grands pieds de sa mère. Extravertie, elle riait facilement et n'était jamais à court d'amis. Les livres, son violon et les comédies musicales figuraient parmi ses nombreuses passions. Toute heureuse d'être choisie pour plusieurs spectacles scolaires, elle avait un peu déchanté de devoir toujours incarner des hommes : Will Bill Hickok dans *Calamity Jane*, Bert Healey dans *Annie*. Sa taille et sa voix d'alto l'empêchaient d'endosser les rôles titres qui étaient réservées aux sopranos naines. Elle finit par convenir avec moi que la plupart des personnages féminins étaient de pures caricatures par rapport à leurs contreparties masculines. Hypersensible, elle était une élève consciencieuse. En fait, il m'arrivait de me demander si elle ne prenait pas l'école *trop* au sérieux. Elle rêvait d'un chaton. Si nous en prenions un, elle était prête, jurait-elle, à nettoyer sa litière tous les jours. Oui, et le dalaï-lama était, lui, prêt à se convertir au catholicisme.

Lydia, un peu plus petite que Katharine, avait un joli visage rond encadré de cheveux dorés et raides. Ses yeux vert olive étincelaient d'intensité. Comme mon premier mari, Steve, elle avait les lèvres pleines et cette peau anglaise si particulière. Née deux ans à peine après la mort de son frère aîné, elle était presque une version féminine de Sam à ce détail près qu'elle était gauchère. Mais, dès le départ, il fut clair qu'elle ne laisserait jamais personne lui faire de l'ombre.

Lydia ne m'a jamais appelée « maman ». J'ignore pourquoi. Elle est tout simplement arrivée au monde en estimant que nous étions égales. Je n'étais pas particulièrement ravie que mon bébé de fille m'appelle Helen, surtout quand des étrangers un peu trop curieux nous demandaient où se trouvait la mère de la charmante petite puce.

Elle ne parut pas très troublée quand Steve et moi nous séparâmes peu après son premier anniversaire. Par la suite, elle apprit à aimer Philip comme un père.

Néanmoins, naître dans une famille en deuil a des répercussions incalculables pour un enfant. Dès son plus jeune âge, Lydia s'avéra en proie au besoin de guérir le monde. Tandis que ses amies fredonnaient des airs issus de *Sesame Street*, elle chantait « *Stand by me*[1] ». À l'âge de cinq ans, elle se proclama végétarienne, me forçant à mentir sur le contenu des saucisses dans son assiette. Elle refusait même de manger les gâteaux en chocolat moulés en forme d'animaux.

J'avais espéré qu'une école religieuse lui fournirait la stabilité dont elle ne bénéficiait pas en changeant de foyer une semaine sur deux. La chapelle était l'un des rares endroits où son besoin de loyauté prenait tout son sens. On pouvait compter sur la Sainte Vierge pour garder le silence et Dieu n'allait pas chipoter sur les bienfaits de la garde partagée. Après être tombée amoureuse du vicaire, elle demanda à être baptisée.

Nous avons eu des hauts et des bas, surtout quand Philip a été muté sur l'autre rive de la mer de Tasmanie à Melbourne, en Australie. Lydia avait treize ans, et ce changement d'école et de pays ne lui plaisait pas. Mais après un temps d'adaptation, elle est devenue bonne dans toutes les disciplines. Excellente, même.

Ses résultats lui valurent une bourse à l'université de Melbourne, à l'âge de dix-sept ans, et la possibilité de choisir la filière qui lui convenait. Elle opta pour celle d'économie et sciences politiques.

Même si ses notes continuèrent à être brillantes, le seul travail qui animait son regard était celui qu'elle effectuait à temps partiel auprès de personnes handicapées.

Après avoir partagé une colocation avec des amis, elle s'offrit une année sabbatique pour parcourir le

1. Selon le contexte : « Reste auprès de moi » ou « Soutiens-moi » *(NdT)*.

tiers-monde. Sa vie entière stockée dans les fichiers photos de son téléphone, il fut temps pour elle de se poser un peu. Pour cela, il lui suffisait de revenir auprès de ses vieux nounours, dans sa fabuleuse nouvelle chambre, et de reprendre ses études.

Je m'étais trop entichée de notre nouvelle maison pour remarquer que notre fille aînée avait la tête ailleurs – son projet allait devenir pour moi un défi gigantesque.

Jamais je n'aurais pu imaginer ce qui allait se passer.

5

Inspiration

Les maîtres peuvent prendre plusieurs formes.

Les filles ne perdirent pas une seconde pour décorer leurs chambres. Des bruits retentissaient au plafond alors que des lits étaient déplacés, des posters clouées aux murs. De multiples expéditions furent lancées dans des friperies et des brocantes. Katharine rapporta à la maison quelques affiches de films des années cinquante et un couvre-lit à motifs floraux. Elle tapissa ses murs de livres et installa une guirlande lumineuse autour de sa fenêtre.

Lydia refusa de me laisser voir sa chambre avant que sa décoration ne soit terminée. J'avais déjà une vague idée de ce qui pouvait s'y trouver : pas grand-chose, en dehors d'une commode et de notre ancien lit à deux places. Le fait qu'elle dorme dans un lit de dimension conjugale aurait pu navrer ma mère (« *Pourquoi donner un lit pareil à une fille de vingt-trois ans ? Tu l'encourages à avoir des mœurs dissolues sous ton propre toit ?* »).

Peu après, Lydia invita son petit ami à venir passer la nuit pour une avant-première exclusive. Grand et séduisant, les cheveux bruns retenus par une queue-de-cheval, Ned était pianiste de jazz à temps partiel. Il souffrait aussi d'« un ou deux problèmes » qui, selon Lydia, étaient traités par des médicaments.

Quand il arriva, rayonnant, Ned me salua avec politesse avant de bondir à l'étage. Je n'avais rien contre lui. Lors des fiançailles de Rob, nous avions dansé ensemble sur « *I've Got You Under my Skin*[1] » – une chanson qui me rappelle toujours l'eczéma de maman. Lequel eczéma l'aurait sûrement attaquée jusqu'aux os si elle avait été là pour voir Ned redescendre le lendemain matin d'un pas un peu trop lourd. Son pull marin s'effilochait aux poignets. Je n'aurais su dire si l'ombre sur son menton était cette barbe de trois jours si à la mode à l'heure actuelle ou bien s'il s'agissait de simple négligence. Tout en lui semblait inachevé.

Il se servit un café en fredonnant avec nonchalance. Personne ne fredonne dans la famille. Lydia ayant déjà découché chez lui à plusieurs reprises, je ne voyais pas d'inconvénient à ce qu'il passe la nuit ici. En fait, je préférais la savoir dans son propre lit, avec ou sans petit ami.

Philip se montra beaucoup plus susceptible. Pénétrant dans la cuisine en costume d'homme

1. « Je t'ai dans la peau » *(NdT)*.

d'affaires, il salua Ned avec fraîcheur avant de s'asseoir face à lui. La température chuta de plusieurs degrés tandis que les deux mâles se dévisageaient par-dessus le coquelet figurant sur le paquet de *corn-flakes*. Il y avait clairement un coq de trop dans la pièce.

Après le départ de Ned, j'ai demandé à Lydia si je pouvais enfin voir sa chambre redécorée. Elle secoua la tête. Il manquait encore une ou deux petites touches. Elle me la montrerait plus tard, promit-elle, après le travail.

— De qui t'occupes-tu aujourd'hui ? demandai-je.

— De quelques adolescents, répondit-elle. On les ammène à l'aquarium.

— Tu as quelqu'un pour t'aider ?

— Ouais, ils ne sont pas très mobiles.

La suivant sous la véranda, je la regardai descendre l'allée vers le bus gris garé dans la rue. Je ne comprenais pas comment elle parvenait à conduire un engin pareil.

Lorsqu'elle empruntait ma voiture, elle n'arrivait jamais à faire un créneau sans arracher la peinture. Au volant de ce bus, elle devenait une personne différente – capable, ordonnée.

— Tu as un permis pour conduire ce truc ?

Je ne plaisantais qu'à moitié.

Elle haussa les épaules et s'installa au volant.

Chaque fois que je l'avais vu charger des personnes à bord – certaines munies de tuyaux pour les nourrir ou de réservoirs à oxygène –, j'avais été prise de honte. Jamais je n'aurais pu faire preuve d'une telle abnégation à son âge. Lydia et ses amis mettaient leurs beaux discours en application.

On traite les jeunes de la génération Y d'égoïstes vivant chez leurs parents, d'éternels étudiants paresseux qui s'arrogent tous les droits. Certains vont même jusqu'à accuser la pub pour L'Oréal : « Parce que je le vaux bien. » Personnellement, je les trouve particulièrement idéalistes.

Lydia avait commencé à s'engager auprès des handicapés quand elle avait seize ans. Son école encourageait le volontariat. Ses copines choisirent des trucs faciles – vendeuses à temps partiel dans des boutiques « responsables ». Notre fille, quant à elle, éprouva le besoin d'effectuer une tâche plus exigeante et c'est ainsi qu'Alice, cinq ans de plus qu'elle, débarqua dans nos vies. Si ses troubles mentaux étaient légers, elle avait la férocité d'un ouragan.

La première fois qu'elle vint chez nous, sa voix qui semblait sortir d'un mégaphone fit éclater Katharine en sanglots. Notre visiteuse se prit d'une affection toute particulière pour Rob. Alors que je préparais le dîner, elle exigea de prendre un bain. Je demandai à Lydia ce que nous étions censés faire, mais elle n'avait pas reçu d'instruction à ce sujet.

Je fis donc semblant de ne pas avoir entendu la requête peu habituelle d'Alice jusqu'à ce que ses cris deviennent intolérables, après quoi je remplis la baignoire et lui donnai une serviette. Attendant avec une certaine angoisse devant la porte fermée de la salle de bains, je lui demandai peu après si tout se passait bien. « Très bien », dit-elle ; et pouvais-je maintenant lui envoyer Rob ?

Nous avons fini par accueillir Alice chaque semaine pendant cinq ans, apprenant avec le temps à répondre à ses exigences avec la fermeté nécessaire. Non, elle ne pouvait pas avoir trois pizzas, ni passer la nuit dans la chambre de Rob.

Après Alice, Lydia continua à s'occuper d'autres personnes dont les besoins étaient beaucoup plus importants. Elle apprit à aider des patients à quitter leur fauteuil roulant, à les nourrir grâce à des tubes qui plongeaient dans leur estomac, à administrer des médicaments et à changer des couches pour adultes. Elle travailla pendant un temps dans un hôpital psychiatrique, puis comme auxiliaire de vie.

Au cours du dernier tiers de sa vie, les personnes handicapées avaient joué un rôle important pour elle. Elle aimait ce travail. Ned et elle s'étaient rencontrés alors qu'ils étaient tous les deux volontaires dans un camp d'été pour jeunes défavorisés.

Je ne pus m'empêcher de sourire en voyant le bus démarrer. Notre fille au grand cœur proclamait qu'elle voulait changer la vie des gens. Elle ne se rendait pas compte qu'elle y parvenait déjà.

Plus tard ce jour-là, elle me fit monter à l'étage et m'ouvrit la porte de sa chambre. Je retins mon souffle. Avec quelques meubles de peu de valeur, elle était parvenue à transformer la pièce en une sorte de temple asiatique du meilleur goût. Des drapeaux de prières tibétains ornaient les fenêtres. Des coussins rouges garnissaient les murs. Un petit Bouddha était assis en tailleur entre une bougie et un cadre de photo, sur une commode tout juste repeinte. Cette installation évoquait vaguement un autel.

— Fantastique ! dis-je en admirant la tapisserie murale tibétaine, cadeau d'une amie. C'est si… paisible.

Un calme surnaturel régnait là, comme si la pièce était parvenue à se détacher de la maison pour s'en aller flotter vers d'autres cieux.

Saisissant le cadre, je m'attendais à y voir une photo de nos dernières vacances en famille ; au lieu de cela, j'y découvris le visage souriant d'un moine bouddhiste, ou, plus exactement, *du* moine bouddhiste. Celui que nous avions rencontré des années auparavant lors de son passage à Melbourne. À l'époque, notre groupe de yoga avait appris qu'un bonze venu du Sri Lanka cherchait un lieu où donner un cours de méditation. Il lui suffisait d'une pièce pouvant accueillir une vingtaine de personnes qui apporteraient leurs propres coussins pour s'asseoir par terre. Une humble demande. Je proposai ma maison.

Les impeccables rideaux d'Irene firent une attaque le jour où sa voiture s'arrêta devant chez nous. C'était comme si la reine Elizabeth et le père Noël s'étaient réunis en une seule entité venue nous honorer de sa présence. Dans un tourbillon de robe bordeaux, une paire de nonnes au crâne rasé dans son sillage, le moine franchit notre portail.

Avec son calot tricoté, ses lunettes à montures dorées et sa robe, il me faisait penser à maître Yoda, sauf que ses oreilles étaient plus petites et sa grammaire plus correcte. Charismatique, rayonnant, il accepta les inclinations maladroites de ses admiratrices occidentales, pour la plupart des mères et des épouses qui avaient passé une bonne partie de leur existence à prendre soin des autres. Certaines recherchaient un calme intérieur ; d'autres un peu de l'attention qu'elles avaient donnée. Ou bien un enrichissement spirituel.

Les rares hommes qui se montrèrent, portant collier et tunique indienne, étaient trop égocentriques pour qu'on ose les aborder.

Comme tout le monde, j'avais souri et m'étais inclinée de façon obséquieuse. Je ne savais rien des moines ni du bouddhisme, mais je tenais à ce qu'on se sente à l'aise chez moi.

Nous repoussâmes les canapés vers les murs pour que chacun dispose coussins et couvertures par terre. La place manquait. Certains de ceux qui étaient capables de s'asseoir en tailleur entraient déjà dans des états méditatifs pour bien nous montrer que plus rien ne les retenait dans notre petit salon. Un fauteuil confortable fut placé face au public, ainsi qu'une petite table et un verre d'eau. Plus un vase contenant des lys. Le moine aimait les fleurs.

Une fois tout ce beau monde installé, j'ai trouvé un coin au fond de la pièce, à quelques coussins de Lydia. Sa présence me surprit. À dix-huit ans, elle aurait pu trouver toutes les excuses possibles et imaginables pour se dispenser de cette séance. Mais elle aussi s'assit en tailleur, les yeux pleins de curiosité.

Un silence attentif se fit tandis que le moine prenait place sur la chaise et arrangeait sa robe en plis élégants. Après avoir reniflé bruyamment, il nous considéra avec bienveillance. Je réprimai un sourire. Aucun prêtre chrétien, aucun politicien, ni même aucun médecin, ne pouvait espérer rencontrer un si profond respect. L'auditoire était fasciné, pas nécessairement parce qu'il comprenait ce que cet homme avait à offrir, mais en raison de son altérité. Le monde nous a rendus durs et cyniques mais le mystère ne cessera jamais de nous attirer.

Sa voix très aiguë était douce, mais possédait aussi une certaine dureté. Du miel coulant sur la pierre. Il se révéla un excellent professeur de méditation. Pendant l'heure qui suivit, nous surveillâmes notre respiration, apaisâmes nos esprits de singes hurleurs, comptâmes à l'envers et respirâmes par une narine à la fois tout en essayant d'oublier nos jambes qui nous faisaient un mal de chien. Nous avons terminé la séance en nous souhaitant mutuellement santé et bonheur, ainsi qu'à tous les êtres conscients.

Comme les gens se levaient pour s'incliner à nouveau et laisser leur obole, le moine annonça que les nonnes seraient ravies de bénir la maison. Perplexe, Philip observa les deux petites femmes psalmodier et verser de l'eau sacrée dans le moindre recoin de chaque pièce. Il ne fut pas particulièrement enchanté de les voir asperger la télévision mais je lui fis remarquer que ce n'était pas tous les jours qu'on nous proposait de bénir notre demeure. Je suivis l'une des religieuses dans notre chambre à coucher, où elle consacra notre couvre-lit. Ses yeux étaient si profondément enfoncés dans leurs orbites qu'ils semblaient lui traverser la tête. Eux aussi possédaient cet étrange mélange de douceur et de dureté.

Après le départ de la grande majorité des méditants, nous nous attardâmes avec quelques fans convaincus sur le trottoir pour dire adieu au moine et à sa suite. Au moment de grimper à l'arrière d'une voiture, il adressa un sourire de star de cinéma à Lydia.

— Venez me rendre visite dans mon monastère au Sri Lanka un jour, dit-il avant de nous accorder un royal salut de la main.

Cette invitation qui me paraissait tout à fait saugrenue me fit sourire, contrairement à Philip qui avait remarqué comment le visage de notre fille s'était illuminé. Même si, de bien des façons, dit-il, elle se comportait en adulte, elle restait jeune et impressionnable. Crédule, même. Il trouvait ce moine arrogant et manipulateur. En le repoussant dans la maison, je lui demandai d'arrêter de faire son vieux papa grincheux.

Une fois la voiture disparue au coin de la rue, je crus que le moine s'était lui aussi éclipsé de nos vies. Je ne m'attendais pas du tout à le voir resurgir sur la commode de la chambre de Lydia. Peut-être avait-elle choisi le cliché de cet homme parce qu'il s'accordait à merveille avec son nouveau décor… monacal.

— C'est mon maître, annonça-t-elle en me prenant le cadre des mains pour le replacer à côté de la bougie.

— Ton *maître* ? répétai-je, sans trop savoir ce que ce mot signifiait dans ce contexte, et essayant de comprendre comment un moine bouddhiste presque oublié pouvait soudain réapparaître dans notre maison en tant que « maître ».

Pas pour lui enseigner le calcul ni l'orthographe. Nous avions déjà dépensé une fortune en frais scolaires pour cela. Alors quoi ? Un gourou ? Un maître à penser ?

— Tu as gardé contact avec lui pendant toutes ces années ? demandai-je en tentant de garder un ton neutre.

Lydia répondit à contrecœur.

— J'ai organisé quelques stages de méditation lors de ses voyages en Australie, dit-elle comme si de rien n'était, le regard tourné vers la fenêtre au-delà de laquelle un corbeau s'envolait vers un gros nuage gris.

Quelque chose remua dans ma poitrine. Je croyais connaître ma fille.

Bien sûr, nous avions eu nos disputes, mais toujours pour des problèmes triviaux, une coupe de cheveux ou des leçons de piano. À mes dépens, j'avais fini par comprendre qu'il ne servait à rien de la contredire. Il était bien plus simple de la laisser se faire une teinture jusqu'à ce qu'elle en ait assez d'avoir les cheveux rouges. Mais cette fois, cela semblait plus sérieux.

Je n'ai jamais été une de ces mères qui veulent que leurs filles soient leurs meilleures amies et avec qui elles échangent jeans et confidences d'alcôve. Lydia avait été élevée pour devenir indépendante et forte. Mais j'étais sidérée qu'elle ait éprouvé le besoin de me cacher l'importance que le moine avait prise dans sa vie.

Si elle avait cru que je désapprouverais sa quête spirituelle, elle me connaissait mal. J'avais toujours encouragé les enfants à garder l'esprit ouvert.

Et, à la différence de ma mère qui fourrait toujours son nez dans les miennes quand j'étais jeune, je ne m'étais jamais mêlée de ses affaires. Aucune police au monde ne disposait d'une technique d'interrogatoire aussi éprouvée que maman. Pour être franche, face à son insistance, je m'étais souvent sentie obligée de déformer la vérité. Mais maman se choquait facilement. Sa liste noire était très, vraiment très longue : elle ne supportait pas le sexe, les politiciens de gauche, les catholiques, les végétariens, pas plus que les gens venus de presque tous les autres pays du monde…

Je n'avais rien contre la méditation ou le bouddhisme. À vrai dire, de toutes les religions, c'était celle que je considérais comme la moins néfaste. Mais je ne pouvais pas m'empêcher de me demander pourquoi Lydia avait choisi de me cacher une partie aussi essentielle de son existence. Était-ce de la rébellion ?

J'étais maintenant en train de redresser un drapeau de prière et mon esprit envisageait déjà le pire. Nous connaissons tous ces histoires de jeunes gens attirés par le fondamentalisme, que manipulent des « guides » charismatiques. C'était un terrain dangereux sur lequel j'hésitais à me risquer.

— Ta chambre est très jolie, dis-je en maîtrisant toute l'angoisse qui cherchait à jaillir.

Je me précipitai au rez-de-chaussée en refermant la porte de la chambre derrière moi. Si Lydia était sous l'emprise d'un gourou depuis des années, il était sans doute trop tard pour faire quoi que ce soit. Je pris le téléphone avant de le reposer aussitôt. Philip devait encore être en réunion.

Si seulement Cléo avait été là, elle aurait su quoi faire. Elle aurait bondi sur les couvertures pour se blottir en ronronnant contre mon ventre jusqu'à ce qu'une inspiration géniale me soit venue.

Sans elle, à moi de trouver le réconfort par un autre moyen. Dix longues inspirations de yoga...

Si je défiais Lydia et l'accusais de nous avoir trompés, je savais ce qu'elle répondrait. À vingt-trois ans, elle était adulte. Elle avait le droit d'avoir des secrets, même vis-à-vis de sa mère.

Surtout vis-à-vis de sa mère.

6

Interdit

Les rêves des chats et des filles
sont toujours secrets.

Il y a quelques bons côtés dans le fait d'avoir trois enfants ; par exemple, quand l'un vous rend malade d'inquiétude, il est possible qu'au moins l'un des deux autres ne vous cause pas le moindre problème. Voire qu'il vous apporte de la joie.

Peu après notre installation à Shirley, Rob et Chantelle achetèrent un chaton – ou devrais-je dire un bébé à quatre pattes doté d'une queue ? Birman argenté aux yeux dorés, Ferdie était une délicieuse boule de fourrure. Sa carcasse avait bien besoin d'être remplie et c'était tant mieux car il adorait manger… autant qu'il adorait son papa et sa maman gâteau. Quand Rob tenait cette minuscule créature entre ses bras, j'avais beaucoup de mal à ne pas m'émouvoir. Il la considérait avec une telle tendresse et une telle douceur… Le temps faisait alors machine arrière et je pouvais presque le revoir, à six ans, câliner Cléo de la même manière. Sauf que désormais, Rob était un homme qui frôlait le mètre quatre-vingt-dix, et le chat ressemblait à un jouet entre ses doigts. En me rappelant comment Cléo l'avait aidé à retrouver le sourire et l'envie de jouer après la mort de son frère Sam en 1983, j'étais touchée de le voir ouvrir son cœur à un autre animal. Cléo lui avait redonné confiance en la vie. Ferdie lui fournissait une délicate introduction à la paternité.

Au cours de chacune de mes visites chez Rob et Chantelle dans leur nouvelle maison, de l'autre côté de la baie, à Newport, Ferdie était le centre de toutes les attentions. Aucun chaton n'a jamais bénéficié d'autant d'amour. Depuis les boîtes de pâtée jusqu'aux traitements anti-puces, Ferdie n'avait droit qu'au meilleur.

En voyant Rob et Chantelle suivre le moindre de ses déplacements à travers la maison, je souriais de bonheur. Ils se montraient incroyablement patients quand la petite bestiole attaquait leurs meubles ou leurs mains avec un égal plaisir. Rob avait trente-deux ans et Chantelle vingt-neuf ; le moment était idéal pour qu'ils deviennent parents d'un individu à deux pattes et sans poil.

Ferdie était si adorable que j'étais tentée de l'accueillir chez nous temporairement. Mais, ayant proclamé à tue-tête mon aversion d'alors envers la gent féline, je n'osai rien dire. Entre-temps, j'eus une délicieuse surprise. J'avais envoyé quelques chapitres du manuscrit *Cléo et Sam* à Allen & Unwin, mon éditeur. La réaction de Jude McGee fut immédiate : il lui plaisait. Les contrats furent signés et la date de remise du livre fixée pour septembre. En moins d'une semaine, ma morne existence avait repris des couleurs. Si je voulais avoir une chance de finir l'ouvrage à temps, j'allais devoir travailler sans compter.

Alors que je revoyais les premiers chapitres, je me rendis compte que l'époque dont ils traitaient remontait à près de vingt-cinq ans.

Mais j'avais aussi un mariage à organiser. Ayant porté des spartiates lors de ma première union et un tailleur en solde à la seconde, je n'avais aucune idée de l'allure que devait prendre une cérémonie nuptiale du XXIe siècle. Tout va par cycles. Après les robes blanches de nos parents, ma génération s'était révoltée, préférant les célébrations à la mode hippie. Rob et Chantelle, dignes représentants de la génération X, revenaient aux cloches d'église et au tulle.

J'achetai un livre sur l'étiquette en vigueur, *Le Mariage moderne*, qui me fit comprendre comment la Seconde Guerre mondiale aurait pu être évitée. Si Hitler avait eu l'esprit occupé par les préparatifs d'un « mariage moderne », il n'aurait jamais eu l'idée d'envahir la Pologne.

Selon ma nouvelle bible, si la tradition voulait que les parents de la mariée endossent la plus grande part des responsabilités, de nos jours ceux du marié étaient plus impliqués. Les géniteurs de Chantelle n'habitant pas en ville, nous n'allions à l'évidence pas pouvoir nous contenter de profiter de la fête.

Les « obligations » qui nous incombaient avaient de quoi décourager les meilleures volontés. J'ignorais que les salles disponibles pour ce genre d'événement étaient en général réservées un an à l'avance. « Notre » mariage avait lieu dans quelques mois. Il nous fallait trouver un lieu au plus tôt. Nous devions aussi établir une liste des invités, concevoir et envoyer les cartons d'invitation, enregistrer les réponses. Il fallait des photographes, des officiants, des fleurs, un traiteur et une pièce montée. Sans compter les voitures, la gestion des cadeaux, un coiffeur, un maquilleur, quelques musiciens, des plans de table et un ou deux décorateurs… on ne sait jamais. Ah, j'oubliais les présents aux garçons et demoiselles d'honneur. Et, bien sûr, la robe de mariée. Rob et Chantelle étaient si absorbés par leur travail qu'ils ne semblaient pas mesurer l'urgence de la situation : s'ils désiraient un mariage traditionnel, ils allaient devoir écourter leurs nuits et leurs week-ends, se fixer un agenda et s'y tenir.

Philip assistait à un déjeuner d'affaires et j'étais plongée dans la lecture du *Mariage moderne* quand, un soir, Lydia atterrit au rez-de-chaussée, portée par un nuage d'encens. *Elle médite à une heure pareille ?* pensais-je. Ça devenait vraiment sérieux. Quand je lui montrai mon livre, elle répondit qu'elle ne comprenait pas toute cette agitation. Pour ce qui la concernait, elle préférait une cérémonie sur la plage. La génération Y, celle de Lydia, semblait pencher à nouveau pour les rites hippies. Mais attendez une seconde ! Elle *envisageait* un mariage ! Avec qui ? Ned ? Elle ne nous avait jamais dit que ce garçon…

Interrompant mes pensées, elle déclara qu'elle avait une annonce importante à me faire. Malgré moi, mes mains agrippèrent *Le Mariage moderne*. L'horloge de la cuisine parut s'arrêter. Allions-nous devoir organiser deux mariages en même temps, dont un sur du sable ?

— Je pars au Sri Lanka.

Au Sri Lanka ? Les noces sur le sable s'effacèrent.

— Tu veux dire quand tu auras fini tes études ?

— Non. Bientôt, dit-elle en évitant mon regard. D'ici quelques semaines.

— Mais le pays est en pleine guerre civile ! m'étranglai-je en laissant tomber *Le Mariage moderne*.

— J'ai rencontré des gens qui en reviennent, répondit-elle avec cette confiance en soi qu'on ne possède qu'aux alentours de vingt-trois ans. Ils m'ont dit qu'il n'y a absolument aucun risque là où je vais.

Une masse de plomb me tomba sur les épaules. Ne regardait-elle donc jamais les informations ? Les combats ravageaient le Sri Lanka depuis près de vingt ans.

— Et où exactement comptes-tu te rendre au Sri Lanka ? demandai-je en essayant de chasser toute émotion de ma voix.

— Au monastère.

Évidemment ! Donc, voilà ce que ce moine et elle complotaient depuis quatre ans. Pourquoi ne m'avait-elle rien dit ? Je me sentais trompée, trahie. Philip avait eu raison depuis le début. Ce bonze avait bien *manipulé* notre enfant.

— Ce ne sont pas les monastères bouddhistes qui manquent à Melbourne, dis-je. Pourquoi aller jusqu'au Sri Lanka ?

— Pour en apprendre davantage sur la méditation.

— Ce ne sont pas les cours de méditation qui manquent dans la région, répétai-je comme une idiote qui radote toujours la même phrase.

— Je vais aussi donner un coup de main dans un orphelinat, ajouta-t-elle comme si cela devait m'attendrir.

Près de 30 000 Sri-Lankais avaient perdu la vie dans le *tsunami* de décembre 2004. Les familles avaient été décimées. Ravagée par la guerre et les catastrophes naturelles, l'île semblait frappée en permanence par le malheur. Mais je n'étais pas d'humeur à lui sacrifier notre fille.

— Le monastère se trouve vraiment dans un coin perdu, dans les montagnes, au sud, dit-elle en ouvrant le frigo pour y prendre une myrtille qu'elle glissa dans sa bouche. La guerre se déroule bien plus au nord.

Il y avait d'effroyables lacunes dans l'éducation de cette enfant. Elle devait bien se rendre compte que la guerre était à *fuir* et que personne, jamais, n'allait à sa rencontre. Toute sa vie, cette gamine avait été protégée, enduite chaque été de crème solaire indice 30, et elle poursuivait le reste de l'année les meilleures études que nous pouvions lui offrir. À la différence des membres de notre génération, elle n'avait jamais rencontré d'oncles mutilés à El Alamein. Les photos couleur sépia des jeunes gens massacrés à Gallipoli n'avaient aucun sens pour elle. Elle avait grandi dans un pays où les rayons des supermarchés étaient toujours pleins à craquer. Lydia n'avait aucune idée de la cruauté du monde.

— Tu as déjà vu une carte du Sri Lanka ? demandai-je, de moins en moins capable de refréner mon inquiétude. C'est un point dans l'océan. Le nord et le sud sont aussi proches l'un de l'autre que Melbourne et… Warnambool.

Warnambool est une ville côtière qui se trouve à trois heures et demie de voiture. Nous y avions amené un étudiant français, correspondant d'un de nos enfants, voir les baleines. Il pleuvait ce jour-là et notre invité n'avait guère été impressionné.

Face à son silence, je voulus savoir combien de temps exactement elle comptait rester là-bas.

Elle me fit une réponse vague. Des mois, peut-être. *Des mois ?!*

— Et qu'est-ce que Ned en pense ?

— Il se débrouillera très bien sans moi, dit-elle en examinant une fente dans le plancher.

— Et tes études ? Ta bourse ?

— Ça attendra.

— Ça *attendra ?!* m'écriai-je. Tu veux dire que tu vas jeter ta bourse par la fenêtre ?

Ses yeux étaient humides et gonflés. Je ne me souvenais pas avoir jamais élevé la voix de cette façon avec elle, mais je n'allais pas reculer devant quelques larmes.

— Tu ne comprends pas… marmonna-t-elle.

Les quatre mots que toute mère adore entendre.

— C'est quelque chose que je dois faire, ajouta-t-elle.

Depuis quand les jeunes *devaient*-ils faire quoi que ce soit ? La plupart des générations précédentes s'estimaient heureuses de pouvoir vivre assez longtemps pour fonder une famille.

— Pourquoi veux-tu risquer ta vie ?

— Beaucoup de mes amis travaillent comme bénévoles à l'étranger, déclara-t-elle avec une sérénité agaçante comme si c'était moi l'enfant difficile.

— Mais le Sri Lanka est en *guerre* ! Il y a des bombes qui explosent, des attaques terroristes. Les étrangers sont pris pour cible. Tu ne peux pas attendre que les combats soient terminés ? Ou au moins aller dans un pays où les gens ne sont pas en train de s'entretuer ?

Dans ses yeux, je vis que je passais du statut de gamine pénible à celui de pensionnaire dans une institution psychiatrique.

— Tu n'iras pas, ajoutai-je. *Je te l'interdis.*

Ces mots me renvoyaient des décennies en arrière. La situation était très semblable dans cette autre cuisine au papier peint couvert de centaines de paniers en osier et de deux miniatures de Hogarth représentant Londres, de part et d'autre de la cheminée. La mère et la fille s'affrontaient, mais cette fois c'était moi qui jouais le rôle de la fille rebelle et c'était ma mère qui hurlait. « Tu n'as pas dix-huit ans. Tu n'es qu'une enfant ! » Je me souvenais de sa colère, de son souffle haletant, de m'être dit qu'avec toutes ses dents dehors et ses yeux écarquillés d'angoisse, elle ressemblait à un tableau de Picasso. Sa rage m'avait acculée dans un coin de la pièce. « Je *t'interdis* de te marier ! »

Bien sûr, papa était absent lors de cette dispute. Il devait être au travail, ou alors en train de jouer aux échecs avec un ami à l'autre bout de la ville. Les hommes sont passés maîtres dans l'art d'éviter ces confrontations. L'interdiction de maman n'avait fait que renforcer ma détermination. Cela étant, je ne me rendais pas dans un pays en guerre.

— Les billets sont réservés et payés, annonça froidement Lydia.

Réservés et payés ? J'avais dit exactement la même chose à ma mère ce jour-là, juste avant mon dix-huitième anniversaire. *Mon billet pour l'Angleterre est réservé et payé. Je m'envole à l'autre bout du monde pour épouser l'homme que j'aime. Tu n'as aucune chance, ma vieille.*

Les yeux de Lydia s'étaient assombris pour prendre une teinte noisette tirant vers le vert olive. Pour la première fois, je remarquai qu'ils étaient exactement de la même couleur que ceux de maman.

— Je pars dans trois semaines. Bonne nuit, ajouta-t-elle avant de s'enfuir dans l'escalier.

Seule dans le silence ouaté de la cuisine, je refoulais l'envie de sortir les assiettes du placard pour les balancer contre le mur. Ou de monter dans la chambre de Lydia pour la secouer jusqu'à ce qu'elle comprenne.

Elle était déterminée. Elle avait pris sa décision. Et tous les conflits qui nous avaient opposées par le passé, y compris pour des choses aussi mineures qu'une tenue vestimentaire, m'avaient appris certaines vérités. Si je débordais d'enthousiasme pour une jolie jupe à fleurs, elle préférerait inévitablement cet autre vêtement tout simple et sans motif. Plus j'insistais, plus forte était sa résistance.

Un ami avait dessiné son thème astral à sa naissance. En éclatant de rire, il avait déclaré qu'il n'avait encore jamais rien vu de pareil. Lydia était une taureau née dans l'année du bœuf et dans l'heure du bœuf.

Un triple signe d'entêtement. Selon lui, nous étions condamnées à nous affronter.

Je me ruai vers l'ordinateur pour consulter un guide de voyages en ligne. Ce que je lus n'était pas très rassurant : « Vous feriez mieux de reconsidérer votre désir de vous rendre au Sri Lanka actuellement, en raison des troubles qui y règnent, de la situation sécuritaire très incertaine et des très grands risques d'attaques terroristes. Celles-ci peuvent se produire n'importe quand et n'importe où, y compris au sud de l'île. »

J'imprimai cet avis deux fois non sans prendre la précaution de le transférer à Lydia pour le cas où elle flanquerait la version papier à la poubelle.

Deux heures plus tard, Philip et moi gisions côte à côte, observant fixement les ombres au plafond de la chambre à coucher.

— Où a-t-elle trouvé l'argent pour le billet d'avion ? demanda-t-il.

— Son père, sûrement. Attends... Tu te souviens de cette somme que nous lui avons donnée pour son vingt et unième anniversaire ?

— Pour cet échange universitaire avec la Chine qui n'a jamais eu lieu ?

— Elle n'ira pas au Sri Lanka. Je le lui interdis.

— Impossible, dit Philip, elle est majeure.

Il était, en toutes circonstances, la voix de la raison. Ce qui était prodigieusement agaçant.

— Je lui prendrai son passeport.

— Ça ne servira à rien, soupira-t-il.

— Elle va se faire *tuer* ! dis-je en remontant le drap jusqu'à mon menton avant de me tourner vers le mur.

Je fulminais. Ce n'était pas aussi difficile pour lui. Il ne l'avait pas portée dans son ventre pendant neuf mois, il ne l'avait pas nourrie avec du lait fabriqué par son propre corps. Il n'était même pas son vrai père. Mes pensées étaient indignes. Même si Philip n'était que son beau-père, il n'avait jamais économisé son affection. Il était aussi dévoué envers elle qu'envers sa fille biologique.

Mais alors, me dis-je, à nouveau en proie à la colère, pourquoi ne la forçait-il pas à obéir ?

Des accusations silencieuses flottaient dans l'obscurité.

Je m'en voulais. Si le père de Lydia et moi ne nous étions pas séparés, elle ne serait pas aussi téméraire, ni aussi rebelle. D'un autre côté, si nous étions restés ensemble, l'un de nous serait probablement mort maintenant et l'autre en prison.

J'en voulais à Lydia. Quel culot ! Acheter des billets d'avion en cachette !

J'en voulais au moine. Comment osait-il attirer notre fille dans cette île ravagée par la guerre ?

J'en voulais aux émissions de voyage qui, à la télévision, présentaient le tiers-monde comme un parc à thèmes où on pouvait se défoncer en toute impunité aux endorphines, aux sports extrêmes, à l'alcool et à tous ces autres machins que la génération Y adorait.

Mais je ne dis rien. Et Philip non plus.

Lui aussi devait avoir quelques accusations en stock. Après tout, qui avait présenté ce moine à Lydia la première fois ?

Il commençait à émettre ces bruits d'aspirateur asthmatique qui indiquaient qu'il sombrait dans le sommeil. J'étais furieuse qu'il puisse s'endormir si tranquillement.

Mon cerveau bouillonnait. Je me souvenais m'être jurée de ne jamais me comporter comme maman quand elle avait essayé de m'empêcher de partir en Europe. Et voilà que je me trouvais dans une situation similaire avec ma fille : moi, convaincue qu'elle était sur le point de gâcher sa vie ; Lydia, bien décidée à n'en faire qu'à sa tête.

Mais, encore une fois, cela n'aurait pas dû m'étonner. Lydia était la digne descendante d'une longue lignée de femmes têtues qui avaient toujours trouvé le moyen de défier leurs mères. Avant son mariage, maman avait été « fiancée » à un autre homme, ce qui avait provoqué un scandale. Dans les années vingt, sa cousine Theodora, après un voyage à Paris, était revenue vivre dans le péché avec un Allemand. Grand-tante Myrtle fumait la pipe et m'avait conseillé de tout faire par amour. Et sa propre mère avait provoqué un sacré grabuge en manifestant pour exiger le droit de vote des femmes.

Les rares fois où les amies de Lydia m'avaient confié les problèmes qu'elles rencontraient avec leurs mères, j'avais soutenu que la vieille génération devait céder. Les plus jeunes devaient être libres de façonner leur destin. La nature le veut ainsi. Dans un troupeau, quand les plus vieux n'arrivent plus à suivre, ils se font dévorer par les prédateurs. Pour la survie de l'espèce, la jeunesse doit triompher.

Mais ce jour-là, j'étais la vieille carne, et la réalité s'avérait beaucoup moins facile à admettre.

Grâce à maman, je savais comment affronter une femme dont la résolution égalait la mienne. Hurler ne servait à rien. Face à une volonté inébranlable, mieux vaut éviter la confrontation et utiliser la ruse ; plutôt que partager les informations, prendre soi-même sa décision et s'y tenir. C'est ce que j'avais fait quand j'avais voulu me marier alors que j'étais trop jeune. Et c'était exactement ce que Lydia faisait maintenant.

Je pris mes bouchons d'oreilles sur la table de nuit et essayai de m'endormir.

7

Visitation

Le bien vient du bien.

Que fait un homme bon quand sa femme, saisie de panique, se sent dans l'obligation d'organiser le mariage de son fils et que sa fille veut partir au Sri Lanka ? Il l'amène faire une « cure bien-être » en Nouvelle-Galles du Sud. Même si Philip aurait de loin préféré se retrouver dans une tente plantée au milieu d'une colonie de crocodiles, il accepta de se soumettre à un séjour « revivifiant » avec moi.

Ce centre offrait tout ce que j'espérais : luxe, nature et soins. Crasseux après une journée de voyage, nous gravîmes les marches d'un porche en marbre annonciateur de tous les bienfaits du monde. Nous avions conclu un pacte : pas question de parler de mariage, du Sri Lanka, ni même d'aucun de nos enfants pendant ces quelques jours. Cet endroit nous fournissait l'environnement idéal pour cela.

Des airs de *didgeridoo* New Age coulaient des haut-parleurs pendant que des fontaines chantaient sur des pierres volcaniques. Les employés nous adressaient des sourires signifiant que nous aussi nous pourrions être jeunes, bronzés, minces et beaux si seulement nous faisions preuve de raison et de discipline.

Je rentrai le ventre et découvris mes dents pas tout à fait blanches de femme d'âge mûr, en surpoids, et citadine.

Je n'allais pas me faire avoir par ces dingues de la forme. Leur ressembler exigeait une haine de soi qui me répugnait. Ma joie d'avoir perdu dix kilos il y a quelque temps avait été effacée par la reprise de ces mêmes kilos auxquels s'étaient ajoutés plusieurs autres, inexistants à l'époque où je me *croyais* grosse.

Et puis j'avais eu une révélation : je ne me sentais pas si mieux que ça quand j'étais (plus) mince. À vrai dire, c'était pire parce que les griffes de la faim me lardaient en permanence l'estomac et j'éprouvais constamment la terreur de redevenir grosse. Après des années de névrose, j'avais enfin compris que ceux qui m'aimaient continueraient à le faire quel que soit mon poids, et que ceux qui ne m'aimaient pas ne me regarderaient pas davantage. Comme beaucoup de femmes d'âge mûr, j'étais du genre invisible. Ne pas se faire remarquer au sein d'une société obsédée par l'image est étonnamment libérateur.

En tant que réfugiés du pays des mangeurs de viande, des buveurs de café et des amoureux de vin, on nous fit promettre, à Philip et à moi, que nous n'avions caché aucun produit caféiné ou alcoolisé dans nos bagages. Je regrettai aussitôt de ne pas l'avoir fait.

Ce centre de bien-être était célèbre pour ses camps d'entraînement d'une semaine au cours desquels les défis physiques s'enchaînaient de l'aube au crépuscule, entrecoupés d'ateliers de remise en question.

Personnellement, je n'envisageais rien de pire qu'un pseudo-sergent-chef de vingt ans me hurlant dessus pendant une course d'obstacles. Je n'aurais jamais tenté l'expérience si le centre n'avait proposé un « *package* alternatif individualisé », grâce auquel on pouvait prendre part aux ateliers quand on en avait envie… ou bien passer sa journée à se faire masser, malaxer et « aromathérapiser » jusqu'à se métamorphoser en morceau de gelée.

Des bandes roses et orange s'étiraient dans le ciel tandis que les roulettes de nos valises s'enfonçaient dans les graviers de l'allée menant à notre villa. Spacieuse et moderne, avec une vue sur une vallée, elle était parfaite. Le papier toilette était replié pour former une pointe, et les serviettes de bain étaient extraordinairement moelleuses. Nous ouvrîmes les portes donnant sur notre terrasse pour laisser la chaude brise nocturne nous caresser les cheveux.

Quelques kangourous faisaient les beaux au loin avant de disparaître en bondissant paresseusement. J'avais appris à aimer les paysages australiens avec leurs ciels gigantesques et ces montagnes anciennes et fripées. La terre rouge et les arbres argentés ne me paraissaient plus bizarres et laids, mais empreints d'une beauté sans pareille. Je n'avais plus peur de l'immensité de ce pays, de la sensation de vide qu'il procure, de sa vie sauvage si dangereuse, et je savourais les odeurs d'eucalyptus dans l'air brûlant et sec.

Ai-je le droit de mentionner que nous nous sommes embrassés ? Pas comme deux vieux qui-ont-peur-qu'on-les-voie-faire-ça ni comme quand une ancienne star moustachue d'Hollywood se jette sur une diva rénovée au Botox et au bistouri. C'était simplement le baiser d'un homme et d'une femme qui se connaissent depuis plus de vingt ans, passant l'essentiel de leur temps à s'occuper d'abord des autres. Qui étaient simplement heureux de passer quelques jours seuls ensemble et de deviser sans que qui que ce soit ne les écoute ni ne vienne donner son avis. C'était un pur bonheur de se glisser entre des draps en coton égyptien et d'utiliser deux serviettes chacun après une douche.

Cet endroit allait purifier nos corps, apaiser nos âmes. Nous allions être enduits, massés, pétris et enfin guidés sur la voie du retour à une vie saine. Après cinq jours ici, nous retournerions à notre existence quotidienne plus heureux, plus équilibrés. Nos soucis se seraient évaporés.

Lors de cette première nuit, le vent murmurait une berceuse sur la vallée tandis que, glissés sous nos mille et un fils tissés de douceur, nous dormions comme des pierres.

Il m'est difficile de décrire ce qui se passa cette nuit-là. Je sais seulement que c'est une des plus étranges expériences de ma vie.

Juste avant l'aube, le claquement des volets en bois contre les fenêtres me réveilla. La berceuse s'était transformée en symphonie fantastique, le vent était brûlant et agité. En me retournant pour chercher une position plus confortable, je distinguai une silhouette humaine assise sur un fauteuil à l'autre bout de la chambre. C'était – je vous le donne en mille – maman.

Je crus que ma poitrine entrait en fusion. Même si elle était morte depuis plusieurs années, elle paraissait tout à fait vivante, les yeux brillant d'amour tandis qu'elle me contemplait. Devant elle, un chat noir ne cessait de courir dans tous les sens, se déplaçant trop vite pour que je sache si c'était Cléo.

Consciente que cette rencontre avec maman risquait d'être brève, je saisis l'occasion de lui poser certaines questions. Le chat slalomait à toute allure à travers la pièce comme pour m'inciter à ne pas perdre une seconde.

— Dieu existe-t-il ? demandai-je, penaude d'être si peu originale.

— Oui, répondit-elle.

Sans plus.

— Tu l'as rencontré ?

— Non, dit-elle, cette fois avec une pointe de regret.

— Tu me manques tellement ! m'écriai-je, soudain bouleversée.

Maman n'avait jamais aimé les gens qui s'apitoient sur eux-mêmes. Et j'étais là, à sangloter comme cette fois où, alors qu'elle agonisait, elle avait juste tourné la tête sur son oreiller pour regarder ses camélias de l'autre côté de la fenêtre.

Les contours de sa silhouette commencèrent à luire, son corps se confondant avec le fauteuil.

— Que faut-il que je sache ? m'écriai-je, désespérée de la perdre.

— Le bien vient du bien, répondit-elle avec un sourire énigmatique avant de disparaître.

La dernière chose que je vis fut la queue du chat avalée par l'obscurité.

Me rendormir était impossible. Par peur de paraître trop mélodramatique, je préférai ne pas raconter cette rencontre à Philip dès son réveil. J'attendis le moment où, ayant pris une douche, nous nous apprêtions à prendre un bon petit déjeuner végétarien. Philip possède une remarquable ouverture d'esprit pour quelqu'un qui travaille dans une tour en béton.

— Était-ce un rêve ? demanda-t-il alors que nous passions devant le point de rendez-vous pour le *taî-chi.*

Cela m'était paru bien plus réel qu'un songe mais je ne disposais d'aucun autre mot.

— Tu as une interprétation ? s'enquit-il.

— C'est peut-être à cause du livre, dis-je. Je crois que maman me disait que, si je continue à écrire avec mon cœur, il en sortirait quelque chose de bien... pas simplement pour moi, mais pour d'autres aussi. J'ai l'impression que Cléo et elle veulent que je me dépêche de le finir. Que je ne perde pas de temps.

Jusqu'à ce jour, je n'avais jamais envisagé que le temps puisse me manquer. Je n'allais pas tarder à découvrir que la vie peut s'arrêter à tout instant.

8

Terroriste

Mères et filles partagent jeans et gènes.

Cinq jours et cinq nuits sans café me suffirent. En état de manque, je souffrais d'une migraine carabinée. À l'instant où nous arrivâmes devant Shirley, je fonçai chez Spoonful de l'autre côté de la rue. En aspirant bruyamment ma première gorgée de latte, je fus heureuse d'être redevenue une toxico.

L'hiver avait profité de notre absence pour s'installer. Les arbres avaient perdu leurs dernières feuilles et restaient là, frissonnants et nus, sous le ciel pâle.

Quelques jours après notre retour à la maison, j'avais rendez-vous pour une mammographie. Lydia partant le lendemain pour le Sri Lanka, ce rendez-vous s'était retrouvé tout en bas de ma liste de priorités. Plusieurs fois, je décrochai le téléphone pour annuler. Maintenant que je travaillais à nouveau sur le livre, que je m'inquiétais pour Lydia et que j'écumais le web pour trouver des salles de mariage, je n'avais guère de temps à consacrer à mon hypocondrie.

La jeune doctoresse qui m'avait examinée quelques mois plus tôt avait confirmé que tout allait bien. Quand je lui avais demandé si je devais prendre rendez-vous à la clinique du sein, elle m'avait répondu que ce n'était pas vraiment la peine. Je pouvais aussi bien m'inscrire au programme gouvernemental. Ça prendrait un peu plus de temps mais c'était gratuit.

J'avais failli accepter sa suggestion quand quelque chose m'en avait empêché. L'instinct, peut-être. Ou alors une de ces sautes d'humeur célèbres chez les femmes de mon âge. Cette fille n'était pas mon médecin traitant et elle était beaucoup trop jeune pour comprendre les tourments qu'infligent les hormones aux dames d'un certain âge. Et puis, attendre ne ferait que repousser l'échéance. Pourtant, malgré mon insistance, elle rédigea ma prescription pour l'examen à la clinique avec l'enthousiasme que je réserve aux films de vampires.

À moins d'être doté d'une mémoire photographique, il est quasiment impossible de se souvenir de ce qu'on portait tel ou tel jour. Certains moments d'une vie, cependant, sont si dévastateurs que le cerveau enregistre une foule de détails inutiles. Par exemple, je me rappelle exactement ma tenue l'après-midi où Sam est mort – une jupe kaki et une chemise assortie avec un galon rouge. Horrible, je sais, mais c'étaient les années quatre-vingt.

Je me souviens aussi de ce que je portais ce jour de juillet 2008, à la clinique du sein. Pour être honnête, m'habiller constitue une éternelle source de frustration. J'essaie pourtant de faire des efforts. Si une vendeuse me donne l'illusion d'être serviable et ne me ment pas d'une façon trop éhontée, je finis par acheter un vêtement que j'arrive même à porter un jour ou deux.

Mais ma garde-robe se résume invariablement à une paire de pantalons et quelques chemises/chemisiers/*tee-shirts* qui ne me paraissent pas trop laids et qui ne se coincent pas dans mes bourrelets. Tant qu'ils ne jurent pas avec ma paire de chaussures (dont je change à peu près tous les trois ans), je me contente, et je le regrette, de cet uniforme.

Il faisait très froid le matin de mon rendez-vous. Je sortis donc mes bottes à semelles compensées. Elles étaient si vieilles que je ne me souvenais plus si je les avais achetées quand elles avaient été à la mode pour la première fois ou bien quand elles l'étaient redevenues. Le pantalon neuf en velours noir rattrapait les taches et les éraflures des bottes. Quant à la chemise verte aux épaules brodées en hommage à John Wayne, c'était le seul machin repassé que j'avais pu trouver.

Quiconque a passé une mammographie, ou à vrai dire tout autre examen d'une quelconque partie du corps féminin, sait qu'il vaut mieux porter une jupe ou un pantalon et un haut qui peuvent s'enlever facilement. Cela vous donne un certain pouvoir de négociation quand on vous ordonne de vous déshabiller. Vous n'êtes pas obligée de vous promener toute nue. La chemise John Wayne était donc idéale.

J'essayai le chapeau rouge qui faisait de moi la réplique exacte de ma mère. Si mes souvenirs ne me trompent pas, ma grand-mère en portait un semblable, une version féminine de celui de Winston Churchill ou Colin Farrell. Avec le nez proéminent que nous nous transmettons de génération en génération, rares sont les couvre-chefs qui, dans notre famille, conviennent aux dames.

Désormais, peu m'importait d'être la fidèle reproduction de ma mère : cela signifiait-il que j'étais enfin devenue adulte ? Et puis, cette journée grise avait bien besoin d'une touche de rouge. Mais qui dit chapeau dit cheveux à chapeau. Je le remis sur son étagère.

Après avoir feuilleté les inévitables magazines débiles dans la salle d'attente, je fus convoquée en radiologie. « Détendez-vous, dit la technicienne tandis qu'elle m'installait face à sa machine. Soyez naturelle. Non, pas ici. Un peu plus sur la droite. Laissez tomber votre épaule. Détendez-vous. (Pouvait-elle arrêter de dire cela ?) Avancez-vous. Passez le bras droit autour de la machine. Tenez cette poignée. Non. Reculez. C'est ça. Détendez-vous », poursuivit-elle en écrasant mon sein droit entre deux espèces de pavés sur lesquels elle fit passer une mini-benne à ordures. « Inspirez profondément. Ne bougez pas. Ne respirez plus. »

Elle répéta ce rituel trois fois avant de réapparaître, cinq minutes plus tard, l'air gêné et s'excusant, pour me dire que les clichés étaient sous-exposés et qu'il fallait recommencer. Une telle incompétence me surprit. D'un autre côté, il était possible qu'elle *feigne* l'incompétence dans le but de me rassurer. Peu après, elle m'escorta dans la pièce réservée aux échographies.

À la différence de sa collègue qui, hormis ses instructions, ne m'avait pratiquement pas adressé un mot, la femme qui manipulait l'engin était affligée d'incontinence verbale. Elle étala une gelée tiède sur mes nichons avant de commencer l'examen. En général, dans ces situations, j'aime bien poser quelques questions mais elle ne m'en laissa pas l'occasion. Elle me parla de ses enfants, de ses petits-enfants, de la sécheresse, de l'endroit où elle habitait ; n'était-ce pas merveilleux que l'on puisse bénéficier de ces scanners du sein de nos jours ?

— Vous mériterez bien une petite gâterie quand vous rentrerez chez vous, déclara-t-elle finalement. Non, vous en méritez *quatre*.

Je me demandai quel était son problème. Elle essuya la gelée avec des serviettes en papier et m'aida à enfiler un peignoir en tissu éponge avant de m'envoyer attendre dans un vestibule désert.

On m'avait abandonnée ici. Emprisonnée sans mes vêtements. Je n'avais pas éprouvé une telle sensation depuis l'école primaire, quand la maîtresse m'avait enfermée dans un placard pendant une récréation pour me punir d'avoir été trop bavarde et dissipée. Un sentiment de malaise m'étreignit. Je n'avais plus qu'une seule envie : me rhabiller et partir.

— Ah, vous voilà ! dit une radiologue indienne en blouse blanche.

Une lueur fervente dans le regard, elle me fit franchir une porte étiquetée « salle d'évaluation », où elle inspecta les images de mon sein droit. Ces taches blanches, des douzaines qui s'étalaient là comme des étoiles dans la Voie lactée, étaient des calcifications, m'expliqua-t-elle. Peut-être le signe d'une prolifération cellulaire. Elle utilisait un langage prudent.

Un être primitif au fond de moi abandonna mon enveloppe charnelle pour se réfugier sur le rebord de la fenêtre et observer cette scène de loin.

Elle me donna un rendez-vous avec un chirurgien pour une biopsie dès le lendemain après-midi et me demanda de me faire accompagner.

Suis-je en train de mourir ? Tout à coup, j'étais complètement hébétée.

J'avais maintenant l'impression de me fragmenter en plusieurs personnes, chacune dotée de sa propre perspective. La créature primitive me suivit comme mon ombre dans l'ascenseur et pendant que je traversai la rue en titubant avant de grimper dans la voiture. Elle m'observa avec curiosité tandis que j'examinais le dos de mes mains posées sur le volant. Avec leurs veines proéminentes héritées de maman, elles faisaient sans le moindre doute partie de moi. La vie les parcourait en ce moment même, mais peut-être plus pour très longtemps.

Mes doigts tremblaient quand je composai le numéro de Philip. Il s'échappa d'une réunion pour prendre mon appel. Sa voix était légère et tendre. Bien sûr qu'il m'accompagnerait le lendemain.

J'aurais voulu qu'il sanglote et me dise qu'il ne voulait pas me perdre ; que je n'avais pas le droit de mourir… n'importe quoi qui rendrait tout cela réel.

Mais, pour lui, j'essayai de rester calme et il fit de même. Il demanda si je voulais qu'il vienne me chercher. *Oui, oui ! Viens. Viens me sauver !* Mais une voix logique et froide refusa poliment. Je n'allais pas laisser ma voiture en ville.

Quelques minutes seulement avaient passé mais j'imaginais déjà ma famille survivre sans moi. Tout cela serait nouveau pour Philip. En dehors de ses grands-parents, il n'avait jamais perdu un être proche. Je devais être forte pour lui.

Je savais qu'une personne au moins me comprendrait. Rob et moi avions traversé tant d'épreuves ensemble, en commençant par la mort de Sam. Cléo nous avait aidés tous les deux en nous offrant distraction et réconfort : pendant près d'un quart de siècle, elle avait constitué un lien vivant avec Sam. Plus tard, atteint de colites ulcéreuses, Rob avait subi une ablation du colon à l'âge de vingt-trois ans. Il savait mieux que personne ce que cela faisait de sentir son propre corps vous trahir.

Dès qu'il apprit la nouvelle, il fit preuve d'empathie à mon égard. Ses mots restaient prudents mais je sentais qu'il vivait et respirait avec moi.

— C'est loin d'être aussi terrible que ce que tu as vécu, dis-je.

Pour la première fois depuis qu'on m'avait parlé de prolifération cellulaire, je me sentais de retour dans ma peau. Nous comprenions tous les deux ce que les médecins faisaient : ils nous déversaient les informations au compte-gouttes pour nous préparer au pire quand les résultats des examens seraient connus le lendemain.

En raccrochant quelques minutes plus tard, je me sentais étonnamment sereine. Peut-être que mon corps avait fabriqué un produit chimique quelconque, mais parler avec Rob m'avait permis de prendre du recul.

Même si le pire arrivait et qu'il me faudrait choisir la musique pour mes funérailles, cela ne semblait plus si terrible, finalement. Perdre Sam avait été bien plus déchirant. Une vie soufflée alors qu'elle démarrait à peine. Ça, c'était une tragédie.

Je branchai la radio de la voiture. Un jazz liquide laissa la place au bulletin d'informations de 4 heures. Une catastrophe ferroviaire en Égypte avait tué quarante-deux personnes ; un morceau de glace de dix kilomètres carrés s'était séparé du Canada. Rien ne vaut les nouvelles du monde pour se dire que finalement, tout pourrait être pire. Et encore, il y avait toutes ces choses auxquelles on ne consacrait même pas un reportage ou un article : les enfants atteints de maladies graves, les gens qui vivaient dans l'amertume et le désespoir.

Le dernier flash annonça que les militaires sri-lankais avaient repris une ville importante dans le nord, près de Mannar, aux Tigres tamouls...

S'il y avait bien une quelconque lueur dans ce sinistre tableau, me dis-je, c'était que, désormais, Lydia allait devoir annuler son voyage. Plus question qu'elle traverse le monde pour aller s'asseoir au sommet d'une montagne. Je remerciai Dieu/Bouddha/Notre Mère la Terre pour cette « prolifération cellulaire ».

Tandis que la voiture suivait le cours du fleuve sous un ciel d'acier, j'envisageai d'autres points positifs éventuels. Les gens de la clinique n'avaient pas parlé de tumeur, donc ça ne devait pas être trop grave. D'un autre côté, ils avaient témoigné d'un intérêt inquiétant pour mes antécédents familiaux. Ma sœur Mary avait subi une mastectomie quelques années auparavant et deux de mes tantes étaient mortes d'un cancer du sein.

Un autre motif de satisfaction me traversa l'esprit. *Si* c'était grave, j'aurais enfin l'excuse idéale pour arrêter mes deux séances d'entraînement personnel par semaine.

Les filles étaient dans la cuisine quand j'arrivai et laissai tomber mon sac sur la table. Mes bébés, mes petites, étaient pratiquement des adultes. Elles méritaient la vérité.

— Je suis peut-être atteinte d'une espèce de prolifération cellulaire, dis-je, le ton léger et ferme, comme une maîtresse qui annonce des devoirs supplémentaires.

Les mots rebondirent contre les murs. La subtilité n'a jamais été mon fort.

— Mais tout va bien, ajoutai-je.

Quel mensonge. Les visages des filles étaient curieusement dépourvus de toute expression quand elles m'étreignirent. Pensaient-elles que je faisais semblant ? C'était peut-être le cas, ou alors c'était un rêve. Mon autre moi observait la scène depuis le haut de la cheminée.

Le robinet siffla quand Lydia emplit la bouilloire. Elle n'allait pas tarder à appeler pour annuler son vol. Je m'assis sur un des canapés verts tandis que, assise par terre, Katharine s'enroulait contre mes genoux, le visage tourné vers la pièce. Je lui caressai les cheveux tandis qu'elle gardait les yeux fixés sur le livre qu'elle ne lisait plus. Peut-être pleurait-elle. Il n'y a pas d'âge idéal pour perdre sa mère, mais quinze ans est sans doute l'un des pires.

Je me demandais si les mères et les filles se préparent à cet instant lors de leur première rencontre triomphante sur des tables d'accouchements ensanglantées. Tout début a une fin. Il est normal que la mère parte la première.

Mais pas tout de suite.

Nous semblions toutes les trois incapables de saisir les implications d'une telle nouvelle. J'aimais mes filles de toutes les cellules de mon corps. Mais si certaines d'entre elles étaient en trop et cherchaient bien à me tuer, alors j'avais jeté un terrible maléfice sur mes enfants. Mes efforts pour les aider à devenir des femmes fortes ne serviraient à rien si je leur avais transmis des gènes terroristes.

— Comment te sens-tu ? me demanda Katharine, avec une petite voix d'enfant qui me rappela le jour où j'étais tombée en faisant du patin et où elle avait dû me traîner hors du lac gelé.

Elle n'avait que sept ou huit ans à l'époque. La douleur que je ressentais alors était horrible mais je lui avais juré que j'allais bien. Les mamans vont toujours bien.

— Très bien, répondis-je, jouant toujours cette comédie.

— Mais il y a un problème avec tes cellules, dit Lydia en jetant des sachets de thé dans la théière.

— Apparemment, répondis-je sur ton un peu trop léger. C'est pour cela que ça a duré si longtemps. On a pris des tas de photos et cette femme jacassait comme une idiote.

Je ne me sentais pas assez brave pour aborder la question de l'annulation de son voyage. Elle comprendrait sûrement la gravité de la situation et elle agirait en conséquence. Ou alors Philip la persuaderait.

Le thé était bon mais il ne me suffisait pas. Plongeant la main tout au fond du placard, derrière la poêle, je refermai les doigts sur la forme rassurante de la bouteille de cognac. Cela m'avait aidée quand je m'étais trouvée en état de choc après la mort de Sam. Après sa piqûre initiale, l'alcool me réconforta comme un vieil ami.

Philip rentra plus tôt du travail. Les filles découpèrent quelques légumes qu'elles firent revenir. J'évoquai les quatre gâteries auxquelles j'avais droit et tout le monde rit trop fort.

C'est donc comme ça lorsque tes cellules prolifèrent, me dis-je. *Les gens se mettent à rire quand tu fais une blague.*

— On décèle les choses si tôt de nos jours que tout va bien se passer, dis-je en frottant le *wôk* après le repas.

Pourtant, je prenais déjà mes distances. Depuis mon observatoire sur la cheminée, j'imaginais le père et les filles sans moi. Ils s'aimaient et s'appréciaient. Ils continueraient ensemble.

Comment était-il possible que je les abandonne ?

En me réveillant pour la troisième fois cette nuit-là, je fis le compte de mes bonheurs : un mari génial, des gosses fabuleux, tous vivant dans une ville qui possède un système de santé exemplaire.

La quatrième fois, je vis les visages d'amies mortes planer au-dessus du mien. La grand-mère de Lydia, Anne-Marie ; une voisine qui avait de jeunes enfants ;

l'amie de maman, Vicky ; tante Edna et d'autres encore… Elles avaient toutes succombé à cette maladie qui touche une femme sur huit. Celle qui commence par une prolifération anormale des cellules.

Ces femmes, on aurait dit un cortège d'anges et je me dis que je connaissais davantage d'anges que de personnes vivantes.

Avant de me rendormir, je pensai que Philip ne s'en sortirait jamais sans moi. J'allais devoir lui chercher une nouvelle épouse.

9

Abandonnée

Les filles volontaires sont là
pour défier les mères obstinées.

Le lendemain matin, j'attendais que Lydia annonce l'annulation de son voyage. Après le petit déjeuner, elle apparut enveloppée dans un châle rose pâle et m'invita à prendre un café dehors. Elle proposa Le Globe pour changer, un bar proche de notre ancienne maison. Je la laissai conduire ma voiture. Dans ces circonstances, je n'avais pas une confiance excessive dans mes réflexes.

Le Globe était un établissement rempli de miroirs et de bois ciré. Le personnel n'était plus le même qu'autrefois. M'attendant à ce qu'elle m'annonce son changement de projet, je commandai deux lattes (dont un au soja pour Lydia) et me préparai à feindre la surprise.

Le mieux à faire quand vous êtes atteint d'une maladie peut-être mortelle, c'est de parler d'autre chose. Je m'enquis de la santé de Ned. En dehors de son retard chronique aux rendez-vous et de quelques idées bizarres (comme celle de prendre part à des batailles médiévales muni d'une épée en caoutchouc dans les parcs de la ville), il contrôlait ses symptômes, me dit-elle.

Lydia avait toujours minimisé leur importance, mais les voix qu'il entendait dans sa tête me paraissaient quand même un motif légitime d'inquiétude. Elle l'avait encouragé à arrêter de fumer, à perdre du poids et à améliorer sa garde-robe. Sans effet notable. Il fumait toujours et il ne portait jamais les vêtements qu'elle lui trouvait dans des boutiques de fripes. Je lui demandai ce qui était arrivé à l'écharpe que je lui avais tricotée. Elle dit qu'elle ne l'avait plus revue depuis un certain temps. Je souris. Relooker un homme est une entreprise forcément vouée à l'échec.

— Mais il portera peut-être une tenue décente pour m'accompagner ce soir à l'aéroport, ajouta-t-elle l'air de rien.

J'eus l'impression de recevoir une décharge électrique.

— Tu pars quand même ? demandai-je, soudain frigorifiée.

— Je ne peux plus revenir en arrière maintenant, dit-elle en touillant son latte au soja.

Je n'arrivais pas à croire que Philip ne lui avait pas parlé, n'avait pas insisté pour qu'elle reste à la maison, ne serait-ce que quelques semaines de plus.

— Mais je suis peut-être gravement malade, repris-je avec une faiblesse pathétique.

Ma fille contemplait son latte. Si nos situations avaient été inversées… mais elle le savait déjà. Il n'y a rien que je n'aurais fait pour elle.

Me croyait-elle indestructible ?

— Ce voyage est important pour moi, dit-elle avec sa voix de thérapeute. Cela fait très longtemps que j'économise. Et…

— Et quoi ?

— C'est difficile à expliquer… mais… j'envisage de devenir nonne bouddhiste.

— *Quoi ?*

Les clients du café se tournèrent avec angoisse vers nous.

Il devait y avoir une erreur. La pauvre enfant s'était égarée. Les expérimentations spirituelles de la jeunesse sont une chose. Mais tourner le dos à son éducation, à sa famille et à son avenir pour devenir la fiancée de Bouddha, c'était… impensable.

Je n'avais aucun problème avec les nonnes bouddhistes en théorie. Si n'importe laquelle de mes amies m'avait annoncé que sa fille voulait entrer dans les ordres, j'aurais probablement émis des bruits admiratifs. En tant que femme douée d'une certaine spiritualité, j'avais toujours encouragé les gens à se sensibiliser à tout ce qui ne relevait pas du domaine matériel. Mais je n'étais pas prête à voir ma fille prendre cela autant au sérieux. Étais-je pour autant une hypocrite ?

J'avais vu une fois une jeune Occidentale, le crâne rasé et en robe bordeaux, se promener près de l'université. Il n'était pas question que Lydia se balade en ville avec une dégaine pareille.

— C'est ce moine, hein ? marmonnai-je.

Son visage se referma. Elle me considéra avec un air de défi, les yeux brillant de larmes.

— Tu crois que c'est facile pour moi ? dit-elle en se levant, déjà prête à fuir. M'éloigner de tous ceux que j'aime et faire des courbettes devant des moines de neuf ans juste parce que ce sont des garçons ?

Elle était la dernière d'une longue lignée de féministes. Nos gênes nous interdisaient de nous prosterner devant qui que ce soit.

Une révolte. Voilà de quoi il s'agissait. Les jeunes filles volontaires défient leurs mères afin de découvrir qui elles sont. Il n'y a pas si longtemps, elle écrivait un article érotique pour un magazine étudiant. Je ne savais pas ce qui était le plus choquant. Ma fille auteur porno ou ma fille nonne bouddhiste.

Si elle tenait tant à se rebeller, pourquoi n'allait-elle pas se faire tatouer ?

— Et ta bourse ? demandai-je, tentant de maîtriser la tempête qui se déchaînait en moi.

Lydia repoussa la chaise de la table en évitant mon regard.

— Tu te rends compte que la plupart des jeunes de ton âge rêvent de décrocher une bourse comme celle-ci ? dis-je en me levant à mon tour pour la dévisager d'égale à égale.

— Pas moi, répliqua-t-elle. J'en ai assez de l'économie et des sciences politiques.

Je lui rappelai les mots de Shakespeare : « Rends-toi dans un couvent. » Pendant des siècles, les couvents avaient servi de décharge pour femmes. Quand un homme voulait se débarrasser de son épouse, il lui offrait une vie de prière et de chasteté. Le nombre de couvents en ruines en Europe, et leur taille, en est une preuve sidérante. Si je ne savais pas grand-chose à propos des bonnes sœurs asiatiques, j'avais tout de même entendu dire qu'elles menaient des vies misérables, balayant, cuisinant et accomplissant toutes sortes de besognes au profit de leurs homologues masculins.

— Où vas-tu ? demandai-je en la suivant.

— À la maison, faire mes bagages, dit-elle, bouleversée. Je rentre à pied. Merci pour le café, ajouta-t-elle avant de disparaître dans la foule de passants.

Incrédule, je restai plantée devant le comptoir. Dans quel siècle vivait-elle ? Laissant un pourboire dans un bocal, je me rappelai comment, alors qu'elle était petite fille, je lui avais fait supporter certaines pitreries que mes amies New Age adoraient dans les années quatre-vingt-dix. Les cristaux guérisseurs et les lecteurs d'auras m'avaient paru inoffensifs à l'époque, mais peut-être avaient-ils eu une mauvaise influence sur elle ?

Pendant que notre fille rentrait se préparer à une vie monacale dans un pays en guerre, je me rendis en ville pour me risquer sur un autre champ de bataille.

Pour qui a besoin d'une présence réconfortante à ses côtés, Philip est l'homme idéal. Il s'assit près de moi dans la salle d'attente de l'hôpital cette après-midi-là, lisant un magazine de *yachting* tandis que je me débattais avec mes mots croisés. Il ne semblait pas le moins du monde inquiet ni tracassé. Ce calme surhumain lui venait peut-être de son passage à l'armée, ou alors de sa jeunesse dans un internat.

Une écœurante odeur de peur régnait dans la pièce. Une machine bruyante crachait du café dans un coin.

Un jus de chaussette infâme. Et celui qui avait choisi l'arrangement floral possédait un sens de l'humour malsain. Le vase de lys – ignorait-il que le lys est symbole de mort ? – trônait juste à côté de l'aquarium à poissons tropicaux.

Je montrai la sculpture en bois mort à Philip.

— Ils auraient mieux fait de laisser ça sur la plage, marmonna-t-il.

C'était sa façon de dire que lui aussi détestait cet endroit. Je ne l'en aimais que davantage.

Une femme enthousiaste cria mon nom et Philip me suivit dans le bureau de la chirurgienne.

Avec ses boiseries pâles, c'était une pièce agréable remplie de brochures traitant de la gestion des émotions et autres inconvénients du même ordre. L'inévitable boîte de mouchoirs en papier se trouvait en bonne place sur la table. Dans un coin, une infirmière était postée devant un ordinateur, prête à prendre des notes. Son rôle se limitait-il à cela ou bien se trouvait-elle là pour apporter un éventuel soutien émotionnel aux patients... ou alors pour servir de témoin au cas où ceux-ci adopteraient un comportement répréhensible ?

— Comment ceci est-il arrivé ? me demanda la praticienne avec une tendresse inquiétante tandis que nous contemplions les images du système stellaire qui se développait dans mon sein droit.

Sa question était agaçante. On aurait dit une mère qui essayait de calmer son enfant après une chute en tricycle. Je connais suffisamment les médecins pour savoir qu'ils ont une bonne idée de ce qui cloche bien avant de vous en parler.

— À votre avis ? demandai-je en faisant appel à ma formation de journaliste (au cours de laquelle j'avais appris à poser des questions auxquelles on ne peut pas répondre par « oui » ou « non »).

— Vous tenez vraiment à le savoir ? répondit-elle.

Ce qui, chez elle, voulait dire : « Vous tenez vraiment à aller vendre des bibles en plein Bagdad/à plonger la tête dans une casserole de porridge bouillant ? »

Non ! On s'arrête là, merci. J'vais ressortir en f'sant semblant qu'on est encore hier et que j'ai pas encore fait ma mammographie de routine. Mais il était trop tard.

— Je pense qu'il s'agit d'une tumeur maligne.

Cette phrase retentit dans la pièce comme avec autant de fracas qu'une caisse de bouteilles vides qui s'écrase par terre. Le silence se fit pendant que j'examinais les débris.

— Mais je n'ai pas le temps d'être malade, dis-je. J'écris un livre.

Elle allait sûrement prendre ça en compte et dire à mes cellules proliférantes d'aller se multiplier ailleurs.

— Sur quel sujet ? demanda-t-elle poliment.

— La guérison, répondis-je.

Je n'avais pas l'énergie de lui donner de plus amples détails. Son sourire ne fut pas sans ironie. C'était un domaine qu'elle connaissait sans doute un peu trop bien.

Je regardai ses mains. Petites, délicates presque, mais dont les doigts semblaient efficaces.

« Brave » et « positif » sont des mots qu'on associe aux personnes dans cette situation. Ils me semblaient complètement étrangers. Les patients atteints d'un cancer, surtout quand ce sont des stars ou des chanteurs de rock, semblent vouloir « se battre contre cette maladie ». Il n'y avait pas la moindre agressivité en moi. Je me sentais comme une de ces créatures de documentaire animalier prises entre les mâchoires d'un puissant prédateur, les crocs plantés dans mon cou. J'attendais simplement de mourir dans un coin.

— La tumeur est importante, poursuivit-elle avec douceur. Elle occupe tout le sein.

— Une mastectomie ? demandai-je.

— Oui.

Raccrochez. On ne pourrait pas conclure un marché, là ? Elle ne pouvait pas se contenter d'une simple ablation des tumeurs, comme celles dont on parlait dans les magazines ?

Elle déclara qu'une ablation était impossible, étant donné la taille de la lésion. De toute manière, une ablation consisterait à enlever le sein dans son entier. Je jetai un regard à l'homme que j'avais rencontré vingt ans plus tôt ; l'homme qui avait été assez fou pour m'épouser. Il contemplait ses ongles en silence. Je devais connaître l'ampleur du désastre.

— Et l'autre sein ?

— Il faudra peut-être l'enlever, lui aussi. Nous n'en serons certains que quand nous obtiendrons les résultats de la biopsie et de l'IRM.

— Vous croyez que je vais…

— Vous avez reçu assez d'informations pour aujourd'hui, gazouilla-t-elle. Espérons que je me trompe et que cette tumeur soit bénigne.

Je n'écoutai pas la suite. Elle me prescrivit des somnifères. Les journées seraient plus faciles à supporter si je dormais correctement la nuit.

L'infirmière de la clinique me tendit la carte d'une psychologue. Une psy ? *Bon Dieu, non.* Mais je glissai néanmoins le rectangle de papier dans mon sac. J'allais avoir besoin de toute l'aide disponible.

Dans la salle de la biopsie, un homme qu'on aurait pu facilement prendre pour un dingue des modèles réduits attaqua mon sein avec une foreuse miniature reliée à ce qui ressemblait à un pistolet à agrafes. L'anesthésie locale n'eut que peu d'effet. Le pistolet tira quatre coups douloureux avant qu'il ne s'estime satisfait.

Devant la voiture, je pleurai dans le cou de Philip. Dans un parc tout proche, les arbres agitaient leurs bras nus en signe de sympathie. J'avais déjà rencontré la mort – celle de mon fils, de mes deux parents et de quelques amis. Mais je n'étais pas prête à sentir ses griffes sur moi. Pas tout de suite.

Je voulais assister au mariage de Rob en janvier. Katharine avait encore besoin de sa mère. Et Philip ne s'en sortirait pas sans personne pour lui couper les poils d'oreilles.

L'idée de ma mort – être libérée de mon corps – ne me dérangeait pas, à condition qu'elle soit relativement indolore. Ce que je ne supportais pas, c'était d'abandonner mon mari et mes gosses.

Ce soir-là, les fourchettes grincèrent dans le risotto tandis que je racontais les événements de la journée. Les filles hochèrent la tête avec solennité, ne sachant pas trop quelle expression afficher sur leurs jolis visages. Je m'étais parfois demandé à quoi elles ressembleraient quand la vie aurait laissé quelques traces sur leur peau si lisse. Maintenant, il était possible que je ne le sache jamais.

Après avoir chargé le lave-vaisselle, Lydia monta à l'étage. D'un instant à l'autre maintenant, elle allait nous dire qu'elle avait changé d'avis à propos du Sri Lanka. Il y aurait des larmes, des sourires et des pardons.

Une masse de fer me broya la poitrine quand j'entendis sa valise cogner contre l'escalier. Elle apparut entièrement vêtue de blanc, pure et inabordable, comme tout aspirant au monastère se doit de l'être.

On frappa à la porte. Ned était là, les yeux étincelants. Je n'aurais su dire s'il était blessé, excité ou désorienté. Tout cela en même temps, sans doute. Emplissant le seuil de sa présence, il semblait plus grand et plus large que d'habitude, physiquement menaçant, presque comme s'il nous défiait de l'empêcher de jouer son rôle de ravisseur.

L'un après l'autre, nous avons embrassé Lydia. Mes lèvres se posèrent sur sa joue comme sur un bout de papier. Ceci n'était pas en train de se produire. Elle ne voulait pas, elle ne *pouvait* pas m'abandonner…

Un courant d'air frais. La porte se referma. Elle était partie.

Un hurlement m'échappa et je me ruai, en larmes, dans la chambre à coucher. Je claquai la porte avant de me jeter sur le lit.

Lydia aimait les orphelins. Sa dévotion envers les gens en chaise roulante dépassait toute compréhension. Elle aurait tout laissé tomber pour prendre part à une levée de fonds en faveur de réfugiés. Elle ne supportait pas les œufs pondus par des poules en cage. Elle tenait tant à préserver l'environnement qu'elle préférait se servir de ma vieille bicyclette plutôt que de ma voiture et elle voulait que je me mette à faire un compost. Son cœur était si vaste que le monde entier aurait pu s'y prélasser dans l'éclat de sa compassion.

Pourquoi lui était-il si difficile d'être gentille avec moi ?

10

Rage

La vie est trop courte pour manger des bananes trop mûres.

Quand ma poitrine se calma enfin, je retournai l'oreiller. Il était trempé. Je n'avais pas la force de changer la taie.

Philip entrouvrit la porte. Je lui dis de s'en aller. Il ne pouvait rien pour moi. Et puis il fallait que quelqu'un reste avec Katharine.

Je sortis un somnifère de sa bulle en plastique, l'avalai et attendis que la chimie fasse son effet. La lampe de ma table de nuit jetait une lumière crue sur les livres que j'avais commencé à lire au cours de ma vie d'avant le cancer. La guerre d'indépendance américaine ne me paraissait plus aussi fascinante. Notre photo de mariage brillait à travers la pièce. Philip avait plus de cheveux à l'époque. J'avais moins de graisse.

À côté du cadre se trouvait une statuette de chat que Philip avait achetée en Égypte et une assiette peinte que maman adorait. La scène représentait une plage sauvage dans les tons mauves et bleus. On aurait dit la Nouvelle-Zélande mais l'objet venait du Danemark.

Selon certains rédacteurs en chef à court d'idées, le contenu de son sac à main révèle la personnalité d'une femme. Ils devraient s'intéresser au tiroir du bas de sa table de nuit.

Le tiroir du haut contenait mon fouillis habituel constitué de bouchons d'oreilles, de mots croisés, de pastilles pour la gorge, de crayons, de bouts de papier ainsi qu'une loupe pour arracher quelques subreptices poils de moustache, un tube de crème pour les mains que je ne finirais jamais et de l'huile de lavande pour asperger nos oreillers.

Le tiroir du bas était, lui, un tombeau de pharaon contenant des reliques d'une valeur inestimable. Un pendentif en plastique que Sam m'avait acheté lors d'une kermesse quelques mois avant sa mort ; des cartes de fête des mères recouvertes d'écritures malhabiles et de paillettes. Parmi elles, une carte plus adulte avait été envoyée à peine deux ans plus tôt. La photo montrait deux flamants roses, le plus grand couvant le plus petit d'un air protecteur : « Chère Helen, joyeuse fête des mères. Tu m'as bien élevée. Je t'aime. Lydia. »

Je m'attardai un moment au-dessus du « je t'aime » avant de le stocker bien au chaud sous mes côtes.

Sous ce fouillis se trouvait aussi un vieil enregistrement de maman pour la radio nationale en 1953. Elle avait choisi un chant larmoyant et l'accompagnateur traînait un peu, mais sous les sifflements et les craquements, sa voix de contralto était plus riche qu'un bon bourgogne.

J'aurais aimé qu'elle soit encore là. Elle aurait maté Lydia et expliqué à cette chirurgienne qu'elle avait trop d'imagination. Je commençais aussi à me dire que maman n'avait jamais cessé de veiller sur moi et qu'elle m'avait donné un petit coup de main en m'apparaissant pendant cette cure de bien-être juste avant que des étoiles surgissent dans mon sein.

Il était aussi possible que le cancer trouve dans ma rage une alliée puissante. Comment connaître les dégâts qu'une colère trop longtemps retenue pouvait infliger à mon système immunitaire ? Les sujets de ressentiment ne manquaient pas.

Je décidai de mettre tout cela noir sur blanc. Je récupérai une feuille de papier et un crayon dans le tiroir et entrepris de dresser la liste des gens avec qui j'avais des problèmes : des rédacteurs en chef qui avaient refusé mes articles ; ceux qui m'avaient éjectée de leur vie, qui m'avaient abandonnée ou bien qui avaient décidé de devenir nonne bouddhiste. Ensuite vinrent les motifs d'insatisfaction, certains mesquins, je l'avoue.

J'en ai marre :

— De changer les rouleaux de papier toilette

— D'être la seule à faire le ménage dans cette maison

— *Et* d'être une laverie automatique à moi toute seule.

— De toujours prendre la banane toute noire pour que les autres mangent des fruits impeccables

— De les laisser squatter le fauteuil le plus confortable.

— Des gens qui disent : « Qu'est-ce qu'on mange ce soir ? »

— De ceux qui disent : « *Encore* des spaghettis bolognaise ? »

— Des gens qui vérifient les dates limite de conservation. Comme si je cherchais à les empoisonner.

— De devoir chanter les louanges de celui ou celle qui daigne enfin poser la main sur l'aspirateur, comme s'il ou elle vient de transformer les cheveux coincés dans le siphon en lingot d'or.

— Des gens qui lèvent les yeux au ciel quand je demande de l'aide pour la technologie.

— Des éternels délais de remise pour les articles et maintenant pour le livre.

— De dire : « Oui, je serai ravie d'assister à la soirée tennis/dîner Tupperware » alors que je ne joue même pas au tennis.

— Du jardin. Comme c'est le seul truc dont je ne m'occupe pas, c'est le désert de Gobi.

— D'attendre pendant des heures le retour de Philip puis de râler quand il arrive enfin parce que le repas est brûlé.

— D'essayer en vain d'être une bonne épouse de cadre supérieur.

— D'oublier ce qui est drôle.

— De me sentir fatiguée. Depuis des semaines, des années, éreintée en permanence.

J'appartenais à la génération des femmes qui voulaient tout avoir. Au lieu de tirer les leçons des erreurs de maman, je m'étais acharnée, pour mon plus grand malheur, à en faire toujours plus. Pas étonnant que la plupart des dames de mon âge se plaignent d'épuisement.

J'avais non seulement endossé le rôle de femme d'intérieur que maman n'avait jamais cessé de décrier, mais j'avais aussi tenu à faire carrière. Durant mes années de solitude, j'étais bien trop crevée après une journée de travail au journal pour offrir aux enfants toute l'attention nécessaire. Mes vies de mère et de travailleuse s'entrelaçaient frénétiquement pour former un filet de sécurité qui se dérobait constamment sous moi.

Quant à mes efforts pour devenir une bonne épouse de cadre, ils furent risibles. Lors d'une soirée mémorable au cours de laquelle je multipliai les traits d'esprit pour divertir un avocat venu de Sydney, je fus estomaquée quand, au bout d'un moment, il me regarda en déclarant : « On ne m'a plus fait la morale comme ça depuis l'université. » Triste épisode auquel s'ajouta la débâcle Qantas. Au cours d'un trajet en avion (j'accompagnais Philip lors de l'un de ses voyages), nous étions allés nous dégourdir les jambes jusqu'en classe économique. À notre retour, alors que nous arrivions au sommet des marches pour regagner nos sièges, une hôtesse me demanda :

— Madame, vous vous rendez bien compte que nous sommes ici en classe affaires ?

Et maintenant, pour couronner le tout, ma fille me laissait tomber pour un moine bouddhiste.

Il m'était cependant impossible de croire que la colère soit la cause unique du cancer. J'avais connu des tas de gens au caractère exécrable qui étaient morts d'attaques cardiaques et des personnes charmantes qui, sans avoir la moindre once de rage en elles, avaient succombé à cette maladie.

Je n'avais non plus cherché à attraper cette saleté. À cinquante-quatre ans, je ne fumais pas et ne prenais aucun traitement aux hormones. Je buvais rarement plus de deux verres de vin (rouge bien sûr, pour ses propriétés antioxydantes). Le yoga et Pete, le prof de gym, faisaient partie de mon emploi du temps et il m'arrivait de consommer des produits bio.

Mais je n'avais aucun contrôle sur la génétique. Ni sur les dégâts à long terme provoqués par la mort de Sam, un divorce, un remariage et un changement de pays. La tornade hormonale de la ménopause avait peut-être eu, elle aussi, son petit effet.

N'oublions pas l'environnement. Je me rappelai les soirs où nos parents nous emmenaient jouer sur Paritutu Beach à New Plymouth dans les années soixante. Personne ne savait à l'époque qu'une usine toute proche fabriquait de l'Agent orange, un herbicide hautement toxique, pour la guerre au Vietnam.

Du moins, personne n'était censé le savoir. Une superbe rivière aux flots couleur abricot descendait des collines dans la mer ; le piège parfait pour des enfants nourris au *Magicien d'Oz*. Notre ville n'était pas émeraude, elle était orange ! Je me souviens de la voix affolée de papa nous rappelant. Trop tard. Mary et moi étions déjà pied nu dans la rivière magique. Il nous ordonna de les laver dans de l'eau de mer.

Et puis il y a eu cette nuit où, alors que nous étions à table, quelqu'un remarqua le ciel écarlate. Nous sortîmes vite pour admirer le spectacle. La voûte céleste tout entière brillait d'un rouge plus éclatant que lors d'un coucher de soleil. Impressionnant et un peu bizarre, quand même. Papa dit que c'était à cause des essais nucléaires dans le Pacifique et qu'il valait peut-être mieux rentrer nous mettre à l'abri.

Au milieu de toutes ces théories, une seule me paraissait fiable : le cancer est un coup du sort. Celui du sein étant la peste du genre féminin, mieux vaut ne pas se demander : « Pourquoi moi ? » mais plutôt : « Pourquoi pas moi ? »

S'il était déjà trop tard et que j'étais en train de mourir… eh bien, tout le monde devait mourir de quelque chose.

Je pris une autre feuille de papier.

Les choses que je veux voir/faire avant de mourir :

— Revisiter Paris et la vallée de la Loire. Le jardin de Monet à Giverny et le château de Versailles.

— Une croisière en Europe du Nord. Oui, nous *sommes* si vieux que ça !

— San Francisco et l'automne en Amérique du Nord.

— Visiter Chicago pour les galeries d'art et New York pour Broadway et ses autres galeries d'art.

— Las Vegas. Pourquoi pas ? J'ai toujours voulu voir l'aboutissement logique de la civilisation occidentale.

Des clichés, je l'admets. Mais ce n'est pas par hasard que les choses deviennent des clichés. Sur une troisième feuille, j'écrivis :

Ce que je veux vraiment :
(mon crayon hésita au-dessus du papier)
Un(e) ami(e).

J'avais de fabuleux amis mais leurs vies étaient plus que remplies par leurs obligations familiales et professionnelles. Je ne voulais pas ajouter à leurs soucis. C'étaient aussi de vieux amis. Des gens que j'écoutais avec l'intention de les aider à surmonter leurs problèmes, et pas le contraire. Pour la plupart d'entre eux, j'avais toujours été la mère forte. J'avais peut-être peur de ma propre vulnérabilité.

Celui dont j'avais besoin maintenant, c'était de quelqu'un qui comprendrait la souffrance, mais qui saurait se montrer discret. Qui ne tordrait pas la conversation pour toujours la ramener vers lui. Qui serait là jour et nuit sans que cela soit une corvée. Un ami qui saurait quand me prendre dans ses bras et quand quitter la chambre sans bruit. Et qui saurait me faire rire.

Comprenant que celui dont je rêvais n'était pas humain, je souris en lisant la liste que j'avais dressée des qualités nécessaires de mon « ami ». On aurait dit un chat.

M'agenouillant sur le sol, je tâtonnai sous le lit pour y chercher une boîte en carton argenté contenant d'autres souvenirs. J'en soulevai le couvercle et la renversai. Des photos de superbes mariées et de cérémonies magnifiques glissèrent en cascade sur le sol. Mes listes de plaintes et de rêves trouvèrent leur place tout au fond. Je refermai le couvercle.

Le visage anxieux de Philip apparut à la porte. Le cher homme. Il posa un verre d'eau sur ma table de nuit et m'aida à me coucher.

— Où est-elle en ce moment, d'après toi ? m'enquis-je.

— Lydia ? demanda-t-il en remontant le drap sous mon menton et en m'embrassant gentiment. Quelque part dans le ciel.

Je l'imaginai, tripotant son dîner végétarien sur un plateau en plastique tandis que son avion grignotait l'océan Indien.

Et sombrai avec gratitude dans un grand trou noir.

11

Amazones

Des femmes – dont beaucoup n'ont qu'un seul sein.

Je me réveillai de meilleure humeur. La lumière du matin filtrait à travers le store. Philip était allongé près de moi. Nous nous sommes levés de bonne heure et nous avons traversé la rue pour prendre un café avec du pain encore chaud.

Quoi que nous apprendrait cette journée, tout finirait bien. Je le savais en raison d'une émission avec Stephen Hawking. Apprendre que nous sommes tous faits d'étoiles m'avait profondément réconfortée. Nos corps sont littéralement composés de la matière produite lors des explosions célestes. Nous ne mourons jamais. Nous redevenons poussière d'étoiles. Poussière, tu redeviendras poussière.

J'espérais pouvoir être aussi courageuse que maman. Quand on lui avait annoncé qu'elle était atteinte d'un cancer des intestins en phase terminale, elle avait pris la nouvelle avec légèreté.

— Je m'en vais vers mon île, avait-elle dit avec un sourire rêveur. C'est si beau, là-bas. J'arrive presque à la voir maintenant. Je pars à Bali Ha'i.

« Bali Ha'i » est une chanson d'une vieille comédie musicale, *South Pacific*, qui parle d'un îlot paradisiaque dans le Pacifique. D'où vient cette fascination pour les îles chez les femmes de la famille ?

Je m'étais demandé dans quelle mesure ce n'était pas une comédie qu'elle jouait pour nous soulager. Probablement plus que nous ne l'avons cru à l'époque. Alors que la maladie lui gonflait l'abdomen et donnait à sa peau une blancheur de cire, maman passait ses journées à réconforter les visiteurs et les personnes qui l'appelaient au téléphone.

Quand elle ne souffrait pas trop, elle nous offrait une leçon de bonheur, proclamant qu'elle était en train de vivre certains des plus beaux jours de son existence. Un jour, alors que nous étions seules, elle et moi, dans sa chambre, elle a levé un doigt osseux et m'a dit :

— Regarde-moi. Et apprends.

Le vicaire local lui a rendu visite dans l'espoir de lui faire confesser quelques péchés. Maman n'était pas une paroissienne officielle mais elle avait chanté dans le chœur. Chanter, c'était sa façon de croire, disait-elle toujours. Le vicaire émergea quelques minutes plus tard avec une drôle de mine. Il n'avait encore jamais rencontré quelqu'un qui possédait une approche aussi spirituelle de la mort. Échec et mat. Mi-comédienne, mi-gourou, maman nous sidérait tous.

Perchée sur le rebord de son lit, je prenais des notes pendant qu'elle chorégraphiait ses funérailles. Ne voulant pas commencer par un air déprimant, elle choisit « *Morning Has Broken* » pour entamer la cérémonie. Après cela, ses amies du chœur devaient s'aligner devant l'autel pour entonner « *La prière de saint François* », qui était devenue un de ses airs préférés. Les paroles attribuées au saint du XIIIe siècle sont un hymne à l'amour maternel : « Oh Seigneur, que je ne cherche pas tant à être consolé qu'à consoler, à être compris qu'à comprendre, à être aimé qu'à aimer de toute mon âme. »

— Je suis tout excitée, dit-elle à propos de ses obsèques. Combien de personnes viendront, à ton avis ?

— Oh, je ne sais pas, dis-je en essayant de penser à un nombre imposant. Cent cinquante ?

— C'est *tout ?*

Maman semblait dévastée.

— Oh non. Il y en aura probablement le double.

Se laissant aller sur les oreillers aussi blancs que ses traits émaciés, elle eut l'air satisfait.

— Quand on sortira mon cercueil, j'aimerais qu'on joue « *Bali Ha'i* », ordonna-t-elle.

Maman avait connu une certaine gloire quand elle avait tenu le rôle de Bloody Mary dans une production de l'Operatic Society de *South Pacific* en 1963. Je lui demandai si elle voyait parmi ses connaissances une personne capable de chanter aussi bien qu'elle. Sa réponse fut très ferme. Il valait mieux utiliser un enregistrement, celui d'une artiste de renommée mondiale. Sarah Vaughan, peut-être.

— Ça va être génial, soupira-t-elle. J'aimerais bien y être. Bah, je suppose que j'y serai, d'une certaine manière.

Je doutais de pouvoir me montrer aussi forte pour mes enfants. Comparée à elle, j'étais une couarde, une misérable imitatrice.

Malgré tous nos conflits, le plus souvent à propos du sexe et du mariage, maman et moi étions très proches. Il m'arrivait encore de composer son numéro de téléphone juste pour me sentir reliée à elle.

Elle-même journaliste, elle m'avait plantée devant une machine à écrire dès mon plus jeune âge. Je m'étais rebellée, bien sûr, mais ça se termina exactement comme elle l'avait décidé. Quand nous avons appris qu'elle était mourante, j'ai éprouvé un sentiment de liberté culpabilisant. Enfin, j'allais pouvoir briser le moule dans lequel elle m'avait enfermée. Mais il était trop tard. Elle m'avait déjà façonnée à sa propre image.

Quand Philip et moi nous sommes retrouvés à la clinique cette après-midi-là, la chirurgienne avait une bonne et une mauvaise nouvelle. C'était bien le cancer. La tumeur était d'une grosseur inhabituelle, près de sept centimètres de large. Mais les cellules ne semblaient pas invasives. On n'en serait certain qu'après l'opération, mais une fois mon sein droit amputé, et à la condition que le gauche soit sain (selon les résultats de l'IRM), j'aurais toutes les chances de retrouver une vie normale.

Une vie. Normale. Alléluia ! J'ai failli l'embrasser mais elle se trouvait bien à l'abri derrière son gros bureau. Les chirurgiens ne sont pas du genre à aimer vous toucher/sentir, ce qui semble bizarre pour des gens qui passent le plus clair de leur temps à vous fouiller les chairs. En marchant dans les rues après la consultation, je savourai le vent hivernal sur mon visage. Des branches nues s'étiraient sous le ciel bleu layette. Une mouette perchée sur une statue se lissait les ailes et toisait les foules de piétons engoncés dans leurs manteaux pour se protéger du froid.

J'errais dans une mer de visages impassibles ne s'intéressant qu'à leur iPods et leurs téléphones mobiles. Le monde est désormais atteint du syndrome d'Asperger. Penchés sur de petites boîtes, des fils blancs leur sortant des oreilles, les gens s'attachent de manière compulsive à des réalités fantoches. Connectés à l'abstrait mais déconnectés de leur vie, celle qui est faite de chair et de sang, ils sont autant humains que robots. J'aurais voulu qu'ils s'arrêtent une seconde pour s'enivrer de la beauté qui les entourait, percevoir sa nature éphémère. Notre passage ici est si bref.

Dans la salle d'attente de l'IRM, le lendemain matin, un questionnaire me demandait si j'étais claustrophobe. « Plus ou moins », gribouillai-je entre les cases « oui » et « non ». Apparemment, certains patients avaient besoin d'une anesthésie générale avant de consentir à se laisser glisser dans cette espèce de vagin géant. Une naissance à l'envers.

À nouveau, tout le monde ici m'appelait « ma chère ». Un radiologue me poignarda le bras, ma chère, pour y injecter une teinture nécessaire à l'examen. J'aurais voulu qu'on me colle une pancarte sur le front à l'intention de chaque infirmière, médecin, opérateur de scanner, brancardier et autres suceurs de sang. « Chers chers. Ne m'appelez plus ma chère, s'il vous plaît. »

Une infirmière me prévenant que la machine faisait beaucoup de bruit m'offrit des écouteurs en me donnant le choix : jazz ou classique ? En temps normal, j'aurais dit classique, mais les goûts de la gent médicale me rendaient méfiante (rappelez-vous les lys). Un opéra wagnérien ou bien « La marche funèbre » auraient eu un effet désastreux. Il y avait moins à craindre avec le jazz.

Deux techniciennes m'emballèrent sur un brancard comme de la viande sur un étalage, tout en me laissant un bouton d'appel à portée de main en cas de panique. Gisant sur le ventre, chacun de mes seins émergeant d'un trou, je glissai dans le giron de la machine au son de « *The Girl from Ipanema* ». Une fille « grande et bronzée, jeune et splendide… » à en croire les paroles.

J'avais toujours détesté cette chanson et plus encore maintenant que j'étais à peu près l'exact contraire d'une beauté brésilienne élancée – petite et blanche, vieille et laide. Dieu merci, la chanson et la fille furent bientôt noyées sous un vacarme assourdissant.

— Vous allez bien, madame Brown ? me demanda une voix masculine dans le casque.

Je fus rassurée par l'hésitation juvénile que j'y discernai, par le rayon de soleil de son accent australien. Et le fait qu'il ne m'appelait pas ma chère.

— Oui ! criai-je, ce qui n'était sans doute pas nécessaire.

Le bourdonnement fut remplacé par une espèce de sonnerie rythmée. Comme si on m'avait coincée à l'intérieur d'une gigantesque cloche. Je pensai à Lydia au Sri Lanka et m'imaginai en train de méditer avec elle au son de cette cloche. Ensemble toutes les deux, dans un pays mystérieux, et en paix. Sauf que là-dedans, le vacarme était vraiment infernal.

Je me laissai dériver vers une autre époque, un jour à la plage après mon bac avec Jan. Un sable noir scintillant, un soleil couleur mandarine flottant là-bas, au-dessus de l'horizon. Quelque part entre l'enfance et la maturité, c'était l'instant idéal – ma première expérience de bonheur adulte.

— Vous avez été parfaite, dit le jeune rouquin qui prêtait sa voix à la machine.

— Comment faire autrement ?

— Certains ne peuvent pas s'empêcher de bouger.

À mon grand soulagement, l'IRM révéla que mon sein gauche était sain. Ha, ha.

Plus tard ce jour-là, j'appelai ma sœur Mary en Nouvelle-Zélande. Sa voix était calme et gentille au bout du fil. Ayant subi une mastectomie huit ans auparavant, elle savait tout.

— Tu ne seras pas aussi seule que tu le penses, dit-elle. Il y aura un cercle de femmes. C'est ce qui m'est arrivé et il en sera de même pour toi. Tant de femmes ont traversé ça qu'elles savent quoi faire pour aider. Elles se rapprocheront de toi et t'offriront plus de force et de soutien que tu ne l'imagines.

Je ne l'avais pas entendue employer ce ton depuis

notre enfance, quand elle était la grande sœur, la Protectrice. Toutes les distances que la vie d'adulte avait glissées entre nous venaient de s'effacer. Elle avait perdu son sein gauche. J'étais sur le point de me séparer du droit. À nous deux, nous avions la paire complète.

C'était comme si nous partagions à nouveau la chambre à coucher avec le papier peint aux jonquilles. Le matin, quand je regardais ses boucles brunes se battre sur sa taie d'oreiller, j'éprouvais pour elle la plus pure des admirations. Nous faisions tout ensemble – jouer à la poupée et écouter les feuilletons radiophoniques tard le soir jusqu'à ce que mes paupières se ferment.

Cela a pris fin un jour. Mary a eu droit à un nouveau transistor bleu et s'est mise à écouter « *Top of the Pops* ». Elle s'est acheté un Bikini et a dit à maman qu'elle voulait avoir sa chambre pour elle toute seule. Maman m'a expliqué que Mary, avec ses cinq ans de plus, grandissait et que ses centres d'intérêt évoluaient. Incapable de comprendre pourquoi elle ne voulait plus jouer à la poupée et écouter « *La vie avec Dexter* » avec moi, je me suis retrouvée exilée dans une chambre plus petite avec un papier peint couvert d'arbres, juste à côté des toilettes.

Mary m'a proposé de venir et de rester un moment avec moi quand je sortirais de l'hôpital. J'acceptai avec gratitude.

Plus tard, sous la douche, j'examinai le sein qui allait bientôt disparaître, jeté dans un des fourneaux de l'hôpital pour être transformé en fumée qui, je l'espérais, se mêlerait aux nuages dans le ciel. De façon surprenante, cette perspective me rassurait. J'aimais l'idée de mes tissus corporels flottant au-dessus de la ville avant de rejoindre le système solaire.

Ayant perdu toute souplesse ou espièglerie, mon sein s'était épuisé à nourrir quatre bébés. Bon d'accord, et aussi à jouer un rôle mineur pour séduire un ou deux compagnons. Je fis courir mes doigts sur le téton sous lequel l'ennemi rôdait. En dehors des ecchymoses dues à la biopsie, il ne semblait pas avoir changé. Pas de bosse. À vrai dire, la région maligne paraissait plutôt légèrement dégonflée.

Perdre un sein ne devait pas être *si* terrible, me dis-je. Quand j'étais gamine, maman m'avait raconté comment les Amazones se tranchaient (ou parfois se brûlaient) le sein droit de façon à pouvoir se servir d'un arc avec plus d'efficacité. Bonne vieille maman. Elle avait toujours aimé nous renseigner sur les étrangetés du comportement humain. Sous sa tutelle, j'avais absorbé tout Enid Blyton ainsi que des images d'esclaves africains entassés dans des soutes infectes comme des paquets de crackers.

Perchée sur ses genoux, j'imaginais les Amazones caracolant dans la jungle, leur sein unique rebondissant, avant de se jeter du haut d'une liane dans le fleuve Amazone. Découvrir que les Amazones n'habitaient nullement l'Amazonie mais plutôt un coin de Turquie a constitué une des légères déceptions de ma vie d'adulte. Quoi qu'il en soit, si ces dames se tranchaient le nichon sans avoir recours aux anesthésiants modernes, je n'avais pas grand-chose à craindre.

La sonnette de l'entrée retentit. J'hésitai à répondre. C'était sûrement Katharine qui rentrait tard et qui, comme d'habitude, avait la flemme de chercher ses clés au fond de son sac. Je me glissai dans ma robe de chambre et traversai le couloir, ma tirade déjà prête. Les choses allaient devoir changer dans cette maison. Les gens allaient devoir se prendre en main...

— C'est la dernière fois... dis-je en ouvrant la porte.

Une haute silhouette masculine émergeait des ombres du soir. Ned, les mains dans les poches, les cheveux et les yeux encore plus fous que d'habitude, n'osait pas me regarder.

— Désolée, je croyais que c'était Katharine, dis-je, soudain mal à l'aise dans ma robe de chambre, même s'il ne paraissait pas la remarquer.

— Avez-vous des nouvelles de Lydia ? demanda-t-il.

— Non, répondis-je, lui en voulant toujours de l'avoir kidnappée et de l'avoir conduite à l'aéroport. Elle a dû arriver il y a quelques heures au monastère, je suppose. Et toi ?

— Non, dit-il, les yeux rivés sur ses bottes.

Je n'étais, à l'évidence, pas la seule personne blessée par son départ. Nouant un peu mieux mon peignoir autour de la taille, je l'invitai à entrer et remplis la bouilloire.

Nous autres, les rejetés, pouvions au moins partager une boisson chaude. J'ouvris le frigo. Il tituba et s'accrocha au buffet de la cuisine.

— Tu vas bien ?

— Pas trop, dit-il. J'ai arrêté de prendre mes médicaments.

Je serrai la boîte de lait de toutes mes forces. Lydia était toujours restée assez vague quant au mal dont il souffrait. Elle refusait que les gens se fassent étiqueter. Tant qu'il prenait ses pilules, la situation était sous contrôle. Sinon, il perdait le contact avec la réalité et commençait à entendre des voix.

Mon unique expérience avec des gens comme lui remontait à quelques années, dans une salle de presse, alors que j'interviewais une mère bouleversée dont le fils, après avoir jeté ses cachets aux toilettes, avait bondi dans la fosse au lion au zoo.

Une formation de journaliste offre quelques avantages, mais elle a le grand tort de vous rendre paranoïaque. Le titre « Une victime du cancer se fait poignarder à mort par l'amant de sa fille » s'étala sur toute la largeur de mon cerveau. Instinctivement, je reculai pour dissimuler le support à couteaux avec mon corps. Affronter le petit copain déjanté de ma fille était bien la dernière chose dont j'avais envie en ce moment.

J'avais tort de m'inquiéter. Totalement abattu, Ned se contenta de contempler sa tasse de café sur la table et, telle une paire d'épouses délaissées, nous partageâmes notre déception devant le manque de cœur de cette fille qui n'avait jugé bon de nous contacter ni l'un ni l'autre. Pauvre Lydia : elle n'avait peut-être même pas encore quitté l'avion ou bien trouvé un endroit où son téléphone captait un réseau.

Apparemment satisfait par le café, notre conversation et la promesse que le premier qui recevrait des nouvelles contacterait l'autre, Ned disparut dans la nuit. Les rivaux étaient devenus des alliés, pour un temps du moins.

Ce soir-là, chaque fois que le téléphone sonna, je me ruai dessus. Je reçus des appels de Rob et Mary, mais aucun de Lydia.

Les jours qui suivirent, la maladie constitua un travail à plein temps. Entre deux rendez-vous pour des examens, nous devions prendre quelques décisions cruciales.

Puis ma chirurgienne m'annonça qu'elle partait en vacances et que j'avais donc le choix entre deux options : attendre son retour un mois plus tard (et donner aux cellules cancéreuses cinq semaines de plus pour utiliser mon corps comme terrain de jeu), ou accepter qu'elle m'adresse à un collègue. Je préférai cette dernière solution, s'il fallut alors que je m'adapte au style plus flamboyant de ce nouveau praticien.

Il fallait aussi réfléchir à une éventuelle chirurgie reconstructrice. Si les huit années qui nous séparaient, Philip et moi, semblaient moins importantes désormais, il était toujours « l'homme plus jeune ». Je tenais à réduire le choc que ne manquerait pas de produire une telle métamorphose – pour nous deux.

Un implant de silicone était le choix le plus simple. Mais on me parla aussi d'un processus plus complexe consistant à récupérer la graisse qui s'était douillettement logée dans mon abdomen pour confectionner un nouvel organe. Un ventre plat et un sein gras ! Voilà qui me plaisait assez.

Une spécialiste en chirurgie réparatrice nous montra des photos. Elle était fière de son travail qui, à nos yeux de profanes, ressemblait à un carnage de la Première Guerre mondiale. Elle pouvait fabriquer des tétons à partir de n'importe quoi : un orteil, une oreille… Elle savait comment découper un muscle en tranches et les rassembler pour en faire un nichon, sauf qu'elle préférait les implants.

Je choisis de me soumettre à un chirurgien qui aimait transformer des rouleaux de graisse en buste. Nous trouvâmes notre homme à l'autre bout de la ville. Greg avait pris part à de nombreuses conférences internationales : c'était un spécialiste de seins en gras. Ses images n'étaient pas aussi brutales que celles de sa collègue – mais peut-être était-il juste meilleur photographe.

Je commençai à devenir experte dans l'observation des mains de chirurgiens. Je me fiais à celles de Greg, avec leurs doigts courts et leurs taches de rousseur. Solide mais d'allure juvénile, il était – pour un chirurgien – ouvert et sociable. Avec son teint très pâle et ses cheveux roux, il avait dû jouer de la cornemuse dans les Highlands d'Écosse dans une vie antérieure. Je l'appréciai et lui fis confiance presque sur-le-champ.

La mastectomie plus la reconstruction, me dit-on, ne nécessiteraient pas moins de trois chirurgiens flanqués de plusieurs assistants, six à huit heures sur le billard et une convalescence de trois mois (à condition d'avoir vingt ans, d'être sélectionnable pour les Jeux olympiques et de posséder un seuil de résistance à la douleur surhumain, ai-je compris bien plus tard). Greg me laisserait une cicatrice en forme de sourire qui me traverserait l'abdomen d'une hanche à l'autre et serait placée si bas que je pourrais encore porter un bikini. Ben voyons.

Dans le même temps, il comptait pratiquer une réduction de mon sein gauche de façon que la nouvelle paire soit mieux appariée. Les cicatrices sur ma poitrine seraient parfaitement dissimulées. Un vrai travail d'artiste.

Mon optimisme vacilla. Ce que proposait Greg n'était pas une simple réfection mais une restructuration totale. Une épreuve qui me donnait l'impression de devoir simultanément sauter à l'élastique, gravir l'Everest et jouer la finale de la Coupe du monde de rugby.

— Nous vivons dans une société obsédée par les seins, déclara Greg.

Sottises, pensai-je. En rentrant chez nous, nous nous arrêtâmes à un feu rouge devant une sculpture que je n'avais encore jamais remarquée. C'était des seins en béton.

Un DVD sur la reconstruction mammaire traînait sur la table de la cuisine. J'hésitais à l'insérer dans le lecteur. Apparemment, il me faudrait bien plus de temps à me remettre de la chirurgie réparatrice que de la mastectomie elle-même. Cela étant, même si je ne suis pas Pamela Anderson, je ne rêvais pas non plus de me transformer en Amazone pour le restant de mes jours.

Tandis que je visionnais le DVD en compagnie de Philip, ma gorge ne cessait d'émettre des bruits intrigants. Comment ces femmes pouvaient-elles parler avec une telle joie des énormes scarifications qui leur couvraient le corps ?

J'avais envie d'éviter la reconstruction, mais je me suis souvenue d'une amie expliquant à quel point elle s'était sentie désemparée (« brisée », avait-elle dit) quand, à son réveil, elle avait découvert l'espace vide à la place de son sein. La chirurgie réparatrice était peut-être physiquement pénible, mais elle pouvait permettre de limiter les dégâts psychologiques.

Réunir trois chirurgiens au même moment dans le même bloc opératoire revient à peu près à essayer d'obtenir la présence simultanée de Lady Gaga, d'Angelina Jolie et de la reine Elisabeth II à un gala de charité. Les toubibs s'échangèrent leurs agendas et trouvèrent une date qui leur convenait à tous… trois semaines plus tard.

12

Préparation

Ce qui compte, c'est ce qui est à l'intérieur.

Deux jours après la visite de Ned, le téléphone sonna aux alentours de minuit. Je fus soulagée d'entendre la voix de Lydia, même si la communication était mauvaise : on aurait dit qu'elle se trouvait à bord d'un sous-marin.

Elle s'excusa pour le retard, expliquant que c'était la saison des pluies et que la ligne du monastère n'y avait pas résisté. L'enthousiasme forcé que je percevais me laissa froide.

Telle une amante blessée, je ne lui donnai aucune nouvelle, attendant qu'elle m'en demande. Oui, j'allais bien, mais pas vraiment. Il y eut de longs silences. Je lui parlai de la visite de Ned. Oh oui, dit-elle, elle lui enverrait un mail un de ces jours.

Un perroquet caquetait derrière elle. Ce monastère se trouvait donc réellement au fin fond d'une jungle. Veillant à bien lui faire sentir que cela m'intéressait à peine, je lui demandai à quoi elle passait ses journées.

À méditer, dit-elle, avant de me raconter que le moine et les nonnes avaient pratiqué une cérémonie pour moi dans une grotte. Ils avaient prié pour ma guérison. C'était exceptionnel, selon elle.

Cela semblait assez touchant, et même captivant, mais ma colère explosa en une fraction de seconde.

— Donc, ils savent que je suis malade ? Et ils ne pensent pas que tu devrais être avec ta famille dans un moment pareil ?

Silence, à nouveau.

— Je ne sais pas ce qu'ils pensent, répondit-elle.

Même si je voulais comprendre, me montrer raisonnable, j'avais encore les nerfs trop à vif.

— Je suis malade et tu n'es pas là, dis-je à voix basse.

Silence.

Si seulement, elle daignait le prononcer une seule fois. Le mot que je voulais tant entendre : maman.

— *Tu ne m'aimes pas !* braillai-je dans un long gémissement digne d'une folle.

Le volatile sri-lankais hurla. Quand elle répondit, je fus incapable de savoir si elle était impatiente, bourrée de ressentiment… ou bien si elle pleurait.

— Si, dit-elle après un interminable silence. Vraiment.

Il y eut un craquement et la ligne fut coupée.

Le téléphone sonna souvent pendant les trois semaines précédant l'opération. Ma sœur Mary et Ginny en Nouvelle-Zélande. Julie, ma prof de yoga, et de nombreuses autres m'offraient leur soutien. Les appels de Lydia furent moins fréquents. Soit les lignes n'étaient pas en état, soit elle était trop occupée par ses tâches au monastère.

J'essayais de me concentrer sur des activités plus réjouissantes, comme aider Rob et Chantelle à préparer leur mariage. Le grand jour était dans cinq mois.

Ils avaient choisi un lieu magnifique : un vieux couvent dans une petite ville à la campagne, Daylesford, à une heure et demie de voiture de Melbourne. La minuscule chapelle offrait un mélange plaisant de romance et de spiritualité. Quelques marches plus loin, l'endroit où aurait lieu la réception s'ouvrait sur des balcons face à des collines verdoyantes nichées sous un vaste ciel. Les odeurs d'eucalyptus dans la brise ajoutaient à la scène une touche parfumée.

Ils avaient aussi embauché un photographe et un orchestre, et on avait même trouvé un pasteur, une femme qui n'arrivait pas encore à se souvenir de leurs prénoms. Quoi qu'il en soit, tout cela s'avéra n'être que les prémisses du mariage moderne.

J'ignorais totalement qu'il existait des *grands magasins* de pièces montées, jusqu'à ce que je me retrouve en train d'errer à travers un canyon de tours en sucre et meringue avec Rob et Chantelle. Pour ceux qui considéraient les fleurs dorées comme trop sobres, il y avait des gâteaux enveloppés de plumes d'autruche et parés de sequins. Rob proclama que ce n'était pas l'apparence qui comptait, mais le goût. Le vendeur le prit au mot et lui présenta une assiette remplie de petits cubes en plastique.

— C'est pas des gâteaux, ça ! marmonna mon fils en mâchant d'un air pénétré. Et ce n'est même pas fait avec de vrais œufs. Fichons le camp d'ici.

J'étais impressionnée par l'approche pragmatique qu'avait Chantelle de ses futures noces. Plutôt que de commander une robe de plusieurs milliers de dollars dans une boutique, elle trouva une couturière qui travaillait à domicile. Ensuite, elle nous montra, à sa mère et à moi, des échantillons de tissus délicats d'un rose subtil. Cristaux et perles étaient prévus. Elle avait une aversion pour les voiles. Avec ses cheveux sombres, son teint de pêche et ses yeux bleu vif, elle allait être saisissante.

Comme tout homme sur cette terre, Rob se révélait un boulet dès que nous le traînions pour faire du shopping. Dans le moindre magasin ayant un rapport avec la chose nuptiale, il se comportait comme si nous l'avions pris en otage. Mais j'appréciais ces sorties. Chaque mère veut que son fils ait un beau mariage et personne ne le méritait plus que Rob.

Entre-temps, je me préparais physiquement et émotionnellement à l'intervention. Trouver des chemises de nuit 100 % coton qui ne ressemblaient pas à ces trucs dans lesquelles nos grands-mères passaient de vie à trépas s'avéra impossible. Je finis par en acheter trois, dans divers tons de bleu, avec un peu trop de fous-frous, et une paire de pantoufles décorées avec des teckels. La vendeuse me demanda si je comptais aller quelque part. Oui, à l'hôpital, répondis-je en éprouvant un plaisir malsain à voir son sourire se figer.

Des rendez-vous furent pris avec Jodie la coiffeuse, la psychologue (pourquoi pas ?), et David, un ami décorateur doté d'un flair exceptionnel. Nos tables de nuit étaient affligées de cicatrices circulaires en raison de milliers de tasses de thé matinal. Si je devais être incarcérée ici pendant des semaines, autant égayer un peu ce décor.

David ne traversait pas la période la plus heureuse de son existence : son associé et partenaire l'avait laissé tomber pour un jeune modèle et avait fui à Perth.

— Je veux en finir ! gémissait-il en examinant ses échantillons de rideaux. Je vais me jeter du haut du Westgate Bridge… Mais seulement si les médias sont là pour couvrir l'événement.

Fort heureusement, son cœur brisé n'avait aucun effet sur son goût – qui restait toujours aussi sûr. Il trouva deux tables de chevet, l'une grande et pâle, l'autre compacte et prématurément vieillie, sans doute par les esclaves d'une quelconque usine asiatique.

Superbement mal assorties, les tables formaient une paire idéale – comme tous les meilleurs couples. Avec de nouvelles lampes et des rideaux semi-transparents (blanc cassé, un superbe lin italien), je voulais croire que la chambre à coucher sentirait assez bon et serait assez belle pour que je puisse y passer les quelques mois qui s'annonçaient.

Quand David déclara qu'il lui restait assez de tissu pour la chambre du marquis, j'ai répondu : « Pourquoi pas ? » Peut-être que des rideaux blanc cassé dont seules trois personnes au monde connaissaient le prix exorbitant atténueraient son ambiance sinistre. Dans le même élan, je décidai de changer la moquette de l'escalier. Je choisis des tons pâles et élégants, dignes de la vie pâle et élégante qui m'attendait.

Je n'ai pas la moindre idée de ce que font les hommes pour se préparer à aller à l'hôpital. Une femme – en tout cas, celle dont il est ici question – vide tous les placards de la cuisine. À la poubelle, les sachets de sauce satay achetés en 2001, les couteaux de barbecue en plastique (qui a apporté *ça* ici ?), les barres de Muesli que personne n'aime. Peut-être que les mouettes de la décharge voisine les apprécieraient. Si l'opération se déroulait sans incident notable, je tenais à retrouver chez moi des placards plus ou moins immaculés.

Au fond du frigo, je repérai quelques pommes cuites destinées à pourrir. Après un examen minutieux, j'estimai qu'elles n'avaient plus qu'un jour ou deux devant elles, même d'après mes critères très généreux. Je les écrasai dans de petits bols, y ajoutai quelques fruits secs avant de les saupoudrer de chapelure. « Délicieux », dirent-ils ce soir-là, en grattant leurs bols tant et si bien qu'il n'était presque plus nécessaire de les placer dans le lave-vaisselle. Les idiots.

Une brochure m'encouragea à passer les journées qui me séparaient de l'opération de façon constructive, c'est-à-dire à remplir le congélateur pour que la famille survive pendant mon séjour à l'hôpital et que je ne doive pas redevenir l'esclave des miens à la seconde où je reviendrais (alors que mes bras seraient trop faibles pour porter la moindre poêle).

Pas étonnant que le cancer s'attaque aux seins des femmes, les grands symboles nourriciers. Rentrant du supermarché avec de la lessive et du papier toilette pour trois mois, je conduisis de manière beaucoup moins agressive que de coutume. La vie, malgré toutes ses imperfections, paraissait si limitée et précieuse. Perdue dans mes pensées, j'en perdis aussi mon chemin et ratai un carrefour pour me retrouver errant dans un quartier inconnu.

Il m'était parfois plus difficile de faire face aux réactions des autres que de m'occuper des miennes. Le mot « cancer » a un effet si extraordinaire qu'il serait peut-être utile de le changer. « Tulipe », par exemple (quelqu'un en avait gentiment laissé un bouquet sur notre porche). « J'ai la tulipe et tu n'as pas à t'inquiéter… » Parce qu'à l'annonce de ma maladie, certains amis réagissaient comme je venais de leur dire qu'ils allaient mourir. Une fois la nouvelle digérée, ils affichaient une expression légèrement différente qui impliquait que c'était moi qui ne ferais pas long feu.

« Y a-t-il quoi que ce soit que je puisse faire ? » est sans doute la question la plus fréquente qu'on adresse aux gens atteints d'une maladie grave. C'est une demande sans risque car on compte bien ne pas s'entendre répondre : « Eh bien, oui, en fait. Les toilettes sont bouchées et une bestiole se balade sous le toit. Amène du poison et une ventouse. »

Non, l'air se remplit d'une bulle de silence, jusqu'à ce que le souffrant déclare : « Pas pour le moment, merci. Tu es très gentil. Je te préviendrai. » Irritée par l'insignifiance de cette réponse, j'en inventai une autre : « Prie pour moi. » Je ne disais pas cela dans l'unique but de mettre les gens mal à l'aise, comme cela arriva parfois. Je n'étais pas moi-même une championne de la ferveur, mais j'admettais l'idée que les prières de croyants sincères pouvaient avoir un certain impact.

— Pour moi aussi, c'est l'enfer, dit une connaissance qui, selon toutes les rumeurs, vivait comme une princesse. Nous avons eu une inondation dans la cave et l'assurance ne veut pas nous rembourser.

— Tu viens de m'y faire penser, dit une deuxième. Voilà une éternité que je n'ai pas fait de mammographie.

Mais d'autres me remontaient le moral, même si le sort ne s'était pas forcément montré très clément envers elles. Jodie, la coiffeuse, possédait un tatouage pour chacune de ses histoires d'amour ratées : il ne restait plus beaucoup d'espace libre sur son corps. Elle me planta une bise sur la joue en me souhaitant bonne chance. Ajoutant que, comme moi, sa tante avait subi une vasectomie.

— Vous *pas* malade ! s'écria Sophie, la merveilleuse femme de ménage qui faisait de son mieux pour ranger notre maison tous les quinze jours. Mon oncle est très important docteur en Chine pour poitrine femmes. Il dit arrêter de boire café. Prendre plus de thé. Et *ne pas penser que vous malade !* Quand vous penser malade, vous devenir malade. Après sortir hôpital, je vous trouve bon médecin chinois. Il vous aide à être forte. Votre visage devient bien rouge, comme avant.

Après son passage, la maison était bien plus propre et sentait le citron. Ce qui me réconfortait pendant un certain temps.

Je décidai de ne pas répondre aux messages sincères qui demandaient de mes nouvelles sur le répondeur. Je percevais un vague soulagement dans certaines de ces voix. Les personnes ne tenaient pas vraiment à discuter avec moi. Elles préféraient me laisser des vœux enregistrés... et moi, je préférais me contenter de les écouter.

Quelques âmes bienveillantes nous apportèrent des livres proposant des thérapies alternatives. Ayant vu une amie très chère mourir d'un cancer du sein après avoir refusé tout traitement conventionnel et s'être soignée avec des injections de gui, je n'étais pas tentée... pas encore, en tout cas. J'essaierais d'abord tout ce que la médecine moderne avait à offrir. Néanmoins, je commençai à rendre visite à la vieille Chinoise qui pratiquait l'acupuncture au coin de la rue.

Le stratagème que j'avais mis au point pour échapper à la gymnastique échoua. Peter, mon prof, me fit remarquer que j'aurais besoin de bras forts et d'une bonne ceinture abdominale pour accélérer la convalescence. Dans un acte de pure bonté, il diminua le poids des machins que je devais soulever. Il proposa aussi de venir deux fois par semaine dès que je me sentirais assez forte après mon retour de l'hôpital. Je dis que j'y réfléchirais.

Dormir et dormir encore. Je ne dormais jamais assez. Le choc, sans doute. Katharine se nichait à mes côtés dans le lit certaines après-midi pour me lire *Enlevé !* à voix haute. Dès qu'elle se familiarisa avec les tournures de phrases à l'ancienne, cela devint captivant. Pas étonnant que les Samoans aient surnommé Robert Louis Stevenson *Tusi tala* – le conteur d'histoires. Il pouvait donner des complexes aux scénaristes de films d'action d'Hollywood. C'était un soulagement de me perdre dans un monde d'aventures et de dangers différents.

— Tout ce qu'il nous faudrait maintenant, dit un jour Katharine entre deux chapitres, c'est un chat.

Je lui souris. Katharine a parfois le don de lire dans mes pensées. Un chaton pelotonné sur la couverture aurait parfaitement complété cette scène. Une boule de fourrure toute pleine d'affection calmerait mes peurs et m'accompagnerait fidèlement dans tout ce que j'allais traverser. Une amie en permanence à mes côtés même quand la maison serait vide.

Mais le moment était mal choisi pour chercher un nouveau chat. J'avais assez à faire.

La psy gardait le fil d'un sachet de thé enroulé autour de sa tasse remplie d'un fluide boueux. Cela l'obligeait à se souvenir qu'elle devait boire, expliqua-t-elle. Sinon, elle avait des migraines.

Pas étonnant, me dis-je, *quand on passe son temps à écouter les autres se plaindre.*

J'étais prête à accepter de consulter une psychologue à condition qu'elle n'utilise pas le mot « voyage ». Tout est un voyage de nos jours : qu'on escalade l'Everest en chaise roulante ou qu'on se fasse épiler les aisselles à la cire. Les « voyages » réduisent tout aux dimensions commodes d'un scénario de télévision. Si j'avais voulu faire le voyage cancer du sein, j'aurais acheté un billet.

Heureusement, la psy se montra très pragmatique. Comme si son travail consistait à me faire garder la tête sur les épaules. Elle me demanda de dresser une liste des tâches ménagères et de la coller sur le frigo pour que Philip et Katharine s'y mettent. Elle me suggéra d'en établir une autre qui recenserait les amis sur lesquels je pouvais compter pour apporter des repas tout préparés une fois par semaine à la maison quand je serais en convalescence. J'étais incapable d'envisager de demander une chose pareille aux personnes très occupées et très stressées que j'aimais. Les obliger à nous faire des soupes et des ragoûts ? Étais-je trop fière, ou alors si peu douée en amitié ?

Elle m'offrit des outils pour éloigner les émotions négatives. Par exemple, au lieu de dire : « Je déteste *The Girl from Ipanema* », j'étais censée dire : « Je pense que je déteste *The Girl from Ipanema.* » L'idée était de m'encourager à prendre du recul, au lieu de me contenter de réagir au quart de tour, et d'accepter mes réactions émotionnelles comme une réalité. Ainsi, au lieu d'être furieuse contre Lydia parce qu'elle était partie au Sri Lanka, je devais me dire : « J'éprouve de la colère envers Lydia parce qu'elle, etc. » Même si je n'étais pas certaine qu'entasser des mots les uns derrière les autres changerait quoi que ce soit, il n'y avait pas de mal à essayer. Cette technique était peut-être une version occidentalisée du concept bouddhiste de « détachement ». Selon la doctrine bouddhiste, la plupart des souffrances humaines trouvent leurs racines dans l'attachement. Il y a une part de vérité là-dedans, mais c'est la puissance de l'attachement qui rend l'amour maternel aussi féroce. Sans attachement, la race humaine ne survivrait pas.

La psy m'apprit aussi une nouvelle phrase essentielle : « Ma santé passe en premier. »

Ma réaction initiale fut la prudence. Avec la propension générale à l'hypocondrie et la névrose, une phrase comme : « Ma santé passe en premier » vous donne le droit de vous montrer enquiquinant : « Oui, j'aimerais bien adopter tes cochons d'Inde, mais ma santé passe en premier. »

Néanmoins, cette phrase me fournit une excuse pour quelque chose dont j'avais très envie : laisser tomber les trucs qui m'étaient trop pénibles, ou qui n'étaient plus pertinents.

J'écrivais des éditoriaux pour des journaux et des magazines depuis trente ans. Cela avait assez duré.

Rédiger un papier chaque semaine, c'est comme de marcher sur un fil tendu entre deux montagnes. Redoutant l'usure ou de perdre le contact, j'avais toujours souffert de l'angoisse de la performance. Le mal n'avait cessé de croître avec les années. Je ne me rappelais plus ma dernière bonne nuit de sommeil un dimanche, sachant que le lundi matin, je devais écrire mon article. Il était temps de laisser tomber.

Je pris contact avec tous les rédacteurs en chef qui publiaient mon éditorial pour leur annoncer que je faisais une pause. Ce que je voulais vraiment dire en réalité, c'est que je prenais ma retraite, mais ce mot me rapprochait un peu trop du tombeau. Je fus touchée par la chaleur de leur réaction, ainsi que par les innombrables courriels de lecteurs. Je décidai de conserver un seul engagement : un papier mensuel pour le magazine *Next* qui m'avait demandé d'écrire une chronique/journal sur le cancer du sein.

Louise et Jude chez Allen & Unwin, qui attendaient mon manuscrit *Cléo*, se montrèrent plus que compréhensives. Jude avait elle-même souffert d'un cancer du sein un an plus tôt. Elle annula la remise en septembre et me dit que je pourrais m'y remettre quand je me sentirais prête. En vérité, je n'étais même pas sûre de le reprendre un jour.

La veille de mon entrée à l'hôpital, je rendis à nouveau visite à Susan, l'acupunctrice chinoise. Ses aiguilles (dans les mollets, le front, le crâne et les oreilles) devaient distiller le calme et stimuler le système immunitaire. Derrière un tas déprimant de vieux cartons remplis d'herbes diverses et une mouche morte dans l'encadrement d'une fenêtre, ses « salons » semblaient toujours vides.

Il ne faut jamais se fier aux apparences. Car un flot ininterrompu de patients s'étalait sur des rangées de lits derrière des rideaux à motifs floraux. Inutile ici de cacher ses problèmes. Nous les entendions à travers les rideaux. Une vieille femme cherchant un soulagement à son arthrite. Un homme plus jeune qui s'était fait mal au dos, mais qui allait mieux. Je me demandais parfois ce qu'ils pensaient de mon cancer.

— Fermez les yeux et écoutez la musique, me dit Susan avec un gentil sourire avant de disparaître derrière le rideau.

M'attendant à d'antiques mélodies chinoises, je fus déçue d'entendre cette espèce de musique New Age qui se déverse dans toutes les cures thermales. En arrière-fond, percevant le *ping* d'un micro-onde, je me dis que Susan était en train de préparer quelques herbes exotiques. Mais le bruit d'une fourchette raclant une assiette m'apprit qu'elle déjeunait.

Une amitié se développait entre nous deux. Elle était ravie quand je lui affirmais que ses aiguilles avaient un effet apaisant (même si, après les coups de fil en provenance du Sri Lanka, je m'en remettais généralement aux somnifères occidentaux). Elle me dit que je devais aller en Chine pour écrire sur ce pays, car il était très beau. La Chine ou la mastectomie. Choix difficile.

En retournant chez moi peu après, en ce jour qui précédait mon intervention, je m'inventai un mantra : Aujourd'hui j'ai le cancer. Demain, avec un peu chance, je ne l'aurai plus.

Philip, Katharine et moi sortîmes dîner dans un café un peu plus haut dans la rue ce soir-là. Nous commandâmes du champagne, bien sûr. Et éclatâmes de rire quand le serveur renversa de la sauce au chocolat sur notre nappe. La vie semblait si simple, et elle valait bien qu'on la célèbre.

Une chanson familière se déversa des baffles – « *Past the Point of No Return*[1], issue du *Fantôme de l'Opéra*. Je ne l'avais jamais aimée. Maintenant, elle me rappelait que je ne pouvais plus revenir en arrière. Le billet était réservé, les chirurgiens s'étaient couchés de bonne heure (je l'espérais) pour le grand jour, le lendemain. Ne rien avaler après minuit. Quelques heures plus tard, je remettrais mon corps à des étrangers. Je n'étais pas courageuse, juste assez expérimentée pour accepter l'idée que je n'avais plus le choix.

De retour à la maison, je préparai mes habits pour le lendemain : le pantalon noir, la chemise verte et les bottes aux talons éraflés. Pas de chapeau. L'accoutrement même que j'avais porté pour mon premier rendez-vous à la clinique. Je mis aussi mes trois chemises de nuit bleues et une trousse de toilette au

1. « Au-delà du point de non-retour » *(NdT)*.

fond d'un sac, avec la certitude que j'oubliais quelque chose.

Je jetai un coup d'œil à l'horloge posée sur ma superbe nouvelle table de chevet. Minuit moins cinq. Sans doute le milieu de l'après-midi au Sri Lanka. J'avalai un somnifère. Respire. Détends-toi (je déteste ces mots, me dis-je. Non, je *pensais* détester ces mots !).

Déjà à moitié endormie, j'imaginai un ballon d'air chaud géant. Y étaient chargés le mariage, les articles, l'écriture du livre, mes peurs quant aux lendemains, le Sri Lanka… et je le regardai s'éloigner, flottant dans l'air frais de la nuit.

Au moment de sombrer dans le trou noir du sommeil, je crus sentir mes mains plongées dans la chaleur de la fourrure de Cléo.

13

Retrouvailles

Les filles, comme les chats,
ne nous appartiennent pas.

— Vous ne vous souviendrez de rien, ou presque, dit mon vieil ami Greg, le visage limbé de lumière, sur la scène du théâtre de l'opération.

Il est étrangement facile de s'attacher à des gens qui tiennent votre survie entre les mains.

Quand je le revis, Greg portait un bonnet de douche rouge et il semblait particulièrement guilleret. Je me rendis compte que j'étais en train de faire un rêve inavouable à son sujet. Mes hormones ne me laisseraient-elles jamais en paix ?

— Tout s'est bien passé, dit-il. Nous pensons avoir enlevé le cancer.

Ah. Donc, ce n'était pas une fantaisie érotique. Une

douleur lancinante dans un endroit improbable, sur le côté gauche juste sous les côtes. Un serpent en plastique. Un tube de drainage, expliqua une voix. Peu après, je roulais sur un brancard le long d'un couloir gris, fascinée par les milliers de petits trous dans le plafond. Les architectes d'hôpitaux ont-ils la moindre idée du temps que les patients passent à étudier les plafonds ? Un masque à oxygène me suçait le visage comme une étoile des mers.

— Votre mari vous attend, dit une infirmière.

Voilà qui était romantique, me dis-je. Quoi de plus sexy que six drains, un goutte-à-goutte et un cathéter, sans parler du masque à oxygène assorti ? Oh, et puis les jambes coincées dans de gros tubes en plastique qui crissaient – pour éviter les risques d'escarres, m'a-t-on expliqué. J'étais une version moderne et clinique de Toutankhamon.

C'était bon de revoir le cher homme, même s'il semblait fatigué et inquiet. Quand on est malade, le pire, c'est d'accabler les gens qu'on aime. Dès que la politesse me le permit, je le renvoyai dormir à la maison.

Retour au néant.

Me réveillant et sombrant tour à tour, je pris conscience d'un nouveau son parmi les sifflements de tuyaux. Une voix de femme marmonnant des phrases étranges. Elles étaient musicales et apaisantes. Et aimantes, comme une berceuse. Sauf que je ne connaissais aucun des mots. Les analgésiques me faisaient planer. Visiblement.

Je rouvris les yeux pour poser les yeux fixement sur un point près de la fenêtre, là où Philip s'était tenu. Un profil élancé et une tête, jolie et féminine, se découpaient sur les ombres. *Lydia ?!* Les drogues qu'on m'avait administrées me jouaient des tours. Je retombai à regret dans une semi-inconscience.

Un peu plus tard, m'extirpant du labyrinthe des narcotiques, je regardai à nouveau l'endroit où m'était apparue l'hallucination. À ma grande stupeur, la silhouette se trouvait toujours là, assise bien droite dans un fauteuil près de la fenêtre, les yeux mi-clos. Les mots coulaient de sa bouche pour venir m'envelopper. Un chant, une prière ?

Lentement, Lydia se rendit compte que je la regardais. Elle s'interrompit pour me sourire. Une lumière radieuse emplit la pièce. Se penchant en avant, elle posa trois doigts frais sur mon front. Et disparut. Les drogues vous jouent de ces tours.

Ensuite, Greg, debout au-dessus de moi, comparait la reconstruction mammaire au jardinage. Comme une jeune pousse transplantée a besoin d'eau, un nouveau sein a besoin de sang. Les vingt-quatre prochaines heures allaient être décisives. Si mon système d'irrigation effectuait correctement son travail, ma greffe « prendrait » et assimilerait son nouveau rôle en tant que nichon droit.

— Et si ça ne marche pas ? demandai-je d'une voix faible.

— Alors, on pleurera un bon coup, on vous ramènera au bloc et on enlèvera toute cette mauvaise graisse.

Une image aux couleurs si vives qu'elle m'en donnait la nausée m'attendait sur le mur d'en face. Une scène côtière. Le visage d'un homme était caché entre la plage et la falaise. Si j'avais pu sortir du lit, je l'aurais jetée par la fenêtre. Sauf que celle-ci ne s'ouvrait pas.

Une infirmière, May de Malaisie, se présenta et troqua mon masque respiratoire contre de petits tubes, l'un dans chaque narine – comme ceux de Tom Hanks alors qu'il meurt du Sida dans le film *Philadelphia*. Ils étaient étonnamment plus confortables et moins angoissants que le masque.

— N'est-ce pas génial que votre fille soit là ? dit May en griffonnant sur ma courbe de température.

— Lydia ? murmurai-je d'une petite voix pathétique qui n'était pas la mienne.

— C'est son nom ? En tout cas, elle nous a bien fait rire avec ses chants. Mais j'ai l'esprit large. Il existe un tas de façons de guérir. Et je les trouve jolis.

— Elle est ici ?

— Oui, elle a dit qu'elle venait juste d'arriver du Sri Lanka pour vous voir. Elle vous a apporté ça.

May me montrait trois bougies en forme de fleur de lotus posées sur le rebord de la fenêtre.

Cela n'avait donc pas été un rêve. En partant un mois plus tôt, Lydia n'avait jamais évoqué de date de retour. Elle avait dû reprendre l'avion pour venir à mon chevet. Ma fille aînée s'inquiétait pour moi. Surmontant la douleur qui me dévastait le corps, et l'hébétude qui me vidait le cerveau, une nouvelle sensation affluait en moi. La joie. Une joie parfaite.

— Attendez de rentrer chez vous pour les allumer. On ne peut pas faire de feu ici. Ah, elle a aussi apporté ceci… ajouta May en brandissant une vieille bouteille de citronnade à moitié remplie d'un liquide ambré.

— De l'eau bénite, dit-elle, une lueur amusée dans le regard. Je vous recommande de la faire bouillir avant de l'approcher de vos lèvres.

— Où… ?

— Je l'ai envoyée en bas prendre un café, poursuivit May. Elle avait l'air fatigué. Elle ne va pas tarder à revenir.

La silhouette de Lydia apparut sur le seuil. Un châle blanc drapait ses épaules. Avec ses longues manches et son col haut boutonné, on l'aurait dit tout droit sortie d'une gravure victorienne.

Cette jeune femme était très différente de Lydia l'auteur érotique ou bien de la petite fille boudeuse qui avait un jour avoué qu'elle montrait ses fesses aux voitures depuis une passerelle au-dessus de l'autoroute. Elle subissait à l'époque la très mauvaise influence d'une amie infréquentable, mais avait aussi admis que choquer d'innocents automobilistes lui procurait quelques frissons.

Difficile d'imaginer que la sainte femme se trouvant maintenant à mon chevet était autrefois cette petite fille vibrante et opiniâtre qui adorait escalader les montants de portes et se jetait avec témérité du flanc d'une falaise dans le lac Taupo.

Je scrutai son visage pour y chercher des repères familiers : la cicatrice due à la varicelle au-dessus de son sourcil droit, le souvenir d'une fossette sur son menton. Je fus attristée de constater combien ses yeux étaient creusés sous les paupières presque tombantes, et pensai fugacement à Ghandi après une grève de la faim. Pourtant, quand elle vint vers moi, il me parut évident qu'elle demeurait la jeune femme que j'aimais tant. Je n'avais jamais vu une telle tendresse dans son regard.

— Tu es trop maigre, couinai-je.

J'aurais cru entendre maman.

Lydia cligna des paupières, peut-être pour cacher son agacement.

— Je t'aime, dit-elle avec douceur.

— Je t'aime aussi, répondis-je, bouleversée et gênée d'avoir démarré du mauvais pied.

C'est moi qui aurais dû dire en premier : « Je t'aime. » Ou, au moins : « Merci. »

— Tu as soif ? s'enquit-elle.

J'acquiesçai. Elle me tendit un gobelet en plastique et me glissa une paille dans la bouche. En suçant cette eau tiède, je me sentais faible et impuissante. Comme elle tenait le verre, c'était Lydia, maintenant, qui détenait la force, qui me nourrissait.

En laissant retomber ma tête sur l'oreiller, j'avais une centaine de questions à lui poser. Pourquoi avait-elle changé d'avis et n'était-elle pas restée au Sri Lanka ? Quand avait-elle réservé son billet de retour et qui l'avait payé ? Comment avait-elle pu perdre autant de poids ? Avait-elle été malade ou bien s'était-elle volontairement privée de nourriture ?

Plus important : jusqu'où devait-elle aller pour prouver qu'elle était une entité séparée qui, en aucun cas, ne m'« appartenait » ? J'étais prête à tenir ma part du marché et à la laisser voler de ses propres ailes. Quand comprendrait-elle enfin qu'elle n'avait plus besoin de se révolter contre moi avec une telle obstination ?

La seule phrase que j'eus la force de prononcer fut :

— Quand es-tu arrivée ?

Une question stupide mais les pensées glissaient continuellement dans ma tête comme de la confiture.

— Il y a quelques heures. Je suis venue directement de l'aéroport.

Les tubes qui entouraient mes jambes couinèrent. Mon cerveau était à nouveau dans les nuages.

— Je peux prier encore ? demanda-t-elle doucement.

Je n'y tenais pas vraiment. Pas si les infirmières se mettaient à rigoler. J'avais besoin qu'elles soient de notre côté et non qu'elles échangent des blagues sur cette famille de cinglés.

Papa et maman nous avaient élevées au sein de l'Église anglicane, mais j'avais coché « sans religion » sur le formulaire de l'hôpital. Quand une religieuse visiteuse avait risqué la tête par la porte pour demander si je voulais prier avant qu'on ne m'emmène au bloc, je lui avais fait signe de partir. Pour parfaire son expression sinistre et son air miséricordieux, il avait dû lui falloir passer de nombreuses heures devant son miroir.

Trop lasse pour assembler des mots, je hochai la tête. Oui, Lydia pouvait prier. May sourit et dit qu'elle repasserait quelques minutes plus tard.

Ma fille s'installa à nouveau dans le fauteuil, ferma les yeux et reprit son souffle. Je me sentis d'abord vaguement mal à l'aise, irritée, même. Les mots qui sortaient de sa bouche m'étaient complètement étrangers. Ils pouvaient signifier n'importe quoi. Pourtant, il y avait de la bienveillance en eux. Et pour elle, il était évident qu'ils avaient du sens. Elle croyait dans leur signification et même dans leur pouvoir. Sa psalmodie déferlait sur moi comme des vagues sur une plage balayée par le vent… je m'endormis.

J'aurais pu dormir des heures, des jours même, si cela m'avait été permis. Mais May venait me réveiller toutes les demi-heures pour enregistrer mes signes vitaux et défaire mes pansements afin de guetter un pouls dans mon nouveau nichon. Plus tard dans la nuit, elle dit que ma pression artérielle était basse et que j'avais de la fièvre. Cela ne m'intéressait pas. Tout ce que je voulais, c'était dormir. Me tournant vers la fenêtre sombre, je vis Lydia de profil, le dos si droit, immobile. Inutile de chercher à la réconforter ou à l'amuser, elle méditait.

La nuit dura des semaines. Je crevais de sommeil. Vers l'aube, j'eus une hallucination. J'étais prisonnière de guerre et des guerriers me plantaient des javelots dans le corps chaque fois que je perdais conscience. Pourtant, May était si dévouée qu'elle tenait plus d'un ange que d'un gardien de prison. Lorsque je regardais vers la fenêtre, Lydia était toujours là, silencieuse et immobile, ne demandant jamais rien. La constance de sa présence me redonna un peu de force. Tous les doutes que j'avais eus à propos de son amour se dissipèrent dans l'air filtré de l'hôpital.

Le temps n'existe pas vraiment là-bas. Le monde extérieur s'efface. On se repère aux changements d'équipes des infirmières. La pluie disperse des diamants noirs sur les carreaux – mais pas assez pour mettre un terme à la sécheresse. Le ciel noir devient gris.

L'hôpital se réveillait. Des pas dans les couloirs, des bruits de chariots et de couverts, les bavardages des soignants donnaient vie à cette nouvelle journée. Des brancards portant des patients grinçaient dans le couloir devant ma chambre.

Une fille maussade venue d'Europe de l'est picorait un plateau de petit déjeuner face à moi. Des cornflakes dans un bol en plastique et un sachet de thé. Bras et jambes immobilisés, la plus infime des tâches m'était impossible. Lydia porta la cuillère à mes lèvres puis tint mon gobelet pendant je lapais le thé.

Elle semblait fatiguée. Je lui dis de rentrer à la maison se reposer. Elle pressa sa joue contre la mienne. Soudain, je me souvins de la question que je voulais vraiment poser. Simple, mais lourde de conséquences.

— Combien de temps restes-tu ?

Les tubes de mes jambes sifflaient et soupiraient. Si elle repartait le lendemain, mon cœur se briserait.

— Aussi longtemps que tu auras besoin de moi, répondit-elle.

Ma tête retomba sur l'oreiller. C'était tout ce que je voulais entendre.

Les jours qui suivirent, ma chambre se remplit de fleurs. J'étais profondément reconnaissante à la famille et aux amis qui les avaient envoyées. Une carte immense signée par toutes les femmes de mon groupe de yoga montrait, curieusement, un chat siamois.

Le cercle de femmes dont ma sœur, Mary, avait parlé se formait déjà. Elles envoyaient des cartes et des courriels que Philip imprimait et m'apportait. Certaines, dit-il, laissaient des casseroles pleines chez nous.

Depuis la capsule de ma chambre d'hôpital, ambitions et dates de remise se dissipèrent dans le néant.

Rien de tel qu'une mastectomie pour vous rappeler que tout ce qui compte réellement, c'est l'amour et la gentillesse.

Des regrets ? Il n'y en avait pas beaucoup, sauf que j'avais pris la vie trop au sérieux en m'imaginant qu'il me resterait bien du temps, quelques décennies plus tard, à consacrer à la frivolité. J'avais passé des heures innombrables à fuir le monde, penchée sur des claviers, uniquement préoccupée à produire des millions de mots. Au lieu de vivre ma vie, j'avais passé trop de temps à l'écrire.

Lydia, Marie, les amies, le groupe de yoga et les lectrices qui m'avaient envoyé des mails – parfois je sentais presque ce cercle de femmes autour de mon lit. Leurs bons vœux et leurs prières semblaient emplir la pièce. Certaines infirmières y étaient sensibles, elles aussi.

— Il règne une atmosphère agréable dans cette chambre. Je pourrais y rester toute la journée, dit May avant d'ajouter que mes cheveux étaient dans un sale état.

Tandis qu'elle fouillait dans ma trousse de toilette, je me rendis compte avec une vague honte que j'avais oublié de prendre un peigne. May proposa d'aller m'en acheter un à la boutique de l'hôpital. À son retour, peu après, elle me brossa les cheveux avec un ustensile tout neuf. La prévenance personnifiée. Incapable de m'asseoir et pouvant à peine bouger les bras, je n'étais absolument pas em mesure de prendre soin de moi.

Les visites. Une perspective joyeuse et intimidante. Même si Lydia passait des heures avec moi, je ne la comptais pas comme une visite parce qu'elle n'exigeait pas que je lui fasse la conversation, ni que j'accomplisse la moindre performance. Sa simple présence me réconfortait et m'emplissait de sérénité. Un peu comme un porte-bonheur. Je pouvais m'endormir ; cela ne la gênait pas. Et la savoir là me permettait de trouver le sommeil plus facilement.

J'avais hâte de revoir ma famille, à condition que mes jambes grinçantes et les bouteilles de sang qui, macabres décorations de Noël, ornaient le lit ne provoquent nulle inquiétude. Deux silhouettes apparurent à la porte ce soir-là. Rob et Chantelle. Armé de bouteilles d'eau minérales et de citrons frais, Rob savait très précisément ce dont j'avais besoin. Il régla mon lit selon l'inclinaison la plus confortable, s'assura que le bouton d'appel des infirmières se trouvait à portée de main, examina d'un œil assuré le niveau de liquide dans la perfusion. Dans ma bouche aussi sèche qu'une litière de chaton, l'eau citronnée fit l'effet d'un nectar.

Le visage anxieux de Philip surgissait régulièrement. Il me caressait le front, admirait les fleurs et me demandait s'il pouvait faire quoi que ce soit. Le meilleur cadeau qu'il m'apporta fut notre radio Bose. Réglée à bas volume sur une station de musique classique, elle me fournit les meilleurs compagnons de convalescence : Bach, Beethoven, etc. Des fleurs et Mozart. Que peut-on demander de mieux ?

Une amie infirmière qui avait connu une opération similaire me recommanda une peau de mouton. Une fois passée ma perplexité, je dus reconnaître qu'elle avait raison. Posée sur mon dos, de jour comme de nuit, sa douceur et sa chaleur me faisaient du bien, tout en laissant l'air circuler sur mon corps.

Une jeune infirmière de l'équipe de jour accéléra le débit de ma perfusion. Neuf litres plus tard, mon abdomen était aussi gonflé que si j'avais été enceinte de sept mois.

Mon ventre enflé jaillissant de mon corset me rappela maman pendant ses derniers jours, avec son cancer des intestins. La nausée m'envahit. Une troupe d'infirmières inquiètes apparut.

— Sur une échelle de un à dix, quel est votre niveau de douleur ? demanda l'une d'entre elles.

Mon estomac était une poche de verre brisé. J'étais au bord de l'évanouissement mais je ne voulais pas passer pour une pleureuse. Je dis six.

Elles se regardèrent. L'une d'elles s'enquit :

— Tant que ça ?

J'avais trop mal pour répondre.

— C'est subjectif, leur annonça alors l'infirmière en chef. Si elle pense que c'est aussi fort que six, c'est que c'est comme ça.

Parfois, le personnel soignant parle comme si vous n'êtes pas là. On vous appelle « elle ». Du coup, vous avez l'impression d'écouter aux portes et de découvrir enfin à quel point vous êtes malade.

Après avoir décidé qu'il n'y avait pas lieu de s'inquiéter, les infirmières me firent une piqûre. Le corset de Greg fut troqué contre une sorte de filet corporel un peu plus souple. Quelques heures plus tard, May apparut et me nettoya partout comme un bébé en détresse qui serait tombé de son landau. Elle refit le lit puis m'installa pour la nuit. Cette femme est une sainte.

Greg, qui me rendait visite régulièrement, arriva peu après et m'annonça que ses efforts de jardinage avaient été couronnés de succès. La greffe avait magnifiquement pris. Je le remerciai. Il me dit que c'était la première fois qu'il me voyait sans que mes cheveux ne me cachent le visage. Le flatteur.

Encouragée, je cochai les cases pour le menu du lendemain. Pasta Méditerranée aux épinards et au parmesan, suivies par une crème caramel pour dessert. On aurait dit de la grande cuisine. Mais la nourriture d'hôpital est la même partout. Le plat principal avait dû être fabriqué avec du carton et la crème caramel avec du plâtre.

Le lendemain matin, on m'enleva quelques drains ainsi que le cathéter dont le retrait fut douloureux. J'avais espéré le garder un peu plus longtemps. Un cathéter permanent simplifierait les voyages en avion et les visites aux toilettes. Alors que dorénavant, j'allais devoir m'y rendre en clopinant, le corps plié en deux comme une vieille sorcière.

Pas seulement ça : désormais, il allait me falloir affronter la peur de m'asseoir. Se percher sur une chaise située juste à côté de votre lit peut paraître simple ; une activité même pas digne de ce nom. Ça vous fera du bien, répétaient les infirmières. Ça ouvre les poumons, ça permet au sang de circuler dans des directions qu'il n'emprunte pas quand on est allongé. Le siège était dur. J'avais mal au derrière. Le lit était là, tout proche, tentateur, prêt, à ma première demande, à glisser jusqu'à moi pour m'envelopper. Je fus incapable de tenir plus de vingt minutes. J'appuyai sur le bouton d'appel et demandai qu'on m'aide à me recoucher.

Ensuite, il y avait les exercices pour les bras. Un kinésithérapeute énergique insista pour que je les pratique dix fois par jour. Me tenir debout face au mur pour y faire ramper mes doigts était à peine tolérable.

Je n'avais pas encore pleuré. Bizarre. Philip amena Katharine. Le visage blafard, elle faisait semblant d'être joyeuse. Elle voulait me montrer une vidéo de son concert à l'école. J'ai accepté pour ne pas lui faire de peine. Mais dès que le chœur se lança dans les premières mesures de « *Bridge Over Troubled Water* », mon cœur se serra dans ma poitrine.

Cette chanson me rappelait la douleur qui a toujours accompagné la condition humaine, et ces êtres merveilleux qui nous offrent du réconfort grâce à la musique ou à leur pureté – liste à laquelle s'ajoutent (parfois) les médicaments savamment dosés. Pour la première fois depuis le premier coup de téléphone de Lydia, je pleurai sans pouvoir me retenir. Ce n'étaient pas les sanglots désespérés de l'épisode précédent mais le flot régulier d'une rivière souterraine.

À l'hôpital, le temps est un paradoxe. Parfois, il est à l'urgence et parfois, il n'a aucune importance. Moi aussi, je me trouvais dans un état paradoxal. J'avais peur de rentrer chez moi tout en le désirant. La femme hospitalisée à deux chambres de la mienne avait subi une opération en même temps que moi et repartirait un jour plus tôt. Je ne l'enviais pas. L'idée de retourner à la maison et d'apprendre à me débrouiller seule, tout en étant branchée à deux poches de drainage, n'était guère séduisante.

Lors de certaines de ses visites, Lydia m'aidait à marcher – marcher ! Rappelez-vous la vieille sorcière pliée en deux et boitillant – dans le couloir. Si je me sentais d'humeur aventureuse, nous prenions l'ascenseur et je me risquais dans la cour de l'hôpital, avalant des litres d'air frais. Pollué par la fumée de cigarettes, il était vif et stimulant.

Les journées devenaient routinières – la dame boudeuse d'Europe de l'Est avec ses corn-flakes, ensuite les pilules, les visites des chirurgiens et puis les soins. C'est étonnant comme on s'adapte rapidement. Ça doit être pareil en prison. Le confort surgit là où on ne l'attend pas : le sachet de thé dans son enveloppe bleue ; les fruits en boîte coupés en dés que je ne mangeais jamais à la maison.

Il m'était presque impossible de dormir avec les tubes sifflants qui me massaient les jambes. Inutile de compter les heures où je restais éveillée. 4 heures du matin, cela ressemblait beaucoup à 4 heures de l'après-midi, sauf qu'il y avait moins de monde.

De tous les bruits nocturnes, le plus agaçant était un ronflement de l'autre côté du couloir. Qui osait s'offrir le luxe d'un sommeil ininterrompu ?

La troisième nuit, je me passionnai pour une émission sur l'architecture anglaise diffusée sur la minuscule télé accrochée en hauteur dans un coin de la chambre. Comme j'admirais une vue du Royal Crescent à Bath, mes pensées dérivèrent vers l'idée d'une étape essentielle après toute intervention chirurgicale : ma première évacuation intestinale.

J'appelai May qui m'aida à ramper jusqu'aux toilettes, accrochée à son coude. Drapée de sacs de drainage et faisant rouler ma perfusion, j'arrivai à rejoindre la salle de bains du pas incertain d'une femme de cent dix ans. M'agrippant à la barre d'acier, je parvins à m'asseoir sur le siège. Par discrétion, May ferma la porte coulissante, me disant d'appuyer sur le bouton d'appel en cas de problème. Assise sur mon trône, j'entendais le présentateur poursuivre sa description érudite, expliquant comment la ville de Bath était devenue extrêmement à la mode au XVIIIe siècle et comment les pierres taillées dans les carrières de la région contribuaient à parfaire ses chefs-d'œuvre architecturaux.

Malheureusement, ce commentaire n'était accompagné d'aucun chef-d'œuvre moulé par mes entrailles. Et où était May ? Je n'entendais pas le moindre raclement de gorge, ni le moindre frottement de semelles de l'autre côté de la porte. Elle avait dû être appelée ailleurs pour des soins urgents. J'étais seule et terrorisée.

Un vertige. La lumière faiblarde de la salle de bains et les louanges à propos de l'architecture de Bath se mêlèrent dans un tourbillon nauséeux. Je tombai de mon trône, parvenant de justesse à presser le bouton, tandis que les poches plastifiées et quelques tuyaux de métal se répandaient sur le sol.

La porte glissa. Une meute d'infirmières, dont May, surgit au-dessus de moi.

— Amenez le chariot ! aboya une voix autoritaire.

— Elle est anémique, dit une autre. Elle est pâle depuis sa sortie du bloc.

— Elle manque de sommeil, ajouta une troisième.

« Elle » était aussi de retour parmi vous. Merci de me mettre au courant, les filles.

— Mais ses niveaux d'oxygène sont corrects, remarqua May.

On me ramena dans la chambre sur un engin roulant puis on me recoucha, non sans douleur. Et je sombrai dans un état d'hébétude morose… jusqu'à ce que le téléphone, sur la table de chevet, se mette à couiner. Répondre représentait une tâche herculéenne mais je m'y résignai, poussant le combiné hors de son socle et me couchant, la tête sur le côté.

C'était l'oncologue qui avait pratiqué l'opération. Elle parlait fort, d'une voix légèrement essoufflée. Les résultats des tests venaient d'arriver et le cancer semblait bien avoir été éradiqué. La tumeur était encore plus importante qu'on ne l'avait cru. Six mois de plus, et les métastases auraient été absolument partout, dit-elle.

Absolument partout. Dieu merci, je n'avais pas écouté la généraliste qui m'avait suggéré d'attendre pour faire ma mammographie.

C'était une merveilleuse nouvelle. Si bonne que je l'ai fait répéter trois fois. Pour fêter ça, j'eus droit à un bassin hygiénique pour le restant de la nuit. Un luxe inouï.

Le lendemain matin, quand on m'installa dans la salle de bains, je produisis un chef-d'œuvre digne du Royal Crescent[1] de Bath. Vert pâle, il avait la couleur d'une pâte à modeler Play-Doh, sans doute à cause des litres de teinture radioactive qui m'avaient été injectés pour le scanner avant l'opération. Manœuvrant la chasse d'eau avec difficulté, j'adressais un « pardon » muet aux techniciens qui géraient les stations d'épuration de la ville. Ils allaient devoir s'occuper de mon caca atomique.

1. Crescent = croissant *(NdT)*.

Après le petit déjeuner, May me fit sortir du lit et m'aida à prendre une douche. Elle dit qu'elle avait vu la peur dans mes yeux la nuit précédente quand j'étais tombée, mais que désormais, j'avais franchi un cap. Quand elle ajouta plus tard qu'elle aimait l'odeur de ma crème pour les mains, je me promis de lui en envoyer un tube dès que je serais rentrée chez moi.

Je pensais à ces soldats blessés qui revenaient des guerres, ces jeunes gars effrayés au corps plein de trous. Ils avaient dû presque tous tomber amoureux d'une infirmière. Je l'étais moi-même à moitié… des infirmières compétentes, en tout cas. Les bonnes infirmières sont des anges, douces et fortes. J'adorais l'assurance avec laquelle elles me soulevaient dans leurs bras pour arranger mes oreillers ou bien quand elles m'aidaient à tituber dans le couloir.

Mais, bientôt, j'allais devoir me passer d'elles. Très bientôt.

14

Prise au piège

Ne jamais jurer qu'on n'aura plus de chat.

Accrochée au bras de Philip en descendant les marches de l'hôpital, je me retrouvai dans un monde dont les couleurs me piquaient les yeux. Le gris hivernal qui tapissait les rues étincelait, le rouge d'une affiche publicitaire brillait tellement que je dus m'en détourner. Mon séjour à l'hôpital avait peut-être aiguisé mes sens. Ou alors, j'avais oublié à quel point la vie était radieuse dehors.

Trimbalant mes bagages et les restes de fleurs, Lydia et Katharine se traînaient derrière nous comme d'anxieuses demoiselles d'honneur.

J'aurais préféré ne pas rentrer si tôt. Mon abdomen était encore gonflé et un tube de drainage, quelque part sous ma cage thoracique, demeurait branché à sa poche de Noël. J'aurais pu rester bien au chaud à l'hôpital jusqu'à ce qu'on m'enlève ce truc. Mais les infirmières avaient été très claires : si je refusais de partir, elles ne s'occuperaient guère de moi. Il y avait trop de nouveaux patients.

Néanmoins, six nuits à l'hôpital, c'était largement suffisant. La nourriture, le bruit, les aquarelles abominables. La tumeur cancéreuse de sept centimètres qu'on m'avait retirée devait désormais flotter parmi les nuages au-dessus de nos têtes, se mêlant à d'autres particules dans l'attente qu'une légère bruine les disperse sur la ville. Techniquement, j'avais un sein droit tout neuf fabriqué à partir de ma graisse abdominale et un sein gauche réduit et allégé pour faire la paire. Quelque part, sous ces pansements et ces plaies, se tapissait une toute nouvelle femme. En réalité, j'étais une sorte de *patchwork* et je me sentais très mal.

Sur le trajet du retour, Philip abandonna ses habitudes de conduite, celles qu'il avait prises au contact d'un chauffeur de taxi romain sous stéroïdes, et manœuvrait la voiture comme si nous transportions une bombe. Quand il s'engagea dans notre allée, je levai les yeux vers Shirley. C'était bon de revoir ma vieille copine. Dans ma vie antérieure, je n'avais pas remarqué l'infime pente qui menait à la porte d'entrée. Aujourd'hui, c'était comme si je gravissais le chemin d'accès au camp de base de l'Everest. Tandis que je m'acharnais sur les dalles de béton, un liquide rose suintant discrètement dans ma poche, mes poumons s'arrêtèrent pendant quelques secondes. Je me faisais l'effet d'un bâtiment promis à la démolition. Le moindre choc au sous-sol et tout s'effondrerait.

J'étais contente d'être de retour. Et effrayée aussi. La table était dressée pour le déjeuner… à l'exception d'une aveuglante omission. Les couteaux et les assiettes étaient bien là, mais pas les fourchettes. L'ancienne moi aurait bondi dans la cuisine pour les sortir de leur tiroir en moins de temps qu'il n'en faut pour secouer un torchon. À présent, je pouvais juste rester assise, attendant que quelqu'un remarque le problème et le résolve. Personne ne vit rien.

— Fourchettes, sifflai-je de ma voix postopératoire.

Il y eut une hésitation due à ces années au cours desquelles c'était moi qui courais en tous sens pour réparer ce qui n'allait pas avant que ça ne dégénère. Le syndrome maternel. Quand commence-t-il ? Sûrement lors de ces instants, juste après la naissance, où une femme voit son bébé pour la première fois et se prend pour une déesse. Donner la vie est l'acte suprême de création. Pas étonnant que la Mère Terre ait été la première divinité. Elle apporte la vie et tout ce qu'il faut pour la nourrir. Nous avons ensuite laissé la religion aux hommes pour qu'ils aient de quoi s'occuper. Notre dévotion à l'égard de nos créatures, nos gosses, n'a pas de limite. Je connais une femme de quatre-vingts ans qui se fait du souci pour son fils de soixante ans comme s'il portait encore des couches.

Ce qui provoque des dégâts dans les deux sens. Maman devient une nourricière compulsive. Papa et les enfants se muent en abrutis domestiques. Ce jour-là, une fois qu'il devint clair que je ne voulais pas – que je ne pouvais pas – piquer un sprint dans la cuisine pour aller chercher les fourchettes, Lydia se dévoua.

La maternité transforme généralement les femmes en martyrs. Je m'étais toujours crue trop libérée pour être victime de cette malédiction. Mais les décennies m'avaient usée et transformée en un être aussi servile et aigri que ma propre mère. Bon Dieu, trois tabliers étaient pendus à un crochet fixé à côté du frigo ! Et celui que j'avais choisi d'enfiler portait l'inscription « *Desperate husband* ».

Il n'y a aucune gloire à être le dictateur de cette petite nation qu'est un foyer. Grâce à ce cancer du sein, l'aube d'une société plus libre et plus démocratique se levait peut-être sur cette maison. Il était temps que je prenne du recul et que je m'occupe un peu plus de moi-même. Ce serait sans doute une bonne chose pour nous tous.

Je ne pus rester très longtemps à table. Une dague chauffée à blanc me fouillait la poitrine. Le lit et la douceur miséricordieuse de la peau de mouton me procurèrent un soulagement bienvenu.

Il devint très vite évident qu'il me faudrait de la patience pour m'accommoder de ma nouvelle vie. Je ne pouvais plus me pencher pour ramasser une serviette par terre. Pas plus que les miettes ou les pétales déchus d'un bouquet fané, comme je l'avais toujours fait. Le moment était venu d'adopter une cécité sélective et ne rien remarquer de ce qui se passait en dessous du niveau de la taille.

Pour réduire mon gonflement abdominal, Greg n'avait fait qu'une suggestion : des massages, doux si possible. Une tâche qui m'était inaccessible en raison de la mobilité très réduite de mes bras. Les volontaires ne se bousculèrent pas, ce qui était compréhensible.

À ma grande stupeur, Lydia proposa ses services. Deux fois par jour, elle m'ordonnait de m'allonger pour pouvoir m'étaler de l'huile d'amande sur le ventre. Son désir de s'occuper de mes plaies si laides, les tendres soins qu'elle me prodiguait me bouleversaient. Je n'avais jamais connu une telle intimité physique avec ma propre mère. Lydia se chargeait des repas, m'apportait des tasses de thé et, d'une manière générale, prit en charge la conduite de la maison.

Chaque fois que je l'interrogeais sur le Sri Lanka, son regard s'échappait. Ses descriptions restaient vagues. Elle méditait beaucoup, jusqu'à douze heures d'affilée parfois. (« Comment parviens-tu à rester assise aussi longtemps ? » m'étonnai-je. « Oh, je me lève de temps en temps pour méditer en marchant. ») Il y avait eu quelques sorties avec le moine, des bénédictions ici et là, des cérémonies.

Je ne parvenais toujours pas à me faire une idée précise de cet endroit ni de la raison pour laquelle cet homme l'attirait autant. Plus j'insistais, moins elle parlait. Quoi qu'il en soit, j'étais tellement folle de joie de la voir avec nous que je ne voulais rien faire ni dire qui la mette mal à l'aise.

Quand je l'interrogeai à propos de Ned, elle détourna les yeux et répondit qu'ils avaient rompu. Encore une zone interdite.

Supposant que c'était son père, Steve, qui avait payé son billet de retour à Melbourne – Lydia n'en avait sûrement pas les moyens –, je lui écrivis une longue carte de remerciement. Après tous les désaccords que nous avions eus par le passé, il était réconfortant de constater qu'il comprenait l'importance de la famille.

Peu après l'envoi de ce courrier, je rêvai du moine de Lydia. Debout dans une mare de lumière au pied de notre lit, il riait de bon cœur. Avec sa robe bordeaux impeccablement drapée et son crâne chauve qui luisait, il semblait si aimable que mon animosité à son encontre s'effaça temporairement. Je voulus le remercier pour la cérémonie dans la grotte mais, au moment où je me réveillai pour de bon, il avait disparu.

En quelques mois, c'était la seconde fois qu'une vision extravagante s'offrait à moi. Je n'allais pas tarder à me promener dans les rues en parlant toute seule. Il devait bien y avoir une explication rationnelle à ces phénomènes. Le manque de caféine au centre de bien-être avait sans doute provoqué l'apparition de maman. Le sevrage brutal des drogues de l'hôpital, celle du moine.

Steve ne répondit pas à mon mot de remerciement, mais notre relation n'avait jamais été simple.

Il m'était interdit de passer l'aspirateur, de soulever quoi ce soit de plus d'un kilo, de me baisser, de conduire. J'essayais tant bien que mal de m'y faire.

— Ne te penche pas comme ça ! aboya Lydia quand je voulus récupérer une enveloppe par terre.

Sa voix possédait une autorité toute maternelle. Le pouvoir avait changé de main.

Ce n'est pas un hasard si on utilise le terme « patient ». Dans les premiers jours suivant l'intervention, l'amélioration avait été rapide. À l'hôpital, j'avais soudain été capable un matin de ramper jusqu'aux toilettes. Une fois à la maison, les progrès ralentirent considérablement. Certains jours, ils allaient même à reculons. Une sortie chez Rob et Chantelle un soir pour partager une pizza fut étonnamment éprouvante. J'avais oublié de mettre le corset du chirurgien pour éviter que les vilaines sutures sur mon ventre n'éclatent. Ce fut un un beau moment mais le lendemain, j'étais épuisée. Ensuite, il y avait eu cette autre soirée passée avec Katharine à regarder *Dr Who* avec une bouillotte brûlante sur le ventre. J'avais oublié (oui, encore une fois) que cette zone de mon corps ne possédait plus aucune sensibilité. Au matin, elle était rouge vif et arborait deux immenses cloques.

À d'autres moments, je me sentais beaucoup mieux, comme le jour où j'ai demandé à Lydia d'aller m'acheter de la cire pour les jambes. Comme si j'étais en manque de nouvelles douleurs.

L'arrivée de ma sœur Mary me procura un bonheur incommensurable. Les boucles très brunes de son enfance étaient plus claires à présent, d'autant qu'elle allait régulièrement chez le coiffeur. Demeurant toujours dans la ville dans laquelle nous avions grandi, c'était une femme d'apparence très classique, mais qui faisait preuve d'une surprenante largeur d'esprit. Elle avait élevé trois enfants avec son mari Barry et continuait à travailler comme maîtresse remplaçante d'école primaire. Ses anciens élèves étaient devenus flics ou voleurs de voiture, chanteurs d'opéra et oculistes. Elle avait à peu près tout vu.

Certaines personnes se détériorent avec le temps – et pas simplement physiquement. La déception s'insinue jusque dans leurs os et les rend amères. Mary fait partie de ces rares individus qui embellissent avec les ans sans même le vouloir. Il y a sans cesse plus de tendresse dans ses yeux noisette. Son cancer du sein lui a permis d'accepter le fait que la vie n'est pas parfaite mais demeure néanmoins merveilleuse. Je l'observais savourer le reflet d'un rayon de soleil sur l'eau ou bien le bleu d'un pétale d'hortensia. Elle avait appris à vivre.

Contrairement à notre frère Jim et à moi, Mary avait toujours été la femme tranquille[1*]. On aurait pu penser qu'une jeune fille réservée dans une maison remplie de grandes gueules manquerait d'autorité. C'était exactement le contraire. Chaque fois que Mary émettait une opinion mûrement réfléchie de sa voix calme et posée, nous l'écoutions toujours. Et nous continuons encore aujourd'hui.

Quand elle me prit dans ses bras, je fus de nouveau la petite sœur qu'elle protégeait. Plus rien ne pouvait me faire de mal désormais. Elle sentait bon la maison. Sa présence rassurante dans la nôtre constituait à elle seule un remède. Aux yeux du monde extérieur, nous devions ressembler à deux bonnes femmes qui passaient leur temps à regarder de vieux albums photos et à ingurgiter des litres de thé. Dans nos têtes, nous étions les petites filles de toujours – Mary, sage et prudente, moi, quêtant son approbation.

Tous les jours, j'effectuais péniblement le tour du pâté de maisons, essayant d'aller un peu plus loin à chaque tentative. Lorsque je me trouvais devant des marches à monter ou à descendre, j'entendais presque mes sutures hurler : « Noooooon ! » Après un marathon de 500 mètres, nous croisâmes Patricia, une voisine. Lors de notre installation à Shirley, elle

1. Allusion à *L'Homme tranquille*, film de John Ford *(NdT)*.

était venue se présenter pour nous expliquer que, n'étant pas du genre mondain, elle préférait qu'on ne l'invite pas à prendre le thé. Une demande qui lui avait aussitôt gagné mon respect. J'essayai donc de ne jamais croiser son chemin. Dès lors, le sort ne cessa de nous punir toutes les deux : nous n'arrêtions pas de nous apercevoir dans la rue, au supermarché, à un carrefour pendant que nous attendions que le feu passe au rouge. Prise au piège d'une nouvelle rencontre imprévue, je lui demandai comment elle allait. Pas très bien, dit-elle. Elle avait des problèmes de femme.

J'espérais qu'elle ne s'étendrait pas trop. Mes jambes commençaient à mollir. Quand elle s'enquit de ma propre santé, j'hésitai. Lui parler de la mastectomie aurait pu être perçu comme une surenchère. Je répondis donc :

— Je vais bien, merci.

Patricia adressa un sourire rayonnant à ma sœur.

— Elle a toujours une mine superbe, non ?

Là-dessus, elle repartit d'un pas alerte.

De temps à autre, Mary disait que je devais être fatiguée et s'absentait pour aller faire un tour en ville, en tram ou à pied. Je craignais que ces promenades ne constituent pas un divertissement suffisant mais elle m'assura qu'elle était tout à fait heureuse de se retrouver un peu seule. La veille de son départ, elle revint d'une de ces excursions avec une étincelle dans le regard.

— Quoi ? demandai-je.

— Non, il vaut mieux que je me taise, répondit-elle avec un sourire énigmatique.

Je connaissais cette expression depuis ma plus tendre enfance. C'était le sourire « je sais ce que tu vas avoir comme cadeau à Noël ».

— Allez ! Accouche !

Lydia cessa de faire du bruit avec les couverts dans l'évier et inclina la tête sur le côté.

— C'est un secret ? s'enquit-elle.

— Non, répondit Mary. Mais il vaudrait mieux que c'en soit un. Oh, bon, d'accord. Mais la seule raison pour laquelle j'accepte d'en parler, c'est que tu as juré de ne plus jamais prendre un autre chat.

— Bien sûr que je ne prendrai plus jamais de chat.

— Bon, d'accord, alors, répéta Mary. Je viens juste de voir le plus mignon des petits chatons siamois qui soit.

Pour employer une expression assez répandue, ma sœur n'est pas du genre à s'exciter pour rien. Peu de choses en ce bas monde la ravissent ou l'énervent excessivement. Quand cela arrive, c'est qu'elle a une bonne raison. Cette fois, ses yeux étincelaient littéralement.

— Où ça ?

— Dans une animalerie.

— Qu'est-ce que tu faisais dans une animalerie ?

— Je passais devant et je l'ai vu à travers la vitrine. Ce chaton, il est vraiment très spécial !

Un autre détail à propos de Mary : elle a l'œil pour la qualité. Ses goûts sont réduits mais exceptionnellement bons. Tout chaton qu'elle jugeait « un peu » mignon ferait l'objet d'un véritable culte de la part d'une personne ordinaire.

Cela dit, j'étais tranquille, je n'avais pas l'intention de prendre un autre chat. De plus, je n'avais jamais aimé les siamois. Ceux que j'avais vus étaient certes beaux mais ils semblaient aussi bien trop imbus d'eux-mêmes et ils miaulaient sans arrêt.

Si jamais j'adoptais un autre félin – ce qui était hors de question –, ce serait un bon bâtard comme Cléo, de préférence issu d'une fourrière. Pour couronner le tout, dans l'impossible éventualité où j'envisagerais cette possibilité, je n'irais jamais le chercher dans une animalerie. Des rumeurs circulaient sur des éleveurs peu scrupuleux qui multipliaient les portées d'animaux dans le seul but de les vendre à ces boutiques dont la probité laissait à désirer.

Aucun chaton siamois, aussi mignon soit-il, n'allait me mener du bout de ses moustaches. J'étais immunisée. D'un autre côté, je commençais tout juste à me sentir assez bien pour tenter une vraie sortie. Pourquoi ne pas risquer une rapide visite dans cette animalerie ?

Je me glissai péniblement dans mes vêtements, rangeai ma poche de drainage dans celle de mon manteau, enfonçai un bonnet fait main sur mon crâne et m'élançai telle une limace dans l'allée. Dans la voiture, Lydia m'installa avec autant de soin que de prudence à la place du mort et nous traversâmes le fleuve. Une place de parking libre nous attendait juste devant la boutique. Pliée en deux autour de mes points de suture, je franchis la porte en boitillant, flanquée de ma sœur et de ma fille.

Une animalerie est à peu près l'opposé d'un service d'oncologie. Ici aussi, les soins sont permanents, mais il y règne des odeurs de papier mouillé, de sciure mélangée aux graines pour oiseaux et de quelque chose qui évoque vaguement la viande crue. Les perruches hurlent, les canaris sifflent, les chiots couinent. Des éclairs aux couleurs éclatantes filent dans les aquariums de poissons tropicaux.

Une immense cage de deux mètres de haut se dressait au centre du magasin. Une pancarte écrite à la main annonçait : « Chatons siamois et birmans. Sil vous plaît, ne mettez pas les doigts à travers la grille. Ça leur donne des maladies. »

Je suis une intégriste de l'apostrophe. Au point que Katharine admet que je devrais animer ma propre émission de télévision pour expliquer au monde les règles de base de l'utilisation de l'apostrophe. J'étais sur le point de manifester bruyamment ma désapprobation devant cette orthographe inventive de « sil vous plaît » quand mon attention fut soudain attirée par un curieux phénomène.

Une douzaine de minuscules bestioles étaient roulées en boule, certaines sur le sol de la cage, d'autres sur un rebord installé à mi-hauteur. Toutes dormaient… sauf une. Un chaton pâle, beaucoup plus gros que ses compagnons d'enfermement, escaladait le grillage avec une habileté digne d'un conquérant de l'Anapurna. Une patte après l'autre, il gravissait la paroi, confiant tout le poids de son corps à quelques griffes. De plus en plus haut, il ne cessait de progresser, approchant du sommet. Chacun de ses muscles se concentrait sur la conquête de la cage et de la gravité.

Même à plusieurs mètres de distance, je vis qu'il était beau – mince, avec de longs membres. D'un blanc laiteux, son visage était teinté d'ombres brunes, tout comme ses oreilles, ses pattes et sa queue. Intriguée par son apparence et son audace, je fis un pas vers lui. Le chaton se figea aussitôt et, accroché en croix au grillage, m'observa fixement de ses yeux saphir. L'intensité de son regard me transperça jusqu'au cœur. Le vacarme et la clameur de l'animalerie disparurent. J'étais hypnotisée.

Le chat refusait de détourner les yeux. J'en étais incapable. Nous étions prisonniers de cette œillade mutuelle. Une étrange interaction était en train de se produire. Il est vrai que des hallucinogènes se promenaient encore dans mes veines après les sept heures d'anesthésie que j'avais subies dix jours plus tôt. Pourtant, tandis qu'il me magnétisait de son regard électrique, je sentis qu'il demandait, non, qu'il *exigeait*, que nous partagions la même vie.

J'avais déjà connu le coup de foudre une fois par le passé. Quand Philip est apparu pour la première fois dans mon champ visuel, j'ai cru fondre comme une bougie. Mais c'était – et c'est toujours – un homme incroyablement séduisant. Lors de ce soir magique, debout en haut des marches du musée dans un costume à la coupe impeccable, il ressemblait au héros d'un film d'action attendant le début de la prise. Qui n'aurait pas craqué ?

J'avais toujours pensé que le coup de foudre ne pouvait toucher que des humains, et pas une ménagère de cinquante ans et un chaton siamois. Mais, durant ces quelques secondes, l'extase m'a saisie. À un niveau subcellulaire quelconque, cette bête et moi nous appartenions l'une à l'autre.

— Tu vois ? Je t'avais dit qu'il était mignon, dit Mary. Bon, on rentre maintenant ? ajouta-t-elle, sentant le danger et tentant de me sortir de ce piège.

Quand je voulus me détourner, le chaton glissa une patte à travers le grillage, la tendit vers moi, ouvrit la bouche et émit un adorable couinement. J'avais toujours trouvé le miaulement des siamois agaçant et laid. Ce petit bonhomme venait de me prouver que ce n'était pas toujours le cas. En dépit de l'affiche ridicule et de son manque d'apostrophe, je ne pus résister. Je pris la patte tendue qui se glissa entre mes doigts et mon pouce.

Le chaton planta ses yeux dans les miens et miaula, au comble de la joie. Toute résistance s'effondra.

— Regarde ! lança Lydia. Il veut venir à la maison avec nous.

— Vous ne savez pas lire ? s'exclama une voix désapprobatrice, brisant ce tableau idyllique.

— Je suis désolée, dis-je en arrachant mon regard aux yeux si bleus pour le plonger dans des lunettes en écailles recouvrant un visage boutonneux.

Ma première réaction fut de ne pas aimer ce gardien d'animalerie. Mais derrière les verres, les yeux étaient protecteurs. Maigre et pauvrement vêtu, ce jeune garçon était sûrement mal payé. Il essayait sans doute de prendre soin de ces animaux de son mieux.

— Le chaton a tendu la patte vers moi et…

Ledit chaton retira ladite patte pour reprendre son ascension.

— Si vous saviez combien de gens passent chaque jour dans la boutique, poursuivit le jeune homme. Ils veulent tous toucher les animaux et ils ont tous des microbes plein les mains. Ils leur transmettent de nombreuses maladies.

J'acquiesçai à regret et fourrai mes microbes dans ma poche.

Le chaton venait d'atteindre le sommet de la cage. Que comptait-il faire maintenant ? Redescendre par la voie empruntée à l'aller aurait été le plus sensé, mais ce matou se révéla imprévisible. Tel Tarzan, il se jeta de côté, profitant de son élan pour refermer ses griffes sur le grillage du plafond. En une fraction de seconde, il se retrouva pendu la tête en bas, les quatre pattes arrimées à la cage, puis, s'étant assuré de l'attention de son public, laissa échapper un miaulement triomphant. Un vrai numéro de cirque.

— Est-il à vendre ?

Oui, ces mots étaient vraiment issus de ma bouche.

Le regard du chaton suspendu à l'envers m'abandonna pour contempler le vendeur comme s'il attendait sa réponse.

— Oh, celui-là, dit le jeune homme en plissant les lèvres. Il a eu une conjonctivite et nous avons dû le garder en quarantaine dans l'arrière-salle pendant quelques semaines. C'est pour cela qu'il est bien plus vieux que les autres.

— Plus vieux ? Je croyais qu'il était juste plus grand, bafouillai-je. Mais, bien sûr, s'il est plus grand, c'est qu'il est plus vieux…

— On ne ferait pas mieux de rentrer réfléchir un peu à tout ça ? intervint Mary. Si ça tourne mal, c'est moi que tu tiendras pour responsable.

Grande sœur un jour, grande sœur toujours. Le chaton lâcha le grillage et tomba. Lydia, Mary et moi retînmes notre souffle tandis qu'il passait devant nous à une vitesse ahurissante pour atterrir tranquillement sur une boule de fourrure brune blottie tout près des bols de nourriture.

— Il fait ça tout le temps, dit le vendeur. Il se sert de cette chatonne comme terrain d'atterrissage. Il dort sur elle, aussi. Je ne sais pas comment elle le supporte.

Parfaitement intacte, la chatonne brune semblait presque reconnaissante d'avoir servi de matelas à son hyperactif compagnon. Le siamois s'ébroua et, après quelques brefs coups de langue sur ses pattes et sa colonne vertébrale pour vérifier qu'elles étaient toujours là, s'engagea à nouveau sur le grillage pour reprendre son offensive de charme.

Même transie comme je l'étais, j'entendais des sirènes d'avertissement là-bas, au loin. Cet animal possédait une telle personnalité qu'il devait être au bord de l'égotisme. Il risquait de s'avérer difficile à supporter, pour ne pas dire impossible. Ce qui le rendait encore plus adorable. Comme toutes les femmes peu douées pour la séduction, le risque m'attirait. Non, ce n'étaient pas des sirènes d'avertissement, mais le chant des sirènes ! Même s'il ne se débarrassait pas de ses mauvaises habitudes, je m'en sortirais. N'avais-je pas réussi, plus ou moins, à élever trois gosses ? Pour une bestiole aussi minuscule, ce serait un jeu d'enfant.

— Voulez-vous le prendre dans vos bras ? proposa le vendeur.

J'acquiesçai avec vigueur. Il était un peu bizarre que mon futur bonheur dépende d'un jeune homme boutonneux qui se montrait aussi désinvolte. Il n'avait même pas répondu à ma première question. Il semblait vraiment apprécier le chaton. Peut-être voulait-il le garder pour lui-même.

Dans l'espoir de m'en faire un allié, je lui demandai comment il s'appelait. Le jeune vendeur parut gêné, perplexe même. « Nathan », dit-il en rosissant, soudain fasciné par les rayonnages de nourriture pour chiens. Je commençais à comprendre. Nathan était un grand timide qui, déçu ou impressionné par la race humaine, se sentait plus à l'aise avec les animaux.

Il ouvrit la porte de la cage pour y prendre le siamois qui l'esquiva avec agilité, bondissant derrière une pile de journaux en lambeaux. Il ne bougea plus, certain que sa cachette le dissimulait à merveille. Il ne se rendait pas compte qu'un bout de queue le trahissait.

— Il pense que c'est un jeu, soupira Nathan, plongeant la main dans le nid de papier pour soulever la petite bête par la peau du cou.

Je n'ai jamais cru les gens qui prétendent qu'il faut traiter ainsi les chats, mais celui-ci ne parut pas se formaliser.

Nathan déposa son prisonnier entre mes mains. Levant les yeux vers moi, le chaton ronronna comme une tondeuse à gazon. Il était si chaud et si soyeux. Pour la première fois depuis une éternité, quelque chose au fond de ma poitrine s'adoucit. Du miel se mit à couler dans mes artères. Ma respiration ralentit, adoptant un rythme plus lent et plus profond. Des semaines d'inquiétude et de douleur se dissipèrent.

— Il est à vendre ? demandai-je à nouveau.

Nathan hocha la tête, ajoutant qu'étaient compris dans le prix un examen vétérinaire et une réduction pour l'opération si j'envisageais de le faire stériliser. Je savais qu'on était censé poser des tas de questions avant d'acheter un animal domestique. Pour le moment, elles m'échappaient complètement. Nathan confirma que c'était un pur siamois.

— Il a des papiers ?

Nathan fut aussitôt sur la défensive.

– Aucun de nos animaux n'a de papiers, dit-il. Si nous nous embêtions avec ce genre de choses, ils seraient beaucoup trop chers.

Ce qui était parfaitement logique. De toute manière, je n'avais pas l'intention de le présenter à des concours de beauté, ni de l'utiliser comme étalon.

Lydia me demanda si elle pouvait le prendre. Je le lui laissai à contrecœur. Entre ses mains, il se roula sur le dos et se tordit en tous sens. Mary, Lydia et moi nous esclaffâmes. Après tant d'angoisse, rire enfin était un soulagement.

— Comment vas-tu l'appeler ? s'enquit Lydia.

— Tu veux dire, comment *pourrions*-nous l'appeler ?

C'était mon ancienne voix qui la corrigeait, celle qui savait qu'il serait grotesque d'adopter un autre chat.

L'expérience m'avait appris que donner un nom à un animal ne fait que créer les conditions qui finiront par vous briser le cœur. Après avoir enseveli, au milieu de quelques torrents de larmes, Finny, Swimmer et Jaws dans ce qui était en train de devenir une fosse commune au fond de notre jardin, j'avais proclamé que le moindre poisson rouge pénétrant dans cette maison n'aurait pas de nom. Il se contenterait de numéros. Il s'avéra que Un, Deux et Trois survécurent jusqu'à des âges bibliques (pour des poissons rouges) et engendrèrent des centaines de descendants dans leur mare au fond du jardin.

Maintenant que j'envisageais d'acheter le chaton, je repensai à Philip. Quand il s'était installé avec nous, nous formions une famille complète avec Cléo. C'est une chose d'accepter un chat qui fait déjà partie du décor, c'en est une autre de devoir vivre avec une bête sans avoir été consulté.

Par contre, ce chaton disposait d'un atout majeur : son genre. Depuis que Rob avait quitté la maison, Philip se plaignait souvent, en plaisantant à moitié, d'être le seul mâle dans une demeure de femmes (« Même le chat est une chatte », grommelait-il). Si nous ramenions ce petit clown chez nous, il pourrait se prendre d'une saine amitié virile pour lui.

Je n'avais jamais aimé le rugby mais c'était l'obsession de Philip. Au moment où le chaton bondit des mains de Lydia pour sprinter furieusement vers le mur de cages à oiseaux, il me rappela la fluidité athlétique d'un des plus grands All Blacks de tous les temps : Jonah Lomu.

— Jonah, dis-je, tentant de couvrir les hurlements épouvantés des perruches. Appelons-le Jonah.

15

Désenchantement

Méfiez-vous des séducteurs,
félins ou humains.

Une paire d'yeux saphir luisait à travers les fentes de la caisse tandis que Lydia amenait Jonah dans la maison. Mary la suivait avec de la nourriture, des litières et un panier en peau léopard. J'avais la responsabilité du parc d'attraction : un sac contenant des balles, des souris en plastique et une canne à pêche dont le fil élastique était relié à un oiseau factice et à une clochette. Qu'une si petite créature ait besoin d'un tel équipement semblait incroyable.

Notre cortège suivit avec respect le carrosse et son royal occupant jusqu'au salon. Lydia posa la caisse à terre avec délicatesse. Celle-ci émit un couinement.

— On le laisse sortir ? demanda Lydia

— Ouvrons juste la porte de la cage et voyons comment il réagit, répondis-je. Il préférera peut-être rester là-dedans le temps de s'habituer à nous.

Quand Lydia fit glisser le loquet, la porte éclata littéralement sous une explosion de pattes et de poils. Jonah se rua sur la moquette, s'immobilisa, regarda autour de lui puis s'ébroua.

Avec son pelage blanc et ses immenses oreilles sombres qui contrastaient de façon saisissante avec ses yeux si bleus, il était plus que mignon. Il aurait pu incarner la plus classique des beautés félines si sa queue n'avait pas été aussi courte et ses pattes arrières si grandes (plusieurs pointures de trop, au moins, pour sa corpulence).

Il était bien plus massif que Cléo quand elle était entrée dans nos vies, si tôt après la mort de Sam, en 1983. Elle était arrivée au moment où nous traversions une tragédie. Je me demandai si Jonah jouerait un rôle aussi vital qu'elle, nous permettant d'oublier mon cancer et de nous tourner vers l'avenir.

Après une brève inspection des lieux, le chaton se précipita sous le fauteuil en osier pour nous observer depuis son abri, derrière les pieds de bambous.

— Oh, le pauvre, il est terrifié, dit Mary. Laissons-le tranquille un moment. Je vais faire bouillir de l'eau.

Je n'avais jamais imaginé que nous nous retrouverions avec un autre chat, et encore moins un siamois. Une espèce un peu trop imbue d'elle-même, sur laquelle courent des rumeurs qui confinent à la légende. Il paraîtrait que seul le roi de Siam (la Thaïlande moderne) et les membres de la famille royale avaient le droit d'en posséder. Dès qu'un personnage important mourait, un de ces matous était choisi pour recueillir l'âme du défunt. Ensuite, on l'emmenait vivre dans un temple où des moines et des prêtres lui servaient les meilleurs mets dans des assiettes en or massif. À part manger, se prélasser et faire le beau, la bête quasi sacrée n'avait d'autre responsabilité que d'assister à des cérémonies. J'espérais que Jonah ne s'attendait pas à une telle existence chez nous.

Nous essayions de ne pas le voir, sous sa chaise… mais autant refuser de regarder un paon dans un poulailler. Au moment où Mary passa près de lui avec sa tasse de thé, une patte jaillit pour lui taper la cheville.

— Il a envie de jouer, dit-elle. Où est cette canne à pêche ?

Elle fouilla dans le sac en plastique pour en sortir l'engin et son volatile. Quand elle le laissa traîner devant la chaise, la patte surgit à nouveau pour gifler l'oiseau. Une fois, deux fois… la clochette retentissait toujours.

Lydia souleva le fauteuil tandis que Mary ramenait l'oiseau vers le centre du salon. Boom ! Jonah se rua sur sa pauvre cible, l'attrapant entre ses dents pour la cogner avec ses pattes démesurées.

Depuis l'opération, je n'osais plus trop rire. La plupart des activités banales – comme m'asseoir sur une chaise – m'infligeaient des élancements si douloureux que j'en avais le souffle coupé. Mais voir un chaton assassiner un jouet me fit rigoler au point d'en renverser mon thé. C'était un soulagement de constater que je pouvais à nouveau me tordre de rire sans me tordre de douleur. La peur et la maladie reculaient et un nouveau monde vibrant s'ouvrait. Les facéties de ce chat me libéraient et me permettaient de rire de tout le reste. Elles m'éloignaient de l'ambiance viciée de l'hôpital et me ramenaient du côté de la vie.

Abandonnant sa proie, Jonah s'assit sur ses pattes de derrière pour nous contempler. Il semblait apprécier ce qu'il voyait.

— Tu crois que Cléo aurait été d'accord ? s'enquit Lydia.

Avec ses membres longs et maigres et sa démarche masculine, Jonah était l'opposé de Cléo. Il faisait deux fois sa taille au même âge. Son pelage doux, mais plus épais et plus dru, était aussi pâle que la lune tandis qu'elle était noire comme la nuit. C'était un chat de race issu d'une animalerie quand Cléo la bâtarde nous avait été donnée par une amie. Je ne voyais pas comment elle aurait accepté d'être remplacée par ce vantard.

– Bien sûr, dis-je en souriant. Et tu sais ce que Cléo aurait apprécié maintenant ? Un bon petit bol de lait.

Lydia se précipita dans la cuisine, en émergea quelques secondes plus tard pour déposer l'offrande aux pieds du chaton. Intrigué, il la renifla, plongea une patte dans le liquide blanc, provoquant quelques rides à sa surface. Puis, portant la patte à son nez, il la renifla, une fois, deux fois, avant de secouer la tête d'un air dégoutté. D'un geste auguste, il renversa le bol sur la moquette.

Mary alla chercher un torchon tandis que Lydia se porta au secours de Jonah pour le sauver de l'inondation. Mais, avant qu'elle ne l'atteigne, il partit au galop et bondit sur un rideau qu'il escalada.

— Minou, minou, viens ici ! l'appelai-je.

Jonah hésita un instant, comme s'il réfléchissait à cette invitation. Puis, plissant les yeux, il s'envola tel un trapéziste, se lançant dans les airs pour atterrir au sommet du buffet de la cuisine.

Fabriqué par un artisan amateur au fin fond du *bush* de Nouvelle-Zélande vers les années 1850, ce meuble (dans le plus pur style *kauri*) était devenu une perpétuelle cause de soucis pour des générations d'utilisateurs. Chaque fois que j'ouvrais un tiroir, des flots de sciure me rappelaient constamment que ce machin n'allait pas tarder à s'émietter. J'avais essayé de le faire arranger par un restaurateur qui avait laissé un prospectus dans notre boîte aux lettres. Quand il nous l'avait rendu, le buffet, qui empestait l'alcool et la fumée de cigarettes, se trouvait dans un état plus lamentable encore. Nous rangions nos albums photos les plus lourds dans les tiroirs du bas pour le rendre un peu plus stable. Nos plus beaux verres à vin allaient sur les étagères du haut car ils ne pesaient pas grand-chose et donc risquaient moins de provoquer un effondrement général.

Je n'avais jamais envisagé qu'un chaton enragé irait se réfugier à son sommet. Les verres se mirent à trembler dangereusement tandis qu'il tentait de rétablir son équilibre.

Lydia grimpa sur une chaise et le supplia de sauter dans ses bras. Il la toisa, méprisant. Avec un soupir, ma fille se résigna à descendre de son perchoir pour aller chercher un escabeau dans l'abri de jardin. Jonah la suivit d'un œil intrigué quand elle le gravit avant de tendre les bras vers lui.

Au moment où nous crûmes qu'elle allait l'attraper, il quitta le meuble d'un saut puissant… les flûtes de champagne renversèrent les verres de vin rouge qui s'écrasèrent contre ceux de vin blanc, qui mirent en pièces les ballons à cognac que personne n'avait utilisés depuis 1970.

— Quel dommage que je parte demain, dit Mary tandis que Jonah volait vers le plan de travail.

Je crus sentir qu'elle n'était pas tout à fait sincère.

Soudain, je fus incapable d'en supporter davantage : le chaton, les verres brisés et l'épuisement postopératoire, c'en était trop pour moi. J'avais été vraiment idiote de craquer pour cette bestiole et, plus encore de lui donner un nom. Je regagnai difficilement ma chambre, fermai la porte, rampai sur le lit et m'endormis.

Un bruit de cloche et un cri bizarre, nullement humain, me réveillèrent. Lydia ouvrit la porte et Jonah se rua dans la chambre, la canne à pêche dans la gueule. Il bondit sur les couvertures, ratant de peu mes plaies douloureuses, et déposa l'engin dans ma main.

— Il a envie de jouer, expliqua Lydia. Et je dois aider Mary pour le dîner. Je peux te le laisser ?

Mon bras gauche était le plus fort (le moins faible, plutôt). Je m'en servis pour prendre la canne à pêche et l'agiter. La clochette retentit quand Jonah bondit sur l'oiseau en plastique et le coinça entre ses dents. Il réagissait avec une rapidité incroyable. Je balançai la canne dans la direction opposée. Il sauta et attrapa sa proie en l'air. Il était impressionnant et magnifique. Plus j'accélérais le mouvement, plus il était rapide. Quand j'expédiai l'oiseau à un mètre de haut, Jonah le suivit, se tordant sur lui-même en plein vol comme une ballerine. On aurait dit un film en avance rapide. Pas une seule fois il ne manqua sa cible.

Au bout de quelques minutes, j'étais épuisée, mais pas lui. Il en voulait encore. Quand je posais la canne à pêche, il la prenait entre ses dents et la pressait contre ma main. Heureusement, Katharine rentra de l'école et tomba immédiatement sous son charme.

— Oooooh, maman ! Il est *adorable* ! Je peux le prendre un moment ?

Et jusqu'à la fin des temps ! Quittant la chambre en le cajolant entre ses bras, elle jura de le nourrir et de changer sa litière tous les jours.

Pour fêter sa dernière nuit avec nous, Mary préparait un somptueux repas à base de cuisses de poulets mijotées sous une croûte, une recette tout droit issue de la cuisine de notre grand-mère. Des senteurs me menèrent, nostalgique, par le bout du nez de mon lit à un des canapés verts depuis lequel j'observai ma sœur et ma fille travailler. Côte à côte, elles semblaient s'entendre à merveille, Lydia épluchant les légumes tandis que Mary battait la sauce. Le dîner commencerait dans quarante minutes, très précisément, à la seconde où Philip rentrerait du bureau.

Jonah s'amusait à monter et descendre les escaliers à toute allure, ayant décidé de cesser pendant un temps de lacérer la moquette toute neuve, de galoper dans le couloir ou bien de plonger dans les toilettes.

Tandis qu'elle versait sa crème battue sur un lit de prunes cuites, Mary me demanda si Cléo avait fait preuve d'une telle activité. Je gardais de vagues souvenirs d'affrontements dans la cuisine. Mais, peut-être en raison de ma faiblesse physique du moment, Jonah me paraissait pire. Bien pire. À son âge, Cléo s'était déjà métamorphosée en une jeune chatte calme et raisonnable. Je n'avais pas le moindre espoir de suivre le rythme de Jonah si je me retrouvais seule à la maison avec lui. Si quelqu'un trouvait un moyen de le relier au réseau électrique, il fournirait assez d'énergie pour éclairer toute une ville. Avec un peu de chance, Philip refuserait de le garder.

Lydia déploya une nappe blanche sur la table. Une fois les assiettes, les verres et les couverts en place, elle ajouta un vase, des fleurs et alluma une bougie dans mon bougeoir préféré – une poterie mexicaine jaune et verte, décorée de fleurs.

— Oh Lydia, dis-je. C'est mervei…

Soudain, Jonah bondit sur la table, faisant voler fourchettes et assiettes. Le porte bougie tomba et se brisa en morceaux. Si l'eau du vase n'avait pas été renversée, je suis sûre que la nappe aurait pris feu. Maintenant, elle dégoulinait. On aurait dit un champ de bataille, avec toutes ces fleurs qui la jonchaient comme autant de cadavres.

Mon moi normal, robuste, aurait éclaté de rire.

— Quelqu'un pourrait-il calmer ce chat ? gémis-je.

Comprenant ma détresse, Lydia attrapa le vandale et le posa sur un fauteuil. Mary fit ce qu'elle put pour redonner un semblant d'apparence à la table tandis que Lydia maintenait Jonah entre ses genoux, résistant à ses coups de griffe et à ses miaulements jusqu'à ce qu'il renonce à se débattre. Fermant les yeux, elle se mit à psalmodier. Jonah tendit les oreilles, l'écoutant avec attention avant de se joindre à elle en émettant un ronronnement très grave. Perdus dans un monde invisible, chat et fille partageaient la même sérénité…

Quelques minutes plus tard, ouvrant brusquement les paupières, il fila dans le couloir qui menait à mon bureau. Bientôt, nous entendîmes le bruit étrange de griffes martelant un clavier d'ordinateur.

— Arrête-le ! criai-je à Katharine qui venait de descendre, attirée par le vacarme.

Tandis qu'elle se précipitait vers la pièce, Jonah en sortit, l'air pensif.

— Tout va bien, dit Katharine. Il a malmené ton clavier mais ne t'en fais pas, je peux tout arranger. Oh, et puis il a renversé le pot où tu gardes tes élastiques mais ce n'est rien.

Jonah trottinait vers moi. Arrivé à mes pieds, il émit une plainte lugubre avant de vomir une mixture pleine d'élastiques sur la moquette.

— C'est pas vrai… !

Mais il venait tout juste d'entendre la chasse d'eau. Rien ne l'excitait davantage que de tenter d'arrêter le torrent d'eau à coups de pattes. Il fonça dans la salle de bains.

En regardant sa queue disparaître, j'établis un premier bilan. Deux flûtes à champagne et un verre de vin rouge ; brisés. Un bougeoir mexicain ; décapité. La moquette lacérée dans l'escalier, sans compter les taches suspectes là où il avait vomi. Un bonnet en laine mérinos (tout neuf) ; mâché et troué. Un clavier d'ordinateur ; foutu.

Le rêve se transformait en cauchemar. Une tornade féline venait de nous frapper, ne laissant que destructions dans son sillage. Si Cléo nous avait envoyé cette créature, c'était sans doute pour nous rappeler d'une manière cruelle avec quelle perfection elle avait tenu son rôle d'ange gardien dans cette famille.

J'étais en larmes. Lydia protesta, Katharine pleura et Mary prit un air coupable. Il n'existait aucune alternative.

On allait devoir rendre le chaton.

Au moment où je quittais le canapé pour aller chercher sa caisse, j'entendis la clé dans la serrure de la porte d'entrée. Philip apparut avec cet air affamé de l'homme qui flaire une odeur de poulet cuit après une journée de douze heures.

— Qui est-ce ? demanda-t-il tandis que Jonah trottinait vers lui pour se présenter.

— Ma plus grave erreur, dis-je. Tu voudras bien le ramener à la boutique demain matin ?

Jonah s'assit devant Philip, l'examina soigneusement puis tendit la patte pour le gratifier d'un coup de coussinet sur le genou.

— C'est quoi, son problème ? s'enquit Philip tandis que Jonah inclinait la tête et miaulait avec politesse.

— Hyperactif, névrosé, destructeur, dérangé, vaniteux…

— Vaniteux ?

— Il se prend pour un top-modèle. Il sait qu'il est beau et il se sert de ça pour manipuler les gens… regarde-le.

L'air innocent, Jonah observait une araignée au plafond. Son pelage avait des couleurs parfaites, et ses yeux scintillaient sous son masque de voleur.

— Qu'en pensent les filles ?

— Elles veulent le garder, mais c'est facile à dire pour elles. Elles ne vont pas tarder à quitter la maison.

— Tu es très fringant, hein, mon garçon ? dit Philip en prenant Jonah dans ses bras.

Entre ses mains, celui-ci se laissa aller sur le dos, ses pattes de kangourou pointées vers le ciel tandis que Philip le chatouillait derrière les oreilles. Jonah le remercia en lui léchant les doigts.

— Et affectueux, aussi.

— Il est épuisant.

— Normal, c'est un garçon, dit Philip. Attendons la fin du dîner pour voir ce que tout le monde en pense.

— Ça aussi, c'est un problème. Tu te souviens comme Cléo aimait manger ? Une cuisse de poulet, et on pouvait lui faire faire n'importe quoi. Celui-ci refuse tout ce qu'on lui propose.

Philip m'assura qu'il réglerait ça avec « monsieur Poilu ». Il le connaissait depuis vingt-trois secondes et il lui avait déjà donné un nom ? Une liaison très dangereuse était en train de se nouer entre eux. Mais, quoi qu'il en soit, j'étais trop épuisée pour faire autre chose que battre en retraite dans ma chambre. Peu après, Lydia tapa à la porte. Elle m'apportait un plateau-repas.

Il ne restait plus que trois somnifères dans mon tiroir. J'en ingurgitai deux avec un peu d'eau et déclarai forfait pour la nuit.

Avant l'aube, nous fûmes réveillés par des chocs réguliers accompagnés de tintements de clochette – un vacarme qui signale en général l'arrivée d'une fanfare. Philip se décida à quitter le lit. Quand il tourna la poignée, la porte s'ouvrit en grand et Jonah jaillit, la canne à pêche fermement plantée entre les crocs. Il bondit sur la couette, déposa l'objet dans ma main et recula, attendant la suite. Philip sourit avant de disparaître pour aller préparer thé et toasts.

Jonah ronronnait comme une machine, attendant patiemment que le jeu commence. Je n'étais pas d'humeur, D'autant moins qu'il retournait à l'animalerie une heure ou deux plus tard. M'adressant un regard perplexe, il s'avança pour me toucher la main avec ses coussinets, non sans avoir pris soin de rétracter ses griffes. Très gentleman, il m'adressait une invitation. Prendre cette canne et la balancer en l'air n'exigeaient qu'un effort minimal. Je n'étais quand même pas assez méchante pour lui refuser ça ?

Résignée, je brandis la canne à pêche de mon bras valide. L'oiseau et la cloche se mirent à voler. Jonah les observa, hypnotisé, pendant quelques secondes, avant d'adopter la position d'envol idéale. Anticipant le trajet de sa victime, il frémissait de tous ses poils.

Son regard braqué sur l'oiseau devint intense, comme s'il s'imaginait à l'intérieur du corps de sa proie et décrivait lui-même ces arabesques dans les airs. Puis, avec la grâce d'un jeune Rudolf Noureev, il s'envola, attrapant l'oiseau et la clochette entre ses dents.

Une fois le jeu entamé, il était impossible de l'arrêter. Chacun de ses sauts était un ballet. Il n'y avait aucun défi que ce jeune chaton n'était prêt à relever. Il bondissait de plus en pus haut et parfois semblait se figer en plein vol au moment de saisir sa cible. Il était si beau avec ce pelage aux couleurs veloutées comme un cappuccino et ces yeux au bleu intense. Et si plein de vie.

Je cédais à nouveau aux charmes de Jonah.

— Tu veux toujours qu'on le ramène ? s'esclaffa Philip quand il revint, les mains chargées de tasses et de tartines grillées tartinées de confiture.

Une fois installé dans son fauteuil préféré, il planta ses incisives dans un toast. Mais Jonah n'avait pas l'intention de le laisser profiter en paix de son petit déjeuner. L'oiseau coincé entre les crocs, il sauta du lit, déposa la canne aux pieds de Philip avant de le regarder, la tête penchée sur le côté.

— Tu ne peux pas refuser, dis-je.

Feignant de maugréer, Philip soupira et ramassa l'ustensile. Mais il réservait une petite surprise à Jonah. Il me faut préciser que, bien avant notre rencontre, Philip fut officier formateur dans l'armée. Retrouvant soudain ses anciennes compétences, il se mit à fouetter l'air avec la canne à pêche au moins deux fois plus vite que moi. Jonah ne se défila pas, bondissant plus haut, courant plus vite, accélérant de manière si ahurissante qu'il en devenait flou. Il réussissait parfois à attraper l'oiseau. Dans sa formation d'aspirant-chat, il avait encore quelques trucs à apprendre.

— Ne sois pas trop dur avec lui, dis-je.

Philip immobilisa la canne et sourit au chaton qui n'affichait aucun signe de fatigue, hormis ses flancs haletants : il était prêt à repartir au combat.

Philip se leva pour enrouler à toute vitesse le fil au bout duquel pendait l'oiseau autour de ses jambes, Jonah le poursuivant à une longueur de moustache.

C'était tout ce qui avait manqué à Philip depuis que Rob avait quitté la maison : ces cavalcades infernales. L'homme et le chat faisaient la paire. Chaque fois que

Philip posait la canne pour stopper l'exercice, Jonah la ramassait pour la lui rapporter.

— Bon, il faut bien que quelqu'un travaille dans cette maison, soupira Philip en soulevant Jonah pour le poser sur mes genoux.

Jonah émit un bruit étrange avec son nez – un son hautain, entre le gloussement et l'éternuement, auquel nous n'allions pas tarder à nous habituer car c'était sa façon d'exprimer sa déception ou son dégoût. Il n'admettait pas que le jeu soit terminé.

— Ne t'inquiète pas, mon garçon, dis-je. Tu n'as qu'à te reposer un moment avec moi, maintenant.

Jonah m'observa fixement avec des yeux qui auraient fait fondre un rayon surgelé. Ronronnant, il s'avança sur la couette, évitant avec soin les zones sensibles de mon abdomen et de mon torse. Il semblait savoir très exactement où il devait se placer, niché contre mon cou, la tête dans l'oreiller. Il poussa ensuite un immense soupir, comme un voyageur qui, après un trajet épique, arrive enfin chez lui. Comment le contredire ?

Quand j'entendis Mary descendre sa valise dans l'escalier, une boule douloureuse se forma dans ma gorge. C'était merveilleux de l'avoir eue ici pendant une semaine. Philip l'accompagnerait à l'aéroport. Tandis qu'il s'occupait de ses bagages, j'enfouis mon visage dans son épaule réconfortante et la remerciai pour tout.

— Prends soin de toi, dit-elle. Et bonne chance avec ce minou.

16

Chat d'extérieur

Un chat améliore une relation.

Comme je reprenais des forces, Lydia m'emmenait parfois à la campagne. D'immenses enclos déserts s'étalaient sous le ciel d'un bleu implacable. Des animaux de ferme squelettiques erraient sur une terre craquelée là où, autrefois, jaillissaient des sources d'eau potable. Ces tableaux me faisaient regretter les herbes vert-néon et les vaches grasses de mon enfance en Nouvelle-Zélande.

Où que nous allions, Lydia m'ouvrait les portes et marchait un demi-pas derrière moi comme si j'étais une dignitaire quelconque. Elle faisait preuve d'une telle déférence que je ne savais trop comment réagir. Ce qui était sûr, c'est que je ne l'avais pas éduquée ainsi.

Mais je dois aussi avouer que quand elle me massait les pieds avec de l'huile, je ne me plaignais pas. Pendant toutes ces semaines de convalescence, elle n'aurait pas pu être plus attentionnée, faisant la cuisine, la lessive, le ménage et passant même la serpillière quand je vomissais sur mes pantoufles à teckels. Grâce à ses massages, mon ventre dégonflait et je ne fus pas forcée de retourner à l'hôpital pour qu'on me draine les fluides superflus.

La présence de Jonah nous apaisait toutes deux. Dès que nous nous adressions à lui, que nous glissions nos doigts dans son pelage, il semblait naturel de parler d'une voix plus douce, avec lui mais aussi entre nous. Lydia et moi devînmes plus proches que jamais.

Même si nous ne parlions pas directement de son éventuel retour au Sri Lanka (et de sa date), je continuai à lui transférer articles et avertissements sur la guerre civile qui y faisait rage. En réponse, je n'ai jamais reçu le moindre mail de sa part. Quand je lui demandai si elle lisait mes courriels, ou même si elle les ouvrait, elle restait vague. Il s'agissait là d'informations *importantes*, lui disais-je, consciente qu'un ton accusateur pointait à nouveau dans ma voix.

Des vapeurs d'encens se répandaient toujours dans la maison quand elle descendait l'escalier, vêtue des mêmes couleurs blafardes qu'une apprentie bonne sœur. Quand je lui demandais si elle envisageait encore de devenir nonne, et pourquoi pas dans un joli petit monastère du coin, elle ne me répondait pas.

Si j'étais prête à accepter que Lydia, en tant qu'adulte, fasse ce que bon lui semblait, j'étais terrifiée à l'idée qu'elle mette sa vie en danger.

On peut méditer dans un bus ou sur la plage… et, à vrai dire, à peu près *n'importe où*, lui répétais-je dès que j'en avais l'occasion. Nul n'est obligé d'aller… désormais, je supportais à peine de prononcer le nom de cet endroit.

Mes efforts pour l'amener à fréquenter des amis appartenant à « un sympathique groupe bouddhiste du coin » demeurèrent vains. Les barbes et les sandales faites main n'étaient pas son style. Contemplant le mur au-dessus de leurs têtes, Lydia leur témoigna un manque d'intérêt qui frisait l'impolitesse.

Un jour, une de ses anciennes amies, Angélique, vint déjeuner et voir le chaton. Lydia et Angélique avaient toutes les deux été les meilleures élèves de l'école, et elles étaient aussi plus jeunes d'une année que la plupart des filles de leur classe.

Jonah gambada aussitôt sur les chaussures à boucle de notre visiteuse.

— Il est adorable ! s'écria Angélique, le prenant dans ses bras pour le presser contre sa joue.

Ses reflets décolorés lui donnaient un petit air de Marilyn Monroe. Et ses vêtements de couturier contrastaient violemment avec le chic austère de Lydia. À mi-parcours de sa formation de médecin, Angélique espérait se spécialiser en pédiatrie ; autant dire que le chemin était encore long.

Penchées sur quelques feuilles de salade, elles échangèrent des nouvelles. Le petit ami d'Angélique venait de rejoindre un cabinet d'avocats et semblait l'adorer.

Les filles se moquèrent de certains de leurs anciens profs mais en évoquèrent d'autres avec respect. Quand Lydia parla de ses ambitions spirituelles, les yeux d'Angélique devinrent vitreux.

Elle embrassa Lydia sur la joue et ses talons claquèrent dans le couloir, dans un effluve de parfum. Tout ce que j'aurais pu dire aurait été malvenu. Mais en essuyant la vaisselle, il *fallut* que j'ouvre la bouche…

— Elle est plutôt jolie.

Lydia, qui ramassait des miettes sur la table, préféra changer de sujet.

— Je me demandais, dit-elle d'une voix mesurée mais dangereuse, si tu voudrais bien me faire une écharpe ?

Je suis toujours flattée quand on me demande un échantillon de mes pathétiques talents de tricoteuse.

— J'en serais ravie ! De quelle couleur la veux-tu ?

— Bordeaux, répondit-elle avec un regard de défi.

Mon cœur s'arrêta. C'était la couleur des robes des moines.

— Il peut faire assez froid dans le monastère, la nuit, ajouta-t-elle.

Je reposai mon torchon sur le plan de travail. « ma fille, médecin » ne sonne vraiment pas comme « ma fille, nonne ».

Il était clair, désormais, que je devais me faire à l'idée de son probable retour au Sri Lanka. Ma maladie nous avait rapprochées comme jamais. Elle allait énormément me manquer. Mais elle s'était montrée si généreuse qu'il était temps que je respecte sa spiritualité et que j'accepte l'importance de sa quête. Elle ne m'avait jamais promis qu'elle resterait indéfiniment.

Même si mon corps continuait à se plaindre, je pouvais désormais me débrouiller seule.

À deux ou trois reprises, j'avais même eu le courage de me tenir, debout, nue devant un miroir. C'était toujours le même vieux corps, mais je m'en sentais étrangement séparée. Mon cœur saignait pour le merveilleux et imparfait conglomérat de cellules qui m'avait permis de traverser cinq décennies. Maintenant, il portait les cicatrices d'une campagne militaire.

La blessure de mon abdomen était encore violacée et pénible à regarder. Mon ventre demeurait un peu enflé. Et si mes nouveaux seins rehaussés m'offraient un profil plus juvénile, celui qu'on m'avait rajouté pendait un peu plus bas que son partenaire. La plupart des travaux d'aiguille de Greg avaient bien, comme promis, été dissimulés, mais mon unique téton subsistant était cerné de points de suture rougeâtres. Sur mon faux sein, là où aurait dû se trouver le mamelon, un cercle de peau pâle me rendait mon regard comme un œil de cyclope.

La plupart du temps, je faisais l'effort de cacher cet étrange nouveau corps, soulevant les draps pour me couvrir la poitrine tous les matins, quand Philip apportait le thé dans la chambre. Il faisait preuve d'un tact indéfectible, m'assurant que j'étais plus jolie qu'avant. Mais j'étais loin de ces images qui font la page centrale de *Playboy*. Je me demandais ce qu'il pensait vraiment. Au fond de moi, je ne tenais pas à le savoir, pour le cas où la vérité aurait été trop dévastatrice.

Parfois, la fatigue était insurmontable. Je m'effondrais dans mon lit pour dormir et dormir encore.

Venir à bout de chaque journée me demandait trop d'efforts pour penser à l'avenir. Chaque instant me semblait précieux. Je pouvais passer de longs moments à examiner les particules de poussière dans un rayon de soleil, ou alors un tableau représentant un coquelicot sur le mur qui faisait face à notre lit. Absorbée par l'idée des pétales de la fleur, je savourais le miracle d'être un corps qui vivait, qui respirait.

Comparée aux énormes transformations physiques que je venais de subir, la décision de mettre fin à trente années d'écriture d'éditoriaux fut infime. J'éprouvais un sentiment de libération miraculeux d'être débarrassée des délais du lundi. Si le contact avec mes lecteurs me manquait, beaucoup continuaient à correspondre avec moi. Ils avaient envoyé des flots de mails pendant mon séjour à l'hôpital. Certains disaient qu'après m'avoir lue pendant si longtemps, ils me considéraient comme une amie. Un couple m'avait même invitée à effectuer ma convalescence chez lui. La générosité de tous ces « étrangers » était bouleversante.

Des messages arrivèrent aussi de femmes qui s'étaient remises d'un cancer du sein. La plupart étaient rassurants, même si certains dissimulaient mal une certaine terreur. Ils provenaient de celles pour qui un diagnostic récent annonçait des temps incertains. L'une avait des enfants en bas âge, qu'elle redoutait de quitter. J'espère que les réponses que j'ai adressées à ces femmes angoissées n'ont pas été inadéquates. Leur sort me rappelait cruellement qu'il ne faut jamais rien considérer comme acquis.

Peut-être y avait-il plus de sagesse dans la requête de Lydia que je ne l'avais cru. Tricoter (même une écharpe bordeaux) était probablement le moyen idéal de rester assise, de retrouver la santé et de reconsidérer ma situation.

J'espérais juste que quelque chose arriverait, qui la ferait changer d'avis. Peut-être Jonah…

— Quand repars-tu ? demandai-je, essayant d'avoir l'air fort.

Jonah dansa sur le sol de la cuisine et lui lança un petit cri. Lydia le ramassa en souriant.

— Oh là là ! dit-elle en lui déposant un baiser sur le front. Toi, tu es un vrai chat d'extérieur.

Tout comme elle, Jonah détestait se sentir emprisonné. Il attendait près des portes et des fenêtres le moment où elles s'entrebâilleraient pour se glisser dehors. Et pour lui, l'adage selon lequel les chats ne viennent jamais quand on les appelle devait constituer une sorte de loi fondamentale. Dès que quelqu'un prononçait son nom, il filait dans la direction opposée. Même « minou » avait un effet similaire. Il se retournait, vous toisait, levait la queue et s'enfuyait. Certains jours, je ne voyais de Jonah que ses pattes arrière démesurées et sa queue se balançant au-dessus du cercle plissé de son anus pendant qu'il s'éloignait en galopant.

Lydia devait comprendre son désir d'écumer le quartier en raison de sa propre attirance pour le vagabondage. Vivant chez nous, enchaînée (financièrement, du moins) pour un laps de temps encore indéterminé, elle rêvait de liberté. Je ne pouvais vraiment pas le lui reprocher. À son âge, j'étais déjà mariée avec deux gosses. C'était un autre genre d'emprisonnement, mais il offrait le mirage d'une indépendance d'adulte.

Peut-être considérait-elle le monastère du Sri Lanka comme un moyen d'évasion.

Selon le vétérinaire, la première étape vers l'indépendance de Jonah consistait à le « traiter ».

Pas une seconde je n'avais envisagé que Philip prendrait cette procédure autant à cœur.

— En quoi le fait d'enlever ses testicules à un animal peut-il rallonger sa vie ? grommela-t-il.

Chez les membres de cette espèce qui est la nôtre, les hommes sont censés être les dépositaires de la logique, mais dès qu'on aborde le sujet des couilles, toute rationalité part directement à la poubelle.

Je lui assurai que la castration réduisait les risques d'infection et de cancer, que les chats désexués ne se battaient pas aussi souvent que les autres et, donc, risquaient moins de se faire blesser. Ils étaient aussi moins enclins à répandre leur urine partout (même si, pensais-je, ce genre de pratique n'était l'apanage que des seuls chats sauvages).

M'entendant l'exprimer en ces termes m'amena à me demander si le véto ne pourrait pas être intéressé par un marché du type « deux pour le prix d'un ».

— On ne peut pas juste lui faire une vasectomie ?

— L'opération ne dure que cinq minutes. C'est bien pire pour les chattes, dis-je.

Pourquoi faut-il qu'il en soit ainsi pour toutes les femelles de toutes les espèces ?

Le jour dit, Philip devait se rendre au travail de bonne heure, Katharine avait rendez-vous avec son prof de maths (« Et puis, ça me bouleverse quand il miaule dans sa caisse »). Par la force des choses, Lydia et moi étions donc promues au titre officiel de Casseuses de couilles.

Quand nous allâmes chercher Jonah un peu plus tard à la clinique vétérinaire, il ne semblait en rien diminué. À bien l'examiner, ses testicules n'avaient pas tant été retirés que dégonflés.

— Veillez à ce qu'il ne lèche pas trop ses sutures, expliqua l'infirmière (est-ce le mot qui convient ?) tandis qu'une patte joueuse émergeait de la caisse pour tripoter sa ceinture. Bon sang, il a un sacré caractère, non ?

Jonah se remit très rapidement de l'opération. Au grand soulagement de Philip, le « traitement » l'avait laissé, comment dire, intact. Qu'il me suffise de préciser que si ses glandes avaient été aplaties, la tour Eiffel était toujours là. Jonah adorait choquer la gent féminine en cajolant son brillant crayon rose et en le léchant avec un soin particulier et une grande affection.

Toute remarque du style : « Pouah ! Jonah ! Tu es dégoûtant ! » ne faisait que déchaîner son enthousiasme.

Un jour, estimant sa guérison totale, nous décidâmes de lui faire faire un essai en tant que chat d'extérieur dans le jardin derrière la maison.

Je n'étais pas encore assez forte pour lui courir après, mais je ne m'inquiétais pas trop. Dès qu'il aurait compris que le son émis par une cuillère en bois frappée contre une boîte de conserve signifiait qu'il était temps de rentrer, tout se passerait bien.

Une fois dehors, Philip déposa Jonah sur la terrasse. Notre chaton resta assis là, mignon tout plein, contemplant le ciel en battant des paupières.

— Regardez ! dis-je. Aucun problème. C'est un garçon intelligent, n'est-ce pas, monsieur Poilu ?

Un coup de vent secoua les branches d'olivier. Les narines de Jonah frémirent puis se figèrent. Ses jambes se raidirent. Sa queue se gonfla. Ce bruit était nouveau pour lui – et assez terrifiant. Philip voulut le reprendre dans ses bras, mais cet animal lui échappa, fonçant à travers le jardin vers une cible bien précise. Nous n'avions pas prévu qu'il saurait grimper aux arbres.

Perché au-dessus de nos têtes, les oreilles couchées, il s'accrochait à sa branche que le vent secouait comme le mât d'un voilier en pleine tempête. Jonah semblait en proie au mal de mer.

Lydia se précipita dans la cuisine pour y récupérer l'escabeau. Philip le planta au sol et entama l'ascension. Au moment où ses doigts effleurèrent son pelage, Jonah lui échappa une nouvelle fois pour reprendre son escalade. Patte après patte, il grimpait vers les cimes. Un pigeon le considéra d'un œil critique avant d'émettre un bref commentaire : « Tut-tut ». Cela fait, il évacua les lieux.

— Laissons-le là-haut ! dit Philip.

— Et s'il n'arrive pas à redescendre ? gémit Katharine. Ou alors, imaginez qu'il redescende chez les voisins et qu'il se perde.

Exaspéré, Philip quitta l'escabeau et, faisant preuve d'une agilité surprenante, se hissa sur la branche. Les filles et moi l'observions, le souffle coupé. Dès qu'il atteignait un nouveau sommet, Jonah en visait un autre. Plus ils grimpaient, moins leurs gestes et leurs prises étaient assurés. Si Philip confiait son poids à une branche traîtresse, la chute serait terrible.

— Je l'ai ! s'écria-t-il.

Nous poussâmes un gros soupir de soulagement quand il entama la descente, Jonah niché au creux du bras. Mais, à l'instant même où la semelle de Philip toucha le sol, le chaton bondit.

— Bloquez les sorties ! hurla Philip.

Les filles prirent aussitôt position à gauche de la maison, pendant que je restais sur la terrasse, la main posée sur mon ventre recousu.

Une tornade pâle sévissait dans le jardin, tournoyant en cercles de plus en plus larges et rapides. Courageux, Philip plongea pour la saisir à deux mains, mais elle était trop vive pour lui : il mordit la poussière.

Les filles fléchirent les genoux et écartèrent les bras pour créer une barrière humaine tandis que la bête sprintait vers elle. Soudain, virevoltant sur ses pattes arrière, elle effectua un écart improbable… et disparut quelque part le long de la maison.

Cette scène avait quelque chose de vaguement familier. La poursuite, les tentatives de blocage, les feintes de corps suivies d'un évitement inattendu. La plupart du temps, j'essayais de rester éveillée à côté de Philip pendant les innombrables retransmissions de matches à la télévision. Je n'y comprenais rien. Mais là, je saisissais tout ! Ils étaient tous en train de jouer au rugby et Jonah se montrait digne de son nom.

Nous nous approchâmes pour examiner ce flanc de la maison où aucune créature vivante, en dehors de quelques araignées et autres réparateurs de climatisation, ne s'aventurait jamais. Aucun signe ni son de la part de Jonah.

Philip chuchota aux filles de rester là pendant qu'il contournait Shirley pour se mettre en position à l'autre bout de la zone d'embuscade. Je le suivis d'un pas nettement moins vif, mais très désireuse de lui apporter mon soutien moral.

— Vous le voyez ? demanda-t-il aux filles.

— Non ! Et toi ?

Seul le vent leur répondit. Jonah s'était évaporé, tel un génie.

Debout devant la maison, j'étais en train de me demander si ce chaton n'avait pas quitté nos vies pour toujours quand une balle d'argent surgit du bord d'un mur pour filer dans le jardin. Philip plongea de côté et, dans ce qui me parut un moment de ralenti, se déploya avec grâce dans les airs. Il tendit les bras, les mains cherchant le missile.

Un instant, homme et boule de fourrure restèrent suspendus… puis le temps les rattrapa subitement et ils s'écrasèrent à terre. Philip atterrit sur le ventre, les doigts enroulés autour du chaton intact. Un placage exemplaire pour toutes les écoles de rugby.

— Pauvre Jonah ! m'écriai-je.

Mais une fois que Philip me l'eut confié pour pouvoir s'occuper de ses genoux en sang, je constatai qu'il était en pleine forme et pas le moins du monde traumatisé. Après un miaulement d'extase, il tendit la patte à Philip, en vrai sportif.

17

Chat d'intérieur

Les garder près de soi ou les laisser partir.

Notre fille et notre chat rêvaient toujours de liberté. Lydia se languissait de retourner au monastère. Jonah voulait connaître la rue. Tous deux étaient inconscients du danger. Je n'étais pas prête à leur accorder ce qu'ils désiraient… du moins, pas encore.

J'avais espéré que Jonah ferait preuve de la même jugeote que Cléo. Elle avait passé sa vie au voisinage de routes très fréquentées et elle possédait une sorte de sixième sens qui lui permettait d'éviter les pièges de la circulation. Pour Jonah, l'abri le plus sûr se trouvait sous les roues d'une voiture en stationnement.

Durant ces semaines d'essai pour devenir un chat d'extérieur, il se révéla une gêne pour les autres et un danger pour lui-même. Il pouvait escalader n'importe quoi, arbre ou lampadaire, mais c'était lorsqu'il redescendait que les problèmes commençaient.

D'abord, un voisin vint frapper à notre porte pour nous dire que notre chat était coincé sur son toit. Il offrit gentiment une échelle aux filles pour qu'elles aillent le récupérer.

Une autre fois, c'est une voisine qui nous l'a ramené, tremblant dans ses bras, après avoir tenté de s'attaquer à ses deux chats. J'avais déjà vu ces monstres patrouiller dans la rue. Ces deux petites panthères noires étaient les patrons de la mafia du quartier. Ils l'avaient coincé et leur maîtresse était parvenue à le sauver de justesse. Il avait de la chance d'avoir encore ses yeux, nous dit-elle.

Jonah se révéla un épouvantable chasseur d'oiseaux. Dès qu'il apercevait un pigeon, il se figeait, le ventre collé au sol. Mimant sa victime espérée, il reproduisait le moindre de ses mouvements et de ses sursauts, au point d'en devenir le double.

Son pelage de camouflage lui permettait de terroriser le monde aviaire… jusqu'à ce qu'il retrousse les babines pour émettre un vibrant « hééé ! hééé ! » qui laissait amplement le temps au pigeon de ranger ses plumes et de répondre par un « tut ! tut ! » sévère avant de s'envoler.

Quant à ce talent inné des chats de pouvoir marcher sans difficulté sur une étroite rambarde ou sur des piquets de clôture, Jonah ne le possédait pas. Les oiseaux se moquaient de lui à chacune de ses tentatives. Il n'arrivait jamais à poser les quatre pattes en même temps ; du coup, deux d'entre elles pendaient toujours misérablement dans le vide. On aurait dit un mutant avec deux membres de trop.

Enfin, Jonah possédait des nerfs de cristal. Il sursautait et se planquait au moindre bruit. Il se terrait pendant plusieurs minutes au moindre claquement du couvercle de la poubelle.

Par contre, l'aboiement d'un chien était toujours un appel au combat. Quelles que fussent la taille ou la férocité de la bête, Jonah fonçait droit vers elle, la queue en panache, certain qu'il allait la terrasser d'un simple regard.

Adhérant à un idéal guerrier suranné, il ne savait pas se battre. Pour lui, cela consistait essentiellement à miauler et à prendre la pose, mais en gardant toujours les griffes rétractées. Les batailles étaient d'abord psychologiques : elles consistaient à toiser son ennemi jusqu'à ce que celui-ci comprenne que, n'ayant aucune chance, il valait mieux battre en retraite.

Nous lancions constamment des safaris Jonah, écumant des rues où les affiches « RECHERCHE de chats perdus » pullulaient, l'appelant par son nom ou bien fouinant sans y avoir été invités dans les jardins de voisins. Parfois, il nous permettait de le retrouver sans trop de difficultés mais la plupart du temps, il refusait de revenir dans les bras aimants de sa famille tant que nous n'avions pas descendu et remonté la rue au pas de course pendant une bonne demi-heure.

En dépit de ses humeurs vagabondes, il était désespérément dépendant. Il se trouvait toujours à la fenêtre pour nous attendre quand nous rentrions et il était toujours le premier à la porte pour accueillir Philip et les filles. Quand, un week-end, nous le laissâmes dans une pension pour chats afin d'aller voir comment se débrouillaient Rob et Chantelle avec les préparatifs du mariage, il fut très malheureux. Une des employées, Vivienne, se prit d'affection pour lui et fit en sorte de jouer une heure par jour avec lui. Il la faisait rire. Elle avait une voix douce et agréable. Elle me plut sur-le-champ. L'air sincèrement inquiet, elle nous révéla que Jonah avait été très en demande et avait vomi deux fois. Il ne se sentait pas à l'aise dans cet établissement. Si nous comptions encore nous absenter, elle serait plus que ravie de le garder chez nous.

Je retournai à l'animalerie pour prendre conseil auprès de Nathan à propos de notre petit fugueur. Il me vendit un harnais rouge muni d'une cloche et d'une laisse. Les chats les adoraient, dit-il. Imaginant à quel point ce rouge ferait merveille sur le pelage de Jonah, j'achetai le collier en cuivre en supplément, sur lequel je fis graver son nom et notre numéro de téléphone.

Jonah commença par les détester. Se faire promener comme un toutou constituait une atteinte à sa dignité. Il fallut plusieurs mois avant qu'il comprenne que ce harnais lui offrait une certaine liberté.

Peu de temps après, tel Houdini, il parvint à se libérer tout seul de son carcan rouge, entraînant Philip dans une nouvelle séance de rugby. Un matin, alors que je l'avais laissé quelques minutes dans le jardin, il réussit à se ligoter tout seul, les pattes en croix, sur quelques branches d'olivier.

Les combats perpétuels avec cet animal me mettaient sur les nerfs, j'avais besoin d'une accalmie, d'une diversion apaisante. J'allai donc acheter quelques pelotes de laine bordeaux. Quand Lydia me vit manier mes aiguilles devant un jeu télévisé, elle ne cacha pas sa joie, comme si le fait que je tricote son écharpe bordeaux signifiait que j'avais enfin accepté ses ambitions religieuses. J'avais essayé. Malgré ma bienveillance envers toute forme de spiritualité, je ne pouvais m'empêcher de m'inquiéter en songeant à tout ce à quoi elle devrait renoncer si elle devenait bonne sœur au Sri Lanka. Il me resta assez de laine pour fabriquer le plus vilain bonnet du monde, ce que je fis, naturellement.

En nouant tant de fils rouges autour de ma fille et de mon chat, j'espérais les empêcher de gâcher leur vie. Je n'en soutenais pas moins les efforts de Lydia pour faire de Jonah un chat d'extérieur.

Jusqu'à la visite de Geoffrey.

Notre ami Geoffrey est un expert sur à peu près tout. Si vous vous demandez comment fabriquer du vent à partir d'une peau de bique, ou bien de la glace à la vanille avec de l'eau de pluie, c'est votre homme.

Dès qu'il apprit que nous avions un nouveau chaton, il apparut à notre porte.

— Jonah, dit-il en le considérant d'un œil critique. Un nom un peu malheureux, non ?

— Comment ça ? demanda Lydia.

— Tu sais bien, la vieille superstition. Les marins croyaient que Jonah portait le mauvais œil.

Je promis que nous ne comptions pas emmener Jonah en croisière dans un avenir proche.

— Il vaudrait beaucoup mieux que ce soit un chat d'intérieur, annonça-t-il ensuite. L'espérance de vie d'un chat en ville est de dix-huit mois. Si vous le laissez sortir, il a toutes les chances de se faire écraser, empoisonner, attaquer par des chiens ou même voler.

Notre chaton crème et chocolat était trop hypnotisé par une mouche évoluant au-dessus de sa tête pour percevoir les sombres nuages qu'annonçaient Geoffrey.

— C'est encore pire pour les mâles, ajouta celui-ci, les dents plantées dans une tranche de gâteau à la banane. Ils marquent leur territoire. Ils se bagarrent. Et s'ils ne se font pas tuer, les factures du vétérinaire sont abominables. En plus, ils peuvent attraper le Sida.

— Les chats ont le Sida ? s'étonna Philip. Tu plaisantes !

— Pas du tout. Ils ont bien le Sida, une forme différente de la nôtre. Et elle est endémique chez les chats urbains.

Lydia en était bouche bée. Comment contredire un pronostic aussi bien étayé ?

Suivant les pérégrinations de la mouche, la tête de Jonah tournait de plus en plus vite. Il commençait à loucher. D'un instant à l'autre, il risquait le malaise. Mais, à ses yeux de chaton, une mouche était un dragon volant. S'étant attribué le titre de Plus grand tueur de dragons du monde, il était immunisé contre le vertige, un trouble somme toute bénin.

— Dommage que vous n'ayez pas pris une femelle, soupira Geoffrey en léchant les miettes sur ses doigts. Elles sont plus faciles à supporter.

— C'est un peu sexiste, dit Lydia.

— Exact, répondit Geoffrey, avec un air un peu suffisant.

Jonah bondit et attrapa la mouche entre ses dents à

plus d'un mètre du sol. La manœuvre avait été rapide et d'une élégance parfaite. Qui ne voudrait pas partager son existence avec une créature aussi magnifique ? À mon avis, Geoffrey était jaloux.

— Je me contente de vous donner les faits, ajouta-t-il en vidant sa deuxième tasse de café.

— Mais tu vis presque en ville et ça ne t'empêche pas d'avoir une chatte ? remarquai-je.

— Oui, mais c'est une chatte et elle déteste aller dehors. Quand j'ouvre la porte, elle refuse de sortir. En plus, elle a à peu près la taille d'un tigre.

La fourrure de Jonah luisait dans un rayon de soleil tandis qu'il s'amusait avec la mouche. Elle gisait sur le dos, remuant faiblement les pattes, dans une posture de yoga que je n'aimais pas particulièrement.

— Donc, il faudrait le garder dans la maison si nous voulons qu'il ait une chance d'atteindre deux ans ? demandai-je.

— De toute manière, il est illégal de laisser les chats dehors la nuit, répondit Geoffrey en jetant un coup d'œil à son téléphone. Ils sont dangereux pour les autres animaux. Ils tuent les opossums.

Et voilà, ça recommençait, pensais-je. Si jamais une guerre devait éclater entre l'Australie et la Nouvelle-Zélande, ce serait à cause des opossums. Natifs d'Australie, ils avaient été introduits en Nouvelle-Zélande vers 1830 dans le but de démarrer un commerce de fourrure. Mais, en l'absence de tout prédateur sur leur nouveau territoire et de snobinards désireux de s'envelopper dans des manteaux de poils, ils étaient devenus plus qu'envahissants. Ils ne cessaient de décimer le *bush* néo-zélandais.

Pour mieux faire comprendre la situation : alors qu'en Australie, les conducteurs faisaient de brusques écarts si d'aventure ils en croisaient sur la route, les Néo-Zélandais se cramponnaient au volant et écrasaient l'accélérateur pour mieux pouvoir les dégommer. Tuer un opossum en Australie est illégal. En Nouvelle-Zélande, c'est un bon prétexte pour ouvrir une bière. Ni Philip ni moi n'avons cependant jamais trempé dans la mort d'un quelconque marsupial ; mais débattre de leur sort avec Geoffrey aurait été inutile.

Quant à Jonah, il ne cherchait à détruire que son dragon qui ne volait plus. Retroussant les babines pour le cas où la mouche tenterait de le mordre ou de le piquer, il l'écrasa d'un bruyant coup de patte, tout en regardant autour de lui pour s'assurer de l'attention de son public.

— C'est cruel de garder un chat enfermé en permanence, dit Lydia en débarrassant la table.

Même si on m'avait enlevé mon dernier drain et la vilaine poche qui l'accompagnait, je n'étais pas encore bien solide sur mes jambes. Elle insista pour que je reste assise ; elle s'occupait de tout. Je n'arrivais pas à croire que ma fille était aussi bonne femme d'intérieur.

— Plus cruel que le laisser se faire écraser ? répliqua Geoffrey.

Je fus presque soulagée quand il enfila sa parka.

Après son départ, Lydia et moi échangeâmes un regard.

— Il a raison, soupirai-je. Jonah vivra plus longtemps s'il reste à l'intérieur.

— Tu veux le mettre en prison ! Imagine ses souffrances s'il ne sent plus jamais l'herbe sous ses pattes.

Ce débat commençait à ressembler à tous ceux que nous avions eus à propos du Sri Lanka.

— Nous le sortirons avec la laisse.

— Il déteste ça !

De retour à l'animalerie, les filles et moi achetâmes une tente tunnel pour qu'il puisse courir dedans, une plaque pour qu'il se fasse les griffes, des balles de ping-pong qu'il pouvait pourchasser dans un labyrinthe en plastique (« pour son développement mental »), d'autres balles renfermant de petites clochettes, de plus grosses balles encore munies de piles leur permettant de tourner mystérieusement, des souris-jouets trempées dans de l'herbe à chat et tout un attirail de nouvelles cannes à pêche. La maison se transformait en parc d'attraction pour félins.

Même si j'étais en proie au remords et à un sentiment d'échec à l'idée de faire de Jonah un chat d'intérieur, il adorait foncer dans son tunnel et se jeter sur quiconque passait à proximité. Celui-ci disposait d'un orifice supplémentaire pour accroître encore l'élément de surprise. Katharine découvrit aussi que ce tunnel pouvait se transformer en véhicule princier. Quand elle le traînait par terre dans le couloir avec Jonah à bord, celui-ci passait la tête par le trou pour saluer la foule et admirer le paysage.

— Je crois que ça y est, soupira Lydia un jour en enroulant sa nouvelle écharpe bordeaux autour de son cou. Je n'ai plus grand-chose à faire ici.

Nous comprenions toutes les deux ce qu'elle voulait dire. Non seulement, elle n'était pas ravie de l'assignation à résidence de Jonah, mais six semaines s'étaient écoulées depuis mon opération, au cours desquelles elle avait été merveilleuse, comme infirmière et comme fille.

Je pouvais désormais me débrouiller sans elle.

Une semaine plus tard, ses bagages faits, elle descendit l'escalier tel un nuage blanc. La couleur de la pureté et – pensée nettement moins réconfortante pour une mère angoissée – du martyr. Son pantalon de pêcheur et son châle lui donnaient vaguement un look *Vogue* à l'*ashram*. J'admirais néanmoins son courage, même si, à mon avis, elle aurait pu en faire preuve dans un autre domaine.

Sentant qu'elle partait, Jonah s'enroula autour de ses chevilles en miaulant. Elle le prit dans ses bras et lui embrassa le bout du museau tandis que Philip emportait son sac à dos dans la voiture. Ce n'était pas un trop lourd fardeau. Elle n'emportait pas grand-chose de plus que son écharpe, une bougie parfumée pour le moine et quelques cadeaux pour les nonnes et les orphelins. Je me glissai en crabe sur le siège passager. Entrer ou sortir d'une voiture m'était encore difficile.

Lydia s'installa à l'arrière. Durant le trajet, elle nous promit pour la énième fois que le moine et quelques bonnes sœurs l'attendraient à son arrivée à l'aéroport de Colombo, et qu'ils l'amèneraient tout droit au monastère. Il y aurait des barrages militaires, dit-elle, mais les prêtres étaient toujours traités avec respect au Sri Lanka. Et leur petite communauté dans les montagnes était protégée. Elle ne courait aucun risque.

— Ne vous inquiétez pas. Je serai là pour le mariage de Rob.

Qui aurait lieu trois mois plus tard. Un temps bien long, me semblait-il, si on le passait à méditer sur un rocher.

Le silence s'installa dans l'habitacle. Mais il n'était dû ni à la colère, ni au ressentiment. Pour le meilleur ou pour le pire, j'en étais venue à accepter la situation, même si j'étais plus qu'angoissée à l'idée de tous ces dangers qu'elle semblait négliger avec tant d'insouciance.

Lydia ne s'était guère intéressée aux causes de la guerre civile dans ce pays, ni au sort désespéré des séparatistes tamouls. Les rares livres que j'avais pu lui trouver sur le sujet avaient été mis de côté sans être lus. Un film ne cessait de passer dans ma tête : Lydia se faisait kidnapper, ou bien était victime d'un attentat terroriste. Je faisais de mon mieux pour stopper la projection. Il était inutile de lui dire maintenant que l'armée sri-lankaise venait d'annoncer avoir repris une importante base navale tamoule dans le nord, à Vidattaltivu.

Au cours de ces dernières semaines, Lydia m'avait appris que les relations mère-fille n'étaient pas à sens unique : c'était la seule bonne chose que nous avaient apportée ce cancer et nos disputes.

Au cours des années, j'avais proféré des tas d'idioties, le plus souvent à propos de détails qui n'avaient aucune importance. Maman avait agi de la même façon avec moi et cela avait entamé mon estime de moi-même. Je ne parvenais toujours pas à me regarder dans un miroir sans l'entendre me dire : « Tu devrais porter un corset », « Mais où sont passées tes belles boucles ? » Ses derniers mots à mon adresse avaient été : « Qu'est-ce que tu en sais ? » C'est vrai, je les avais bien cherchés.

Au cours de son agonie, j'avais essayé de trouver les mots adéquats : « Tu t'en sors très bien », avais-je dit, parfaitement stupide. Même si elle avait perdu ses fausses dents et le contrôle de la plupart de ses fonctions corporelles, elle restait toujours maman. Elle m'avait regardée fixement comme un chasseur sa cible. Elle avait raison. Je ne savais rien de ce qu'elle endurait.

Sur le chemin de l'aéroport, j'espérais que Lydia comprenait à quel point mon amour pour elle était présent derrière toutes les bêtises dont je l'avais accablée. Le syndrome de Tourette de la mère :

« Cette chemise est trop courte. Tu vas attraper froid » *(mais je te souhaite une bonne santé éternelle).*

« Tu es trop maigre » *(inutile de te comparer avec ces épouvantails dans les magazines. Tu es belle telle que tu es).*

« Tu pourrais au moins t'épiler les sourcils » *(savoure ta sensualité. Apprécie au maximum ta beauté et ta jeunesse tant qu'elles sont là).*

« Tes collants sont troués » *(je suis dans ton camp).*

« Amuse-toi ! » *(remplis ta chambre de fleurs. Bois du champagne. Ouvre ton cœur aux autres. Ne te fixe aucune limite. Tu peux faire ce que tu veux, ta vie ne dépend que de tes choix).*

« Prends soin de toi » *(aime la femme merveilleuse que tu es. Ne reste pas dans l'ombre d'un homme. Protège-toi. Il n'y a pas de mot pour dire comme tu es précieuse).*

Au comptoir d'enregistrement, Philip prit une étiquette et inscrivit le nom et l'adresse de Lydia (chez nous). Protecteur, il l'attacha au sac à dos.

Je l'embrassai sur ses joues roses et tièdes et la remerciai d'avoir veillé sur moi d'une façon aussi extraordinaire après mon opération.

Souriante, elle promit de téléphoner, de textoter et de nous envoyer des mails plus souvent.

En la voyant s'éloigner comme un flocon de neige vers la zone de départ, la mère, en moi, se dit : *Le blanc, c'est une abomination pour les taches. Pourvu qu'elle ne se renverse pas de la sauce tomate dessus.*

Elle se retourna pour nous faire signe avant de disparaître derrière la porte.

18

Jalousie

Au fond de tout chat angélique
se tapit un démon.

Devant la fenêtre de mon bureau, le pommier dormit tout l'hiver. Dépouillé de ses feuilles, c'était un squelette de bois tordu, un inventaire de cicatrices là où des branches avaient été coupées. Comme moi, il connaissait la morsure du scalpel.

Une amie, qui s'occupait d'une jardinerie, estima qu'il avait près de cent ans, ayant probablement été planté à l'époque de la construction de la maison. Remarquant des tumeurs potentiellement fatales et des champignons sur ses membres, elle proposa d'apporter une scie pour l'en débarrasser. L'hiver, dit-elle, est la meilleure période pour la taille. Un élan de compassion me saisit. L'arbre avait déjà assez souffert. Je la remerciai et proposai d'attendre encore un an avant de lui infliger une intervention chirurgicale.

Alors que je commençais à désespérer de son sort et me demandais qui appeler pour l'abattre, il aspira une bonne gorgée de sève dans le sol et une feuille apparut. Fraîche et vulnérable, elle s'accrochait à sa vieille branche. En la contemplant sur fond de ciel pastel, je m'émerveillai des rythmes de la nature.

La vie se manifeste par vagues – un afflux d'énergie que suit une sorte de relâchement. Comme lors d'un accouchement, quand les contractions surviennent puis disparaissent. Il en va de même avec la mer et les incessants mouvements des marées. La respiration humaine suit un schéma identique : on emplit puis on vide. L'univers aussi se dilate et se contracte.

En tant que créatures superficielles, nous accordons de la valeur aux choses les plus évidentes. L'élan nous attire plus que le retrait. Nous préférons l'été aux mois glacés, le jour à la nuit. Mais il se produit plus de croissance pendant l'hiver que nous ne l'imaginons. La créativité se tapit dans l'obscurité.

Peu de temps après cette première feuille, des centaines d'autres surgirent du bois avec impudence. Déjouant toutes les prévisions, le pommier reprenait vie.

Comme lui, je me frayais un chemin vers le monde. Si mes poumons soufflaient encore comme des cornemuses, une promenade jusqu'au bout de la rue n'était plus un marathon, et je n'avais plus besoin de me reposer après avoir fourni l'effort herculéen de mettre mon pantalon.

J'étais incroyablement reconnaissante envers Lydia qui tenait sa promesse et m'appelait régulièrement depuis son monastère dans la jungle. Lors de ces conversations, nous évitions toutes les deux le sujet délicat : comptait-elle toujours entrer dans les ordres ?

Pendant qu'elle jouissait de sa liberté au Sri Lanka, Jonah était aux arrêts de rigueur. Nous avions fait installer des grillages de sécurité sur certaines fenêtres afin de pouvoir les ouvrir sans qu'il ne s'évade. Le grand balcon restait fermé en permanence. Philip, Katharine et moi nous habituions lentement à notre nouveau rôle de geôliers emprisonnés avec leur détenu.

Jonah endossa certaines des responsabilités qui avaient été assumées par Lydia, me suivant partout dans la maison et émettant parfois de petits sons impatients qui signifiaient qu'il était temps que j'aille m'allonger et me reposer.

Quand j'obéissais enfin à ses instructions, il bondissait sur la couette pour se lover contre mon ventre comme pour dire : « Tu vois ? C'était pas si difficile. Et maintenant, on fait la sieste ! »

Sentant ses ronronnements vibrer à travers mon corps, je savais que j'avais enfin trouvé l'ami qui me manquait. Il m'écoutait, me soignait et ne me jugeait jamais. Voilà, il me fallait un chat. Irene, l'ancienne voisine, avait peut-être raison : Cléo m'avait envoyé un ange gardien.

Par sa simple présence, Jonah rendait la maison plus belle. La teinte de son pelage s'accordait à merveille avec la moquette et les coussins. Il devenait une créature si resplendissante qu'il semblait impossible qu'elle nous appartienne. Sa fourrure qui, autrefois, évoquait un cappuccino, offrait maintenant des reflets *caffè latte*. Ses moustaches se détachaient comme des fils de nylon devant son visage couleur *expresso*. Ses yeux, aussi bleus que des saphirs du Sri Lanka, vous contemplaient derrière un masque sombre. Des oreilles d'une taille improbable s'accrochaient à sa petite tête, telles des ailes de chauve-souris. Son long nez lui donnait le profil d'un pharaon.

Il n'avait qu'un seul défaut : deux dents du haut qui se prolongeaient sur sa lèvre inférieure comme des crocs.

Il était si grand et si maigre qu'il semblait sortir d'un tube de pâte à chat qu'on aurait un peu trop pressé. Quand il se promenait sur la pointe des pattes, il paraissait immense.

Notre félin passait des heures entières à s'occuper de sa queue, véritable serpent nerveux doté d'une identité propre. Il la promenait tel un fanion si bien qu'elle nous servait aussi de système de localisation : une extrémité poilue nous indiquait qu'il faisait sa sieste derrière un fauteuil. Quand il s'allongeait dans une flaque de soleil, il en enroulait une partie autour de ses pattes avant et coinçait le reste sous ses pattes postérieures.

Si Jonah se montrait un compagnon dévoué, il n'en cherchait pas moins en permanence des moyens d'évasion : une fenêtre laissée ouverte, une porte entrebâillée. Toutes les après-midi, Katharine et moi lui passions son harnais pour qu'il puisse chasser les moustiques dans le jardin. Il voulait toujours s'en affranchir, aller plus loin que ne le permettait la laisse.

Philip nous assura qu'il finirait par s'habituer à être un chat d'intérieur. Il y a 200 millions de chats domestiques dans le monde et la plupart d'entre eux se sentent heureux dans un appartement, ajouta-t-il en soutien de son argumentation.

Le commentaire de Jonah, une espèce de hurlement étranglé, fut parfaitement éloquent :

— *Je veux pas ! J'aime pas ça ! Je suis libre ! Non, miiiiaoouuuu !*

Notre jeune chat semblait tout sentir, tout voir et tout entendre cent fois mieux que nous. Même roulé en boule avec les yeux fermés, il ne dormait pas. Les muscles frémissaient sous le pelage. Un craquement dans les combles ou le soupir lointain d'un tram glissant sur High Street suffisaient à le faire sursauter.

Lydia partie, la maison était très calme pendant la journée. Un matin, Jonah gratta à la porte de mon bureau. Je le laissai donc entrer en le prenant sur mon épaule. Il me déversa un chant soyeux dans l'oreille pendant que je m'installai devant l'ordinateur.

— *Voilà ce que nous devrions faire maintenant*, semblait-il dire. *Jetons un coup d'œil à ce vieux manuscrit sur Cléo.*

Relisant ce que j'avais écrit avant mon opération, je fus atterrée. Même si, jusqu'alors, les perspectives semblaient bonnes, il demeurait possible que ce livre soit le dernier que j'écrive jamais. Je m'y apitoyais sur moi-même et il était trop déprimant. Plus que jamais, je voulais célébrer cette merveille qu'est la vie. Jonah niché contre moi, je retins mon souffle avant d'appuyer sur la touche « supprimer ». Des milliers de mots, la moitié d'un livre, s'évanouirent dans le cyberespace.

Cela fait, je contemplai la caverne qu'était devenu mon écran. Et je recommençai.

Il m'arrivait de me demander si Jonah n'était pas né pour tenir compagnie à un écrivain. Tous les matins, il tapait à ma porte pour que je le laisse entrer. Lourd sur mon ventre, il ronronnait jusqu'à s'endormir et restait là, sans bouger, pendant des heures. Dès que je me levais pour me dégourdir les jambes, il se secouait et m'adressait un bon reniflement.

Vers le milieu d'après-midi, mon cerveau était trop fatigué pour être bon à autre chose qu'à regarder des insanités à la télévision, que Jonah appréciait lui aussi. Il préférait les documentaires animaliers et, pour une raison inexplicable, la danse moderne. Mais sa série préférée demeurait *Rex, chien flic*. À la première apparition du berger allemand, il bondissait devant la télévision et le suivait d'un bout à l'autre de l'écran. Quand je regardais des jeux ou bien des émissions sur les meubles anciens, il bâillait comme pour dire : « Miiiiaaais change de chaîne ! »

Mâle jusqu'au bout des griffes, Jonah adorait les machines. Sa plus grande passion, plus grande encore que la chasse d'eau, était l'imprimante. Dès qu'elle se mettait à cliqueter, il sautait dessus pour gifler les pages qui en sortaient.

Quand il ne lacérait pas la moquette de l'escalier ou ne descendait pas les rideaux en rappel, il prenait à cœur son rôle de conseiller éditorial. Nous nous entendions très bien.

Trop bien. J'aurais dû me douter que ça n'allait pas durer.

Dans la journée, Bronte, Stevan ou quiconque servant les cafés à emporter de l'autre côté de la rue étaient mes seuls contacts humains. Ils me demandaient comment le bouquin avançait et me tendaient un gobelet en polystyrène rempli de carburant pour écrivain.

En rentrant un matin, mon gobelet à la main, je découvris mon bureau saccagé. La corbeille renversée, les photos sur l'étagère aussi, l'article encadré d'un journal de 1949 proclamant que maman était presque aussi forte qu'un homme gisait sur la moquette.

Mais les dégâts les plus graves avaient été infligés à mon clavier d'ordinateur. Quatre lettres en avaient été arrachées et jonchaient à présent le sol. Je les ramassai l'une après l'autre : Z, F, P et la quatrième, la plus endommagée, était le E – la lettre la plus utilisée de la langue anglaise.

– *Jonah* ! rugis-je.

Une petite tête poilue apparut sur le seuil de la porte. M'observant fixement de ses yeux cobalt, il rugit à son tour.

Le message était clair. Je passais trop de temps devant l'ordinateur. Il avait plus besoin d'attention que cette stupide machine.

Notre ange gardien s'était mué en petit diable.

19

Tromperie

Le dictateur de velours.

Après son acte de vandalisme, je ne voulus plus de Jonah dans mon bureau. Mais il pleurait derrière la porte pendant que je travaillais, ce qui était insupportable.

Me basant sur l'hypothèse que son besoin d'attention devait bien avoir une limite, je conçus un plan. Si je lui offrais assez de câlins pour commencer la journée, cela le calmerait et il redeviendrait un chat normal qui ne colle pas en permanence sa maîtresse.

Jonah adorait qu'on lui frotte le dos. Je décidai de me montrer généreuse. Deux cents caresses, tel est le chiffre qui me parut le meilleur. Il frémissait d'extase, se serrant contre mon ventre, tandis que je lui donnais sa ration de la journée.

— Et voilà, mon garçon, dis-je le reposant à terre.

Sauf que deux cents ne lui suffisaient pas. Il sauta encore sur moi et exigea la suite.

Et il avait parfaitement compris mes intentions. Dès que je déclarai à nouveau la séance terminée, il fonça dans le couloir jusqu'à la porte du bureau, essayant de s'y introduire avant moi.

Ma vie était gouvernée par un chat. Si seulement Lydia avait été ici, elle aurait su quoi faire avec cette tête de mule.

Si mes journées étaient bien occupées par l'écriture, les préparatifs du mariage et la cuisine pour Philip et Katharine, les vapeurs d'encens me manquaient. Je m'attendais presque à la voir surgir en s'exclamant : « Ha, ha ! Poisson d'avril ! » Sauf que nous étions en novembre.

Les semaines passant, nous avions fini par nous habituer à l'imprévisibilité des coups de téléphone en provenance du Sri Lanka. Quand nous n'en recevions pas, cela ne voulait pas forcément dire que Lydia nous en voulait. La ligne du monastère était souvent hors service à cette époque, surtout après une forte pluie.

J'aurais aimé qu'il existe un moyen de canaliser les surplus d'eau du Sri Lanka jusqu'en Australie. La sécheresse empirant, se profilait maintenant la menace de terrifiants incendies du *bush* durant l'été.

Quand Lydia parvenait à nous appeler, je lui demandais ce qu'elle faisait. La réponse était toujours la même : enseigner l'anglais aux moines, rendre visite à des malades dans les hôpitaux et aux orphelins et, bien sûr, méditer. J'avais beau essayer de me la représenter en train de faire toutes ces choses, je n'arrivais à m'accrocher à rien qui les rende réelles. Quelle était l'odeur de la terre là-bas ? Les gens l'aimaient-ils ou bien l'exploitaient-ils ? Était-ce elle qui les exploitait ? Elle m'affirma qu'elle payait un loyer.

— C'est vraiment superbe ici, dit-elle. Vous devriez venir visiter.

Mon ricanement rebondit sur les murs de la cuisine. Je connaissais déjà bien assez le tiers-monde et ses toilettes (ou leur absence) comme cela. Plusieurs noms de destinations exotiques évoquaient non pas des souvenirs de palmiers se balançant dans le vent mais une intense misère.

Si je devais effectuer un quelconque voyage à l'avenir, surtout après mon passage de l'autre côté du cancer, je tenais à ce que celui-ci ne soit rempli que de salles bains rutilantes, de repas gastronomiques et de lits doux comme des madeleines.

— Combien de marches dis-tu qu'il faut monter pour arriver à ton monastère ? demandai-je, faisant semblant de me prendre au jeu.

— Quelques-unes, mais nous porterons tes bagages.

— Kath m'a dit que tu avais vu un rat dans ta chambre.

Katharine était une excellente source d'informations officieuses.

— Je ne suis même pas sûre que c'était un rat ! se défendit Lydia. J'ai juste vu une ombre. Et elle ne m'a pas approchée.

J'en étais à compter les jours qui nous séparaient de son retour. Selon mes calculs, il ne me restait plus que trois semaines à essayer de dormir la nuit sans l'imaginer victime d'un enlèvement, d'un indicible accès de violence, d'un empoisonnement alimentaire, de la malaria ou de toute autre maladie tropicale. Sans parler d'une morsure d'un représentant d'une des quatre-vingt-dix-huit espèces de serpents sri-lankais, d'une piqûre de scorpion ou d'une attaque par un éléphant, un léopard, un buffle d'eau, une mangouste ou un chacal.

Quant aux singes, omniprésents sur cette île, après avoir entendu un docteur de mes amis m'expliquer les conséquences mortelles de leurs morsures, je ne les considérais plus comme d'inoffensifs pseudo-humains.

Plus que des dangers physiques, je m'inquiétais de ce qui se passait à l'intérieur de la tête de Lydia. Ces heures de méditation ne l'avaient-elles pas fait basculer dans la ferveur religieuse ? Mes questions étaient accueillies par un silence suivi de : « C'est difficile à expliquer. » Je n'osais pas lui demander si elle comptait toujours tourner le dos à l'Occident et à ses mangeurs de viande matérialistes.

Une joie sincère pointait dans sa voix dès que nous abordions le sujet du mariage de Rob. Quelques instants durant, je retrouvais l'ancienne Lydia – la petite fille déguisée en fée qui bondissait sur un trampoline, l'enfant aux chaussures rouges qui se dandinait dans un parc en affirmant que les cygnes étaient des canards. Déjà à l'époque, elle avait des opinions bien arrêtées.

Chaque fois qu'elle s'exprimait comme si elle faisait encore partie de la famille, je ravalais mes larmes. Peut-être que passer trois mois dans ce monastère serait comme les deux cents caresses de Jonah et qu'ensuite elle oublierait tout cela. Sauf que les deux cents caresses avaient été un échec cuisant.

En raccrochant le téléphone un jour après un de ses appels, je regardai la cuisine autour de moi. En comparaison avec le monde bariolé dans lequel je l'imaginais vivre, nous habitions dans un nuancier de beiges. Shirley avait le teint fatigué, dehors comme dedans. Le mariage de Rob avait lieu dans un mois et demi seulement et nous envisagions d'inviter une quarantaine de personnes pour un barbecue sous l'arbre de notre petit désert. La maison avait besoin d'une petite remise à neuf.

Comment maman s'y serait-elle prise ? Comme moi, elle détestait faire le ménage. Quand des couches de crasse se formaient sur les étagères de la cuisine, plutôt que les gratter, elle les couvrait de sa peinture préférée : un bleu pastel émaillé. Une mixture sans doute chargée d'assez de plomb pour expliquer certaines excentricités de la famille. Elle trouvait cette teinte « hygiénique » et adorait qu'elle soit bien brillante. Elle disait qu'elle « recouvrait bien ». Après quoi, des larmes de peinture bleue coulaient des coins des étagères et se solidifiaient sur les murs.

Confronté à la mine misérable de Shirley, mon esprit pensa peinture, bien sûr. J'appelai David le décorateur qui connaissait justement les gens capables de nous aider dans un délai aussi court.

Je n'étais pas impatiente de voir les peintres arriver. L'odeur allait me gêner pour écrire, sans compter les inévitables bavardages radiophoniques issus de leurs ghetto-blasters.

Leurs échelles et leurs bottes terrifieraient sûrement Jonah. Ils laisseraient portes et fenêtres ouvertes, par lesquelles il s'enfuirait, me faisant ainsi perdre de précieuses heures de travail en traques dans tout le quartier.

Le premier jour, ils frappèrent à la porte juste après 7 heures du matin. J'avais signé un contrat avec l'univers pour ne jamais me lever avant 7 heures 30 mais Philip étant déjà parti, je n'eus d'autre choix que de quitter le lit. En chemise de nuit, les cheveux aplatis, j'entrouvris la porte avec Jonah sous le bras.

— Je suis désolée mais c'est un siamois et il est très nerveux, dis-je. Nous ne pouvons pas le laisser sortir. Je l'enfermerai dans une pièce dans laquelle vous ne travaillerez pas.

Le chef d'équipe hocha la tête, habitué sans doute aux plus étranges requêtes de la part de ses clients. Il ne semblait pas remarquer que je n'étais pas habillée et que mes cheveux paraissaient avoir traversé un champ électrique.

— Beau chat, dit-il en considérant Jonah d'un œil appréciateur à travers la fente. Mais ce n'est pas un siamois. C'est un tonkinois.

— Vraiment ? répondis-je en me décidant enfin à les laisser entrer, ses deux assistants et lui. Le vendeur de l'animalerie a affirmé qu'il est siamois.

Je sentais tous les muscles de Jonah se nouer tandis qu'ils posaient leurs gros pots, leurs pinceaux et leurs bâches sur le sol. D'une seconde à l'autre, il allait bondir, m'échapper et redevenir cinglé.

— Sûrement pas ! reprit le peintre en lui caressant le front. C'est un tonkinois. Je le jure sur ma vie. J'ai deux chats comme lui à la maison et c'est des tonkis. Le vôtre est trop sombre pour un siamois. Non, c'est un tonki, pas d'erreur.

À mon grand soulagement, Jonah ronronna sous les doigts du peintre. Ils allaient peut-être s'entendre, finalement. Si cet homme avait raison, Jonah n'était pas seulement dingo, c'était aussi un imposteur. Lui souriant de tout mon cœur, je me fichais pas mal de son pedigree. Mais j'étais intriguée : le passé de cet animal était-il encore plus trouble que je ne le croyais ?

J'ai donc googlé « tonkinois ». Mi-siamois, mi-birmans, les chats tonkinois auraient hérité du meilleur des deux espèces. De façon curieuse, ce qualificatif se retrouvait dans la comédie musicale préférée de Maman, *South Pacific*. Le personnage qu'elle interprétait, Bloody Mary, était censé être une Tonkinoise, venue d'une île dont les habitants étaient dépourvus de tout préjugé à l'égard des sangs-mêlés.

Si le peintre voulait que Jonah soit tonkinois, je n'avais rien contre, surtout que les tonkinois étaient censés être « moins exigeants et nerveux » que les siamois. S'il travaillait un peu plus à être un vrai « tonki », Jonah apprendrait peut-être à avoir une « voix plus douce » et à être « joueur plutôt qu'hyperactif ».

Jonah adora les peintres au point de les vénérer. Il les attendait à la porte chaque matin. S'ils travaillaient au rez-de-chaussée, il s'asseyait auprès d'eux, lorgnant dans leurs pots et taquinant leurs pinceaux. Quand ils grimpaient sur leurs échafaudages, il restait dessous, l'air anxieux, ou bien sautait sur le rebord d'une fenêtre pour leur tenir compagnie.

Avec leurs tenues blanches, leurs gestes furtifs et leur penchant pour l'escalade, ils devaient lui apparaître comme des chats humains. Quand ils prenaient le café le matin dans la cuisine, notre chat sautait sur la table, battait des paupières, émettait des miaulements feutrés et leur tapotait le visage de ses coussinets. Fort heureusement, ils lui rendaient son amour.

Les peintres ont des goûts de luxe, désormais. Le café instantané ne leur convient plus. Ils préfèrent le vrai ou, mieux encore, des latte à emporter de chez Spoonful. Ils apprécient les tasses en porcelaine sur un joli plateau. Si les biscuits ne sont pas faits maison, ils les laissent dans l'assiette. Ceux qui n'aiment pas le café n'ont rien contre un jus d'oranges fraîchement pressées dans un verre (pas en plastique) avec des glaçons.

Les peintres voient et entendent tout dans une maison. Ceux-là jetaient des coups d'œil curieux dans le bureau pendant que je me débattais avec les derniers chapitres de *Cléo*. J'avais la très nette et très agaçante impression qu'au moins l'un d'entre eux était lui aussi en train d'écrire un livre, ou alors avait un ami ou une connaissance dans ce cas. De nos jours, le monde entier écrit un livre ou (soyons condescendants) envisage de le faire à sa retraite.

— C'est un bouquin pour enfants ? me demanda l'un d'entre eux.

À ce stade, ma confiance en mes capacités se trouvait sous le niveau du plancher. C'était *peut-être* un livre pour enfants, ce qui n'était pas une mauvaise chose car j'ai un énorme respect pour les gens qui écrivent pour les enfants. D'un autre côté, les conséquences de la mort d'un enfant en bas âge étaient un thème un peu trop sombre pour un public juvénile. Les agents et les éditeurs qui l'avaient refusé avaient peut-être raison.

Quand je terminai la dernière phrase que je ponctuai de ce mot si longtemps attendu, « fin », cela me gêna. La vie se déroule par cycles. Le départ de Cléo marquait le début d'une nouvelle phase. J'effaçai le mot « fin » et le remplaçai par « commencement »... puis, avec une immense exaltation, appuyai sur la touche « envoyer ».

Pour permettre aux peintres de travailler, j'aidais à réorganiser les pièces qu'ils avaient fini de peindre et débarrassais celles qu'ils allaient investir. Comme je n'étais pas en mesure de déplacer les meubles ni de soulever quoi que ce soit, c'était Philip qui se chargeait du travail de force le soir en rentrant du bureau.

Dès qu'une montagne de livres, de tableaux et de meubles était raménagée, une autre pièce se faisait démanteler, son contenu rassemblé dans un coin, sous une bâche. J'avais l'impression de vider la mer avec une cuillère.

Dans la buanderie, non loin des bols de nourriture de Jonah, je remarquai quelques traces plus ou moins parallèles sur le mur. Je demandai aux peintres de les recouvrir d'une couche supplémentaire.

Quelques jours plus tard, elles réapparurent mystérieusement. Je les examinai de plus près. Très libres de forme, elles ressemblaient à une peinture de Jackson Pollock. Elles évoquaient aussi la jungle, comme si quelque sauvage créature avait jeté cette œuvre d'art sur le mur en guise d'insulte. Elles avaient quelque chose de sinistre. De symbolique, presque. Je me demandai ce qu'elles annonçaient.

20

Romance

Chats et filles reviennent à la maison
quand ça leur chante.

Deux semaines avant le mariage, Chantelle se présenta à la porte. Elle était dans un état de surexcitation palpable : sa robe était enfin prête et se trouvait dans la voiture. Elle ne voulait pas la garder chez elle, Rob finirait sûrement par la trouver. Je fus émue quand elle me demanda de conserver le précieux vêtement chez nous.

Sous le regard attentif des peintres, nous allâmes chercher la chose, bien protégée par sa housse. De son poste d'observation dans le salon, Jonah dressa les oreilles, intéressé. Il courut nous rejoindre à la porte et trottina derrière nous jusqu'au bureau. J'étais trop fascinée pour le mettre dehors. Chantelle descendit la fermeture Éclair de la housse pour révéler une robe de princesse. Les perles du corsage luisaient sur la soie rose pâle. C'était, tout simplement, la plus…

— *Jonah* ! hurla Chantelle.

Bien sûr, nous n'avions pas remarqué l'effet que cette splendeur avait opéré sur lui. Les oreilles pointées vers leur cible, les yeux bleus étincelants, il bondit pour se cacher sous l'ourlet. Pas question de l'extraire par la force, il aurait risqué de planter ses griffes dans le tissu.

— Jonah, sors de là ! ordonnai-je.

Il s'enfouit encore un peu plus sous les plis de tulle du jupon. Au comble de l'extase dans toute cette douceur, Jonah refusait de l'abandonner. La moindre griffure accidentelle provoquerait d'invraisemblables dégâts financiers et émotionnels. Chantelle s'était avérée jusqu'ici une fiancée tout à fait raisonnable mais si ce chat lui bousillait sa robe de mariée, elle aurait toutes les raisons de se transformer en Queen Kong.

En me servant d'une de ses cannes à pêche, je réussis à accaparer l'attention de Jonah juste assez longtemps pour qu'elle soulève le vêtement et l'enferme à nouveau bien à l'abri dans sa housse. J'inscrivis : « DÉFENSE DE REGARDER ! » sur un bout de papier que je collai sur la fermeture Éclair.

Tous les écrivains n'ont pas l'occasion de garder une robe de mariée dans le placard de leur bureau. Je me sentais honorée que Chantelle me l'ait confiée, surtout avec notre pensionnaire félidé fétichiste des tenues de soirée.

Tous les jours, après m'être assurée que Jonah ne pouvait pas pénétrer dans la pièce, j'ouvrais le placard pour lorgner la robe. Il m'est arrivé plusieurs fois de désobéir à mes propres instructions et d'ouvrir la housse pour admirer ce qu'elle recelait, un papillon dans sa chrysalide.

Symbole d'amour et d'espoir, la robe de mariée illuminait le placard, comme si elle aussi attendait le grand moment. Elle me faisait l'effet d'un porte-bonheur. Une impression qui se confirma quand un courriel de Louise de chez Allen & Unwin m'apprit qu'elle aimait *Cléo*. Bien sûr, je présumai qu'elle faisait surtout preuve de politesse et tentait de préserver mon fragile *ego* d'écrivain. Quand Jude, qui devait se charger du travail d'édition sur le manuscrit, m'écrivit à son tour, faisant preuve du même enthousiasme, mes doutes s'envolèrent. Le livre n'était peut-être pas si mauvais, après tout.

En recevant peu après quinze pages de suggestions de la part de Jude, mon cœur se serra. Mais quand j'eus compris à quel point sa lecture avait été attentive et sensible, j'acceptai bien volontiers de suivre ses conseils. Elle me demandait de fouiller davantage les sombres émotions que j'avais oblitérées avec la première version de *Cléo*.

En reprenant le manuscrit, il ne me fut pas facile de revivre les journées douloureuses qui avaient suivi la mort de Sam, mais j'étais surprise de constater que je me souvenais d'autant de détails. Se souvenir de la douleur n'est pas aussi terrible que de la vivre.

J'espérais maintenant que le livre aurait une meilleure chance d'atteindre des parents qui avaient souffert d'une perte comparable – et que *Cléo* trouverait quelques lecteurs en Nouvelle-Zélande, mais aussi en Australie.

Le mariage étant imminent, l'excitation emplissait la maison. Chaque coup de téléphone, l'arrivée de chaque nouveau cadeau apportaient un peu plus de bonheur. Le fait que six mois plus tôt, j'envisageais ne pas pouvoir vivre ce moment le rendait plus merveilleux. Néanmoins, je devais encore faire preuve de prudence. Si je reprenais des forces, mon corps n'était pas redevenu lui-même. Chaque effort un peu important m'épuisait. Il m'arrivait parfois de fondre en larmes de frustration, me demandant si je serais à nouveau un jour une femme normale. Durant ces moments de dépression, des pensées malveillantes s'insinuaient en moi. Et si cette extraordinaire fatigue était un signe ? Et si le cancer était toujours là, quelque part ?

J'avais du mal à croire que Rob allait se marier. Pour moi, il était toujours cet enfant de six ans qui jouait à cache-cache avec Cléo, ou bien ce jeune scout qui adorait faire de la voile. Et puis il y avait eu l'adolescent de quatorze ans dans son uniforme bleu d'écolier, enveloppé d'un nuage d'hormones. Nous avions tous poussé des cris de triomphe quand le garçon qui avait des « difficultés d'apprentissage » avait reçu une bourse pour une école d'ingénieur. Avant d'être dévastés quand il est tombé gravement malade à l'âge de dix-neuf ans.

Rob et moi avions traversé tant d'épreuves ensemble. Le jour où j'avais dû l'appeler pour lui annoncer la mort de Cléo, il avait poussé un soupir avant de déclarer : « C'est le dernier lien avec Sam qui s'en va. » La peine restera un lien invisible entre nous. Même maintenant, quand nous nous retrouvons seuls tous les deux, nous regardons de vieilles photos en évoquant Sam.

Rob dit toujours que les mauvais moments nous aident à apprécier les bons. L'incertitude et la douleur de ces derniers mois rendaient d'autant plus précieux ces quelques jours qui menaient au mariage.

Parfois, cédant à l'angoisse, je consultais l'actualité du Sri Lanka sur Internet. Au cours du mois précédant les noces de Rob, un attentat suicide à la bombe dans la ville d'Anuradhapura fit vingt-sept victimes, dont un ancien général. Même si Lydia ne cessait de répéter que le monastère se trouvait à des millions de kilomètres de ces atrocités, mon cœur de mère se serra.

Shirley était enfin prête à accueillir quelques visites. Et parmi elles, la plus importante de toutes. Quand j'appelai l'aéroport, une voix mécanique m'annonça que le vol arriverait avec dix minutes d'avance. Cet engin me mentait. Les avions ne sont jamais en avance.

Nous bondîmes dans la voiture, Philip et moi, pour filer sur l'autoroute.

— Elle a sûrement perdu du poids, dis-je. Deux currys végétariens par jour, ça doit être une vraie purge. Je ne lui ferai pas une seule remarque.

Philip sourit avec tact mais resta silencieux. Il me déposa devant les arrivées avant d'aller se garer. Je ne vis pas la moindre trace d'elle parmi les passagers en provenance de Singapour. Elle avait peut-être raté sa correspondance ; le trajet du monastère à Colombo avait peut-être pris plus de quatre heures à cause des éléphants, des nids de poule, des terroristes. Ou alors, c'était le vol du Sri Lanka à Singapour qui avait, lui, été retardé.

Rien de tel que le hall d'arrivée d'un aéroport pour vous redonner foi en l'humanité. Un jeune Indien serrait dans la main une rose sous cellophane. Une famille chinoise guettait avec anxiété les portes automatiques. Tous, ici, attendaient, espéraient. Les portes glissèrent pour livrer passage à un voyageur visiblement fatigué. Une femme courut vers lui, traînant un enfant derrière elle. Ils s'étreignirent, formant une pyramide de joie. Tout ce qu'on raconte sur le sourire et ses bienfaits pour la santé doit être vrai. L'homme parut tout à coup bien plus jeune et ne plus souffrir du décalage horaire.

Ces dernières semaines, les appels de Lydia avaient été sporadiques – parfois parce qu'elle effectuait une retraite silencieuse, parfois parce que le monastère n'avait plus d'électricité. Elle nous avait même écrit une lettre une fois mais le bureau de poste n'avait plus de timbre.

— Tu ne l'as pas vue ? demanda Philip, un peu essoufflé après être venu du parking au pas de course.

Ces portes automatiques n'étaient pas très coopératives. Elles livrèrent une belle jeune femme indienne qui fut happée par son amant à la rose ; ce fut ensuite le tour d'une Chinoise d'être entraînée par ses proches. Lydia avait peut-être un problème avec la douane. Il m'arrivait de regarder des séries télévisées et je savais comment ces fonctionnaires opéraient : ils se méfiaient des gens bizarres. Ils avaient peut-être confondu l'odeur d'encens qu'elle traînait partout derrière elle avec autre chose.

Même si Lydia n'était pas encore devenue nonne, elle vivait comme si elle l'était, dormant dans une cellule et méditant plus de douze heures par jour. Je me préparais à une terrible surprise : et si elle arrivait en robe bordeaux avec le crâne rasé ?

Des années d'attente dans les aéroports m'avaient appris une chose. La seule façon d'obliger les gens à franchir ces maudites portes, c'est d'aller à la buvette prendre un gobelet – ou mieux, deux – rempli de thé brûlant et infect. Titubant à travers la foule avec mes deux trophées en polystyrène, j'entendis Philip pousser un petit cri de bonheur. Elle était arrivée.

Plus maigre, oui. Peut-être même un peu trop. Mais il y avait cette belle chaleur dans ses yeux. Elle avait choisi des vêtements raisonnables, Dieu merci. Un pantalon blanc et une veste « ethnique ». Je fus soulagée de constater que ses cheveux étaient toujours là. Et ils avaient poussé : la teinture effroyablement chère que je lui avais offerte avant son départ ne l'avait pas supporté. Ce qui lui donnait une apparence assez négligée, ou alors celle d'une rock star, selon le point de vue.

Jetant les gobelets de thé dans une corbeille, je me ruai vers elle pour l'envelopper tout entière dans mes bras.

— Tu as l'air… dis-je, *bien trop maigre mais je vais te remplumer en un rien de temps.*

— … splendide !

21

Charme

Une maison est heureuse
quand une fille se sait belle.

Contrairement à Cléo, plus Jonah grandissait, moins il devenait indépendant. Les peintres lui manquaient terriblement. Il les attendait tous les matins sur le pas de la porte. Comme ils ne se montraient pas, il me suivait partout dans la maison en miaulant sans répit, comme mes enfants qui pleuraient quand ils étaient bébés parce que quelque chose les troublait. Pour les calmer, je les prenais dans mes bras et je les portais un peu partout. Ça marchait à chaque fois. La chaleur et la proximité faisaient des merveilles.

Adaptant la technique à notre chat malheureux, je le mettais dans un sac en tissu dont je glissais les poignées sur mon épaule. Bien à l'abri dans son cocon, il cessait de miauler et se mettait à ronronner. Le rythme de mes pas l'apaisait. Comme sa tête émergeait du sac, il voyait tout ce qui se passait et cela le rassurait.

Jonah serait bien resté là pendant des heures, mais il se faisait lourd. Je me fatiguais encore très facilement. Même quand je le déposais gentiment à terre, il restait blotti dans le sac, dans l'espoir que quelqu'un reprenne le flambeau. Ce chat avait besoin d'un important personnel soignant. Heureusement, Shirley se remplissait à nouveau.

Il fonça dans le couloir, la queue en l'air, pour l'accueillir mais se retint de se jeter dans ses bras. Les gens qui quittaient la maison pendant vingt-quatre heures étaient considérés et traités comme des traîtres ; il les snobait pendant au moins deux jours. Après trois mois d'absence, Lydia méritait à l'évidence une sévère punition. Il renifla ses sandales. L'arôme l'intrigua. Il inspecta son pantalon du bout du nez, puis ce fut le tour de son sac à dos et, quand elle le prit près d'elle, de ses cheveux. Il paraissait capable de lire ses parfums comme un humain déchiffrerait le contenu d'un livre. Je me demandais ce que lui révélaient ces odeurs : des histoires de serpents et de temples, d'encens et d'éléphants. Même mon pauvre odorat détectait des bouffées d'épices, de fumée et de poussière mélangées à des senteurs vaguement florales.

Il entreprit une inspection en règle, fourrant son museau dans le moindre pli de ses vêtements. Cela fait, il s'estima satisfait et Lydia fut pardonnée. Il enfouit son visage dans son cou et se mit à ronronner comme un générateur. Puis il lui offrit un rare et généreux présent : un coup de langue sur le dos de la main. Après cela, il refusa de la perdre de vue. Partout où elle allait, Jonah se trouvait une moustache derrière elle. Dès qu'elle s'asseyait, il se pelotonnait contre son ventre comme pour tenter de s'y installer de manière définitive. Pendant ses méditations, il restait assis, les yeux fermés comme une statue antique, entre la bougie et la photo de son gourou sur l'« autel » dans sa chambre.

Aussi merveilleux que ce soit d'entendre à nouveau les pas de Lydia au-dessus de nos têtes, elle semblait flotter sur son propre nuage, physiquement avec nous, mais mentalement dans un autre monde. Même si elle irradiait la bienveillance, elle paraissait déconnectée. Je ne pouvais m'empêcher de penser qu'elle était très déçue par sa famille carnivore, frivole et non bouddhiste.

Une fois encore, j'en voulais au moine qui s'était servi de son charisme pour nous l'enlever.

Il n'est pas rare qu'une mère perde le contact avec sa fille. Cela arrive de temps à autre soit par accident, soit volontairement. Je m'étais éloignée de maman, de façon assez égoïste et parfois insensible, par désir d'indépendance, pour préserver ma santé mentale et pour « me trouver ». Telles étaient mes excuses. Beaucoup de jeunes femmes fortes jouent avec la notion du rejet des racines. Surtout si la voix de leur mère résonne dans leur crâne, émettant des jugements sur le moindre de leurs actes. Une fille a besoin de découvrir si sa force est réelle ou empruntée.

J'étais parvenue à me faire à l'idée de Lydia nous tournant le dos, ainsi qu'à nos valeurs, pendant un temps. Mais la perspective qu'elle perde le contact avec elle-même était plus inquiétante. Cet être flottant, spirituel, ne me paraissait pas être la vraie Lydia. Et si elle était déterminée à devenir quelqu'un d'autre, je n'avais pas le pouvoir de l'en dissuader.

D'ailleurs, je me sentais dans une certaine mesure responsable. Si son père et moi n'avions pas divorcé, les choses auraient peut-être été différentes. Petite fille, elle était si angoissée à l'idée de vexer l'un ou l'autre qu'elle comptait méticuleusement le nombre de jours qu'elle passait dans chaque maison afin d'être certaine d'offrir le même laps de temps à chaque famille. Rien de tel qu'une garde partagée pour transformer les enfants en diplomates.

Mais son éducation n'avait pas été qu'un long cauchemar. Les deux familles, ses parents et ses beaux-parents, son frère Rob et ses demi-sœurs l'adoraient de tout leur cœur.

Si elle nous trouvait blessants ou inférieurs après son séjour dans la jungle, j'aurais aimé qu'elle nous en parle. Au lieu de cela, elle se contentait de sourire d'un air énigmatique avec ce regard plus que lointain tout en répondant à mes questions par cette unique phrase : « C'est difficile à expliquer. »

Maintenant qu'elle était devenue cet être à moitié saint, je ne savais plus comment l'atteindre. Je voulais la ramener vers les plaisirs que pouvait éprouver une belle jeune femme dans cette société à laquelle elle appartenait.

Katharine suggéra qu'une razzia shopping entre filles pour le mariage de Rob pouvait être la première étape. Lydia fut d'abord réticente mais accepta finalement de se laisser entraîner.

Katharine s'enticha d'une robe pourpre dans la vitrine d'une boutique. Avec sa jupe flottante et son col à frous-frous, elle était parfaite : nous étions d'accord toutes les trois. La vendeuse l'emballa dans du papier et la glissa dans un sac. Katharine rayonnait quand nous sortîmes : son expédition avait été un triomphe.

Les couleurs et les styles proposés semblaient étourdir Lydia. Elle était plutôt attirée par les modèles discrets et les tons sages. Chaque fois que Katharine ou moi tentions de lui faire essayer des robes dont le décolleté convenait à merveille à sa silhouette parfaite, elle secouait la tête, gênée. Si elle en enfilait une qui découvrait ses bras, elle cherchait aussitôt son châle pour les cacher.

Trouver une tenue dans laquelle je me sentirais à l'aise s'avéra aussi un défi. Avec mon ventre disparu et ma poitrine refaite, mon corps n'était plus tout à fait le même que lors de l'achat de ma dernière robe de soirée. J'avais l'impression d'être une adolescente qui ne sait quels vêtements peuvent lui convenir maintenant que mon corps s'était modifié.

Si la reconstruction avait été très difficile, j'étais contente de l'avoir subie. Grâce au travail de Greg, je pouvais passer plusieurs jours sans me dire que j'avais affronté une maladie mortelle. D'un point de vue personnel, c'était une bonne chose de l'avoir effectuée en même temps que la mastectomie. J'étais beaucoup trop couarde pour retourner au bloc de ma propre initiative.

Tout habillée, j'étais plus jolie qu'avant le cancer. En sous-vêtements, j'offrais une assez bonne imitation de la normalité. Mais trouver un soutien-gorge correct n'avait pas été simple. Au cours des semaines et des mois qui avaient précédé mon opération, j'avais dû porter des sous-vêtements souples qui n'avaient pas trop de formes. Maintenant que j'étais prête à me montrer plus aventureuse, j'étais déçue de constater à quel point mes possibilités étaient limitées. Les soutiens-gorge à bonnet semblaient un peu trop téméraires si l'on considérait leur réputation, méritée ou non, d'accroître les risques de cancer du sein. Pourtant trouver un modèle séduisant qui ne soit pas à bonnet paraissait impossible. Les rayons de lingerie de tous les magasins ne proposaient que ceux-là. Il m'avait fallu chercher la vendeuse la plus mature et lui expliquer mon problème pour qu'elle aille chercher, d'un air coupable, quelques spécimens vieillots en réserve. Les fabricants de lingerie ne semblent pas avoir compris que certaines femmes ont encore envie de se sentir sexy après un cancer.

Une fois nue, je devais encore m'habituer à la cicatrice géante sur mon abdomen, et au mamelon manquant. Chaque fois que j'exprimais des doutes quant à la sagesse de m'être infligée des heures d'intervention chirurgicale superflues, Philip me prenait dans ses bras et me rassurait. Je ne comprends toujours pas comment il parvenait à trouver les mots justes.

Néanmoins, accepter le réconfort n'était pas une de mes qualités premières. Je ne le croyais pas tout à fait quand il disait que j'étais superbe. Je connaissais son habileté diplomatique.

Me sentant vulnérable, je maintenais mon radar intérieur en alerte permanente pour le surprendre en train d'admirer d'autres femmes au corps dépourvu de cicatrice. Soit c'est un saint, soit il est trop rapide pour moi. Je n'y suis jamais parvenue.

Si mes seins avaient l'air de seins, ils n'étaient plus source du moindre plaisir érotique. Il me fallut un moment pour m'habituer à l'insensibilité totale du droit et à celle, partielle, du gauche. Je dus apprendre à vérifier si ma poitrine était bien couverte avant de sortir dans un froid glacial. En raison de l'insensibilité de cette zone, il devenait facile de m'exposer aux éléments sans y prendre garde et d'attraper un rhume… ou pire, d'éblouir d'innocents passants.

Les filles m'encouragèrent à me glisser dans une robe longue et argentée. Sans manche mais avec un décolleté profond, elle n'avait pas tout à fait mon style habituel. Un décolleté ! Une déclaration de victoire contre la maladie. Avec une étole noire et quelques mètres d'*Hollywood tape*[1], je me sentis plus à l'abri… et, étonnamment, presque séduisante.

Après plusieurs journées passées à hanter les boutiques avec Lydia, nous entrâmes finalement dans celle où Katharine avait trouvé sa robe.

— Il y a peut-être *ça*… dit Lydia en indiquant d'un geste hésitant un portant.

— Tu parles de *ça* ? demandai-je en décrochant un costume de lin ivoire.

Elle ne risquait rien là-dedans : à la lumière, ce truc était invisible.

— Non, *ça*, répondit Lydia. C'est peut-être un peu trop coloré.

1. Adhésif double face transparent qui sert à maintenir décolletés et dos nus *(NdT)*.

Elle montrait une folie en soie et dentelle.

— Pas du tout !

Ça, c'était notre cri du cœur à l'unisson, à Katharine et à moi.

— Essaie-la !

Attendant devant la cabine, Katharine et moi bouillions d'impatience. Nous percevions des froissements de tissu. Cela dura une éternité. Katharine se pencha pour regarder sous la porte mais ne vit que des pieds nus. Nous demandâmes à Lydia si tout se passait bien. Elle n'en était pas sûre, nous répondit-elle.

Enfin, la porte de la cabine s'ouvrit pour révéler quelque chose de stupéfiant. Pas Lydia la sainte et la missionnaire, pas Lydia l'étudiante en fringues recyclées. Non, cette nouvelle Lydia était une séduisante jeune femme drapée de couleurs vibrantes. La jupe évasée flotta avec sensualité quand elle s'avança. Le corsage moulant soulignait sa taille. De fines bretelles et la dentelle noire qui couvrait un profond décolleté lui donnaient un charme et une féminité que nous ne lui avions encore jamais vus.

— Tu es éblouissante ! murmurai-je.

Le sourire de Lydia emplit la boutique comme un rayon de soleil.

— Il faudrait que je mette un châle, dit-elle. Et puis, cette robe est bien trop chère.

La somme inscrite sur l'étiquette me fit avaler de travers. Mais un vêtement qui soulignait sa beauté et la ramenait au cœur de sa propre culture n'avait pas de prix. Nous l'achetâmes. Une fois à la maison, les filles, au grand plaisir de Jonah, passèrent l'après-midi à fouiner dans mon tiroir à bijoux.

J'avais proposé de leur offrir des boucles d'oreilles et des colliers, mais elles préféraient l'héritage familial. Katharine opta pour un collier en camé ayant appartenu à grand-tante Myrtle qui avait, selon les standards de l'époque, connu trop d'aventures (dans tous les sens du terme).

Le choix de Lydia se porta sur des boucles d'oreilles flamboyantes que je portais dans les années quatre-vingt et sur un collier en strass que maman adorait. Sur sa peau, l'effet était saisissant.

Les ancêtres de cette fille rebelle se seraient senties honorées de voir leurs colifichets exhibés lors d'une cérémonie du XXIe siècle.

Jonah fut, lui, ravi de découvrir une plume de paon au fin fond du tiroir. Il le fut encore davantage quand Katharine la noua à un ruban afin qu'il puisse la porter autour du cou.

Arborant son tout nouveau collier, il parada sur la table de la cuisine où il *savait* qu'il n'avait pas le droit de monter. Levant une patte, il fit semblant de s'absorber minutieusement dans une manucure. Se léchant entre les griffes, il jetait de temps à autre des regards autour de lui, attendant sa phrase préférée : « Jonah, tu es *très* beau ! »

Je n'étais pas certaine que nourrir son orgueil fût une bonne idée, mais en général, les vaniteux souffrent d'un certain sentiment d'insécurité. Si nous le flattions suffisamment, il grandirait peut-être un peu et deviendrait un chat assez sûr de lui pour ne pas passer son temps à tenter d'impressionner son monde.

Aussi élégant fût-il, Jonah n'assisterait pas au mariage. J'appelai la pension pour chats mais elle n'avait plus de place aux dates prévues. Heureusement, j'avais gardé le numéro de Vivienne. Elle se souvenait de lui et accepta aussitôt de venir lui rendre visite chez nous pendant le week-end.

Il y avait un autre petit problème. Ferdie, lui non plus, n'avait nulle part où aller. Vivienne assura qu'elle pouvait très bien s'occuper des deux chats chez nous. Un week-end de matous célibataires. Ça paraissait merveilleux.

22

Trouble

Un avant-goût de liberté
vaut mieux que rien.

— Il mange des élastiques ? *Et* de la laine mérinos ? s'enquit Vivienne.

Sensuel, Jonah arqua le dos quand elle le caressa. C'était la première visiteuse de sexe féminin qu'il acceptait vraiment. Voyant comme elle s'entendait avec lui, le laissant faire des avances et y répondant selon son caprice, elle me plut encore davantage que lors de notre première rencontre. Ses cheveux, teints en pourpre, étaient coiffés en queue-de-cheval – un look difficile à assumer pour n'importe quelle femme de plus de trente-cinq ans, mais elle adorait le pourpre et je devais convenir que cette couleur s'accordait à merveille avec ses yeux marron. Ils étaient emplis de douceur, surtout dès que nous parlions d'animaux, et non dépourvus d'humour.

— Il aime l'alpaga aussi, mais plutôt pour dormir, répondis-je. Même si, quand j'y repense, il a aussi mâchouillé mon cardigan en alpaga.

— C'est un pica, dit Vivienne.

— Vous voulez parler de cette maladie dont souffrent certaines femmes enceintes et qui les conduit à manger des bouts de charbon, par exemple ?

Elle acquiesça.

Ne sachant pas trop si je devais me fier à son diagnostic, je lui demandai si elle avait un chat. Ses yeux brillèrent. Elle en avait neuf.

— *Neuf* ? répétai-je, incapable de masquer le fait que, d'« originale », elle venait de passer à « folle à lier » dans mon esprit.

J'avais vu une émission de télévision sur ces femmes qui ne peuvent s'empêcher de collectionner les chats. C'est un trouble mental.

Elle me demanda si je voulais voir des photos. Je n'avais aucune envie d'examiner des images des pauvres petites choses galeuses qui grouillaient chez elle, mais je préférai ne pas l'offenser. Vivienne sortit de son sac un étonnant album photos miniature.

— Ce sont vos chats ? m'étonnai-je en découvrant, page après page, des félins au pelage soyeux et visiblement parfaitement nourris.

Chacun d'eux semblait l'exemple même de l'animal aimé et soigné.

— Comment faites-vous ? demandai-je.

— Ce n'est pas toujours facile, dit-elle en éclatant de rire. Ce sont tous des rescapés. Zoe a été abandonnée au bord d'une route quand elle était toute petite. Igor avait perdu un œil et ses maîtres ne voulaient plus de lui. Sally était maltraitée. Ils ont tous connu de sales moments.

J'étais au bord de l'humiliation. Toutes les frustrations que nous avait infligées notre lutte perpétuelle contre un chat à l'*ego* de lion s'évaporaient devant le défi consistant à abriter neuf félins chez soi. Vivienne était peut-être dingue de chats mais elle n'était pas folle du tout. Pas étonnant qu'elle n'ait pas le moins du monde été perturbée quand je lui avais demandé de s'occuper en même temps de Jonah et Ferdie.

Intriguée, je lui servis un verre de vin pour tenter de la sonder discrètement sur son passé. Non contente d'être une spécialiste du comportement des chats, c'était aussi une activiste. N'ayant jamais rencontré jusque alors de militant de la cause animale, je ne tardai pas à comprendre que je souffrais de préjugés. J'avais toujours pensé que ces gens étaient au bord de la débilité. Mais en découvrant le travail qu'accomplissaient Vivienne et ses amis, je fus déconcertée.

Un de ses amis, justement, avait récemment été informé que le conseil municipal envisageait de piéger des chats sauvages dans un ancien dépôt de bus pour ensuite les faire éliminer. Comme dans une scène de film d'action, Vivienne et ses complices s'étaient introduits dans le dépôt à minuit et avaient emporté tous les matous.

— Beaucoup d'entre eux n'étaient pas sauvages du tout, dit-elle. Ils se sont même montrés assez amicaux. C'étaient juste des animaux domestiques qui avaient été abandonnés là.

Le groupe d'activistes les avait transportés dans un abri, en attendant de leur trouver des familles d'accueil. Sauver des animaux de la mort exigeait un engagement sans faille et des fonds importants. Il était réconfortant d'apprendre que certaines bêtes avaient des anges gardiens comme Vivienne et ses amis.

Tandis qu'elle parlait, Jonah s'était perché sur le dossier du canapé derrière elle pour s'intéresser à sa queue-de-cheval. Il ne tarda pas à se prendre au jeu. Roulant sur le dos, il subtilisa quelques boucles pourpres entre ses pattes pour s'en servir comme d'un fil dentaire.

Marmonnant une excuse, je le dépêtrai du nid qu'il s'était fabriqué dans la chevelure de Vivienne. En le reposant par terre, je pris conscience qu'elle l'observait avec une extrême attention. J'attendis le : « Qu'est-ce qu'il est mignon ! » habituel mais elle gardait une expression assez grave.

— C'est génétique, dit-elle. Les Orientaux ont besoin de beaucoup d'attention. Quel âge avait-il quand vous l'avez eu ?

— Je ne sais pas trop. Au moins plusieurs mois, peut-être plus. En tout cas, c'était le plus gros chaton du magasin.

— Hmmm, ça colle, dit Vivienne tandis que Jonah l'abandonnait pour aller lacérer la moquette de l'escalier. C'est probablement un retour.

— Comment ça, un retour ? demandai-je, indignée pour Jonah.

— S'il était plus vieux que les autres, c'est sans doute parce que quelqu'un l'avait acheté avant vous. Après avoir décidé qu'elles ne l'aimaient pas pour une raison ou pour une autre, ces personnes l'ont ramené au magasin. Vous avez une idée de quelles pourraient être ces raisons ?

Je ne savais pas trop comment répondre à cela.

— Le vendeur de l'animalerie nous a dit qu'il avait eu une conjonctivite et qu'il avait dû le garder un moment à l'écart des autres.

— Il ne faut pas toujours croire les vendeurs sur parole, dit-elle tandis qu'une bestiole crème et chocolat fonçait entre nous en miaulant sauvagement.

— Eh bien, c'est un chat très actif... dis-je, tandis que Jonah bondissait sur le rebord de la fenêtre pour se transformer aussitôt en une boule de poils dont émergeaient quatre pattes griffues. Mais il est très affectueux. Et puis, il m'a aidée à me remettre d'une mastectomie et à écrire un livre. Il est très... drôle.

— Oui, il est drôle, acquiesça-t-elle en souriant chaleureusement tandis que Jonah tirait le lacet de sa chaussure pourpre. Mais il souffre aussi de troubles mentaux.

— Que voulez-vous dire ?

— Eh bien, il y a le pica, cette angoisse de la séparation, et j'ai bien l'impression que c'est aussi un obsessionnel compulsif, dit Vivienne. Avez-vous remarqué comment, quand vous m'avez ouvert la porte, il s'est précipité pour m'accueillir avant de retourner aussitôt griffer la moquette dans l'escalier ?

— En toute honnêteté, non, répondis-je, consciente de ne pas m'être sentie autant sur la défensive que depuis le jour où, assise sur une chaise pour nain, j'avais assisté à une entrevue parents/professeur (notre enfant n'est pas agitée/elle n'a pas de trouble de la lecture ou de l'écriture/c'est *vous* qui vous avez un peu trop d'imagination).

Il n'était pas question de révéler à Vivienne les autres extravagances de Jonah : voler des chapeaux et des gants dans nos garde-robes, faire collection de chaussettes et de trousseaux de clés, se cacher dans le placard de la poubelle.

— Nous sommes tous un peu fous ici, ajoutai-je. Jonah s'intègre bien.

Vivienne suggéra l'idée que certains de ses problèmes pouvaient trouver leur source dans l'ennui. Je lui demandai si cela voulait dire qu'il valait mieux le laisser devenir un chat d'extérieur mais elle répondit aussitôt par la négative. Sa nervosité aidant, toute rencontre avec un chien, sans parler d'une voiture, risquait d'être désastreuse.

Elle voulut savoir si le poteau à griffes dans le coin de la pièce était le seul que nous avions. Si nous voulions qu'il cesse de détruire notre moquette, dit-elle, il lui en fallait d'autres, et surtout de plus grands.

— Celui-ci ne l'est pas assez ? m'enquis-je, de plus en plus déprimée.

— Regardez la longueur de son corps. Ce poteau ne lui suffit pas. Il ne peut pas se dresser de tout son long pour le griffer correctement. Et avez-vous pensé à un enclos extérieur ?

— Vous voulez dire une *cage* ?

— Il existe d'extraordinaires parcours pour chats, m'apprit Vivienne en griffonnant des numéros de téléphone sur le bloc-notes de la cuisine. Allez faire un tour sur quelques sites spécialisés ou alors appelez ces personnes.

Voilà comment, une semaine avant le mariage, Jonah devint le chat le plus verni du quartier. Nous nous fîmes livrer une toute nouvelle cargaison de poteaux à griffer, de balles, de puzzles ainsi qu'une lampe à infrarouge pour déceler des taches sous son pelage. Cet animal exerçait une véritable dictature sur la maison.

Quand le plus grand poteau à griffes du monde fut installé, Jonah l'inspecta d'abord avec curiosité, puis avec délice.

Les prévisions de Vivienne s'avérèrent impeccables. Non seulement il aimait s'étirer de tout son long contre ce machin démesuré, mais il adorait s'installer sur la plate-forme qui le couronnait et qui le plaçait à hauteur idéale pour présider nos repas de famille. Quand les filles faisaient la cuisine ou la vaisselle, elles l'installaient sur son trône d'où il supervisait leurs activités avec l'autorité d'un contremaître égyptien surveillant ses esclaves pendant la construction des pyramides.

Peu après (et en dépit des craintes de Philip qui estimait que ce serait trop laid), un complexe parcours pour chats fut érigé derrière la maison. Jonah y avait accès depuis une chatière située dans la buanderie donnant dans un tour en grillage qui menait à un tunnel de plusieurs mètres de long, surplombant nos roses blanches, lui-même conduisant à un tour encore plus grand non loin des oliviers. Cette seconde tour offrait assez d'espace pour contenir plusieurs corniches en bois et deux hamacs taille matou, bien sûr. Pour ajouter une ultime touche de luxe à ce palace, les filles et moi avions planté de l'herbe à chat sous les hamacs.

Heureusement que maman n'était plus là pour assister à ces démonstrations d'adoration féline.

23

Joie

Voir son enfant heureux.

Un ciel d'émail s'était accroché au-dessus du jardin lors du barbecue précédant le mariage. Jonah bien enfermé derrière les grilles de son nouveau royaume, le grand balcon restait ouvert. C'était une soirée parfaite, un peu trop chaude peut-être. La sécheresse, toujours aussi accablante, m'évitait de présenter des excuses pour les endroits où l'herbe avait cédé la place à la poussière.

Les invités observaient avec curiosité le domaine grillagé et son séduisant seigneur félin tandis que Philip faisait griller des montagnes de crevettes, de steaks et de saucisses. Les filles préparaient d'innombrables salades dans la cuisine. En secret, j'étais fière des talents culinaires de Lydia. Tel un grand chef, elle pouvait concocter un curry ou une fournée de machins fondants sans le moindre effort apparent. Elle se transformait en véritable déesse du foyer qui souffrait juste d'une certaine tendance à laisser le plan de travail dans un état déplorable. Mais il s'agissait là d'un désagrément mineur.

C'était génial de revoir Mary, ainsi que son mari, Barry, et leurs enfants devenus adultes. Nos vieux amis de Wellington, Ginny et Rick de Silva, arrivèrent dans une gerbe de rires. Avec leur fils Jason, ils avaient été une source de réconfort pour Rob et moi après la mort de Sam. Les retrouver au mariage de Rob nous donnait le sentiment que la boucle était bouclée… et qu'il était temps d'ouvrir une autre bouteille de champagne.

Quand Rob et le père de Lydia, Steve, arrivèrent avec sa femme Amanda et leur fille Hannah, je fus heureuse de constater une nouvelle fois que mon ex-mari avait repris le cours de sa vie et trouvé le bien-être. Il eut une réaction désinvolte quand je le remerciai encore d'avoir payé le billet de retour de Lydia en Australie alors que j'étais à l'hôpital. Évoquer ce sujet dans un moment pareil ne devait pas lui paraître approprié.

Assis aux côtés de sa ravissante fiancée sur le banc circulaire, sous l'arbre, Rob semblait heureux. Je fus touchée, aussi, de voir que tant de ses anciens amis avaient parcouru des milliers de kilomètres pour assister à cet événement. Parmi eux se trouvaient les garçons avec lesquels il avait entrepris une longue randonnée dans la brousse peu de temps après son opération. La plupart d'entre eux étaient adultes désormais, et mariés. Rob avait choisi son plus vieil ami, Andrew, comme témoin.

Musiques, rires, rêves et souvenirs. Tandis que le ciel virait au rose, un seul individu montrait clairement que cette fête n'était pas à son goût. Debout sur la corniche la plus élevée de son bungalow cinq étoiles, Jonah miaulait d'être tenu à l'écart.

Nous nous levâmes de bonne heure le lendemain pour empiler nos vêtements dans des valises. Enchantés à la perspective de célébrer le mariage dans un couvent planté au sommet d'une montagne, nous n'avions pas envisagé un seul instant la foule de détails qu'il convenait encore de régler.

Beaucoup de nos invités venus d'au-delà des mers étaient abrutis par le décalage horaire et n'avaient pas la moindre idée de la manière dont ils se rendraient à Daylesford. Fort de son incroyable talent en calcul mental, Philip les répartit dans les véhicules disponibles. Lydia préféra voyager avec Steve et Amanda. Katharine se tassa avec les de Silva et nous. Rob et Chantelle s'étaient arrangés avec des amis.

La responsabilité du transport de la robe de mariée était si écrasante que seule l'élue elle-même se montra prête à l'endosser. Quand elle arriva à la maison pour la récupérer, elle posa une caisse à chat sur le sol du salon. Aucun son n'en sortait, pas plus que de la gorge de Jonah qui l'examinait d'un regard d'acier, perché sur son poteau.

Tout à coup, la porte de la caisse sauta et une créature argentée bondit dans les airs. Bouche bée, nous vîmes Ferdie jaillir, tel un génie de sa bouteille, pour se jeter sur Jonah. Celui-ci effectua à son tour un saut prodigieux, pour nouer ses pattes autour du corps de cet envahisseur. Les jeunes chats tombèrent à terre, roulant l'un sur l'autre.

Nous n'eûmes pas le temps de comprendre s'ils jouaient ou s'ils se battaient. Ferdie était le plus grand et le plus costaud des deux. S'ils étaient ennemis, Jonah allait passer de nombreux mauvais quarts d'heure. Je plaçai tous mes espoirs de paix en Vivienne.

Juste au moment où tout semblait aller pour le mieux, la pièce montée nous fut livrée. Nous avions pensé qu'elle serait séparée en plusieurs parties sur les genoux de trois passagers serviables. Mais les trois étages étaient solidement soudés l'un à l'autre par des roses et des tuiles en pâte d'amande. Un tel édifice ne rentrait dans aucune de nos voitures.

Après plusieurs coups de fil paniqués, nous découvrîmes que la tante de Chantelle, Trudy, avait de la place dans son *break*. Il était bien normal que ce soit elle qui se charge d'apporter le gâteau de mariage puisqu'elle avait organisé, une décennie auparavant, le premier rendez-vous entre les deux futurs époux lors d'un match de foot.

Nous rejoignîmes enfin un convoi de véhicules remplis d'invités. Coincées sur la banquette arrière de part et d'autre de Katharine, Ginny et moi retrouvâmes aussitôt les plaisanteries scabreuses qui scellaient notre si vieille amitié tandis que, devant, nos hommes contemplaient le paysage avec bonne humeur.

Nous fîmes une halte à Mount Macedon où nous avions prévu un déjeuner commun. Un vent sec soufflait comme le ventilateur d'un radiateur sur la rue bordée d'arbres. Tout l'état de Victoria était soumis à une alerte aux incendies et on prévoyait à Daylesford une température proche des 40 degrés. À notre arrivée en Australie, la chaleur m'avait énormément gênée. Si ce n'était plus le cas, je continuais à me demander comment les gens avaient pu survivre avant la climatisation. Sans doute que les moins aptes se contentaient de fondre. J'espérais que nos visiteurs venus de climats plus tempérés n'allaient pas s'évanouir dans la chapelle le lendemain.

Nous nous protégeâmes de la fournaise dans un café muni d'une longue table. Rick demanda s'il faisait toujours aussi chaud ici et commanda une bouteille de vin blanc bien frais. La chaleur accroît les effets de l'alcool – une réalité dont certains de nos invités étaient parfaitement conscients. Pendant qu'ils sirotaient des jus de fruits et de l'eau minérale, Ginny et moi parlions de plus en plus fort, sans la moindre honte. Nous nous étions installées au coin le plus bruyant de la table. Certaines choses ne changent jamais.

De retour dans la voiture, nous avons ri et papoté pendant le reste du trajet.

Si vous voulez connaître une ville romantique, allez à Daylesford. Dispersée sur quelques montagnes d'origine volcanique, elle possède une atmosphère délicieusement coloniale. Un passé où se mêlent ruée vers l'or et sources thermales ajoute une pincée de clinquant. Les magasins, logés derrière de profondes vérandas, proposent aussi bien des chocolats faits maison que des vêtements en alpaga.

Avec son air pur de la campagne, Daylesford offre des plaisirs simples et sensuels. Si nous n'avions pas eu un mariage à célébrer, nous aurions pu nous promener autour du lac et nous baigner dans les sources d'eau chaude. On y mange bien, le vin ne manque pas et le café y est presque correct.

Beaucoup d'entre nous se retrouvèrent ce soir-là au Farmers Arms. Autour des tables, des convives aux visages heureux se préparaient à une nuit turbulente. Si je désirais par-dessus tout me joindre à la fête, le menu commençait à danser devant mes yeux. J'avais le vertige. Un épuisement soudain, dû peut-être à mes excès du déjeuner, m'accablait.

Ces trous noirs étaient nouveaux pour moi. J'avais toujours été capable de puiser dans mes réserves pour repousser la fatigue. Mais, cette fois, au moment où j'en avais le plus envie, ces mêmes réserves étaient épuisées. Je n'avais pas d'autre choix que d'abandonner la partie. C'était un rappel : cinq mois ne suffisent pas pour se remettre d'une importante opération. Je présentai des excuses gênées et me retirai dans le *cottage* ; pendant que la baignoire Jacuzzi se remplissait, j'admirai les montagnes qui se drapaient de pourpre puis d'indigo.

Le lendemain matin, un roulement de tonnerre nous réveilla. De sombres nuages s'amoncelaient, menaçants. Si la terre était aride et desséchée et si les paysans de la région attendaient la pluie depuis bien trop longtemps, j'espérais qu'elle n'allait pas gâcher le grand jour de Rob et Chantelle. Je m'inquiétais pour rien. Les nuages se dissipèrent très rapidement dans un ciel d'un bleu transparent, et le thermomètre reprit son ascension vertigineuse.

Partager le *cottage* avec Ginnie et Rick s'avéra une bonne idée à plus d'un titre. Prévoyante, Ginnie avait emporté tout un attirail d'accessoires de mode afin de pouvoir parer la moindre crise, même la plus inimaginable. Quand Katharine s'aperçut qu'elle avait oublié la ceinture de sa robe pourpre, Ginnie fit jaillir une écharpe noire de sa valise et la noua avec une telle expertise autour de la taille de ma fille qu'elle n'en fut que plus belle.

Rob et Andrew, rasés de près et nerveux, frappèrent à notre porte. Ils avaient besoin d'un endroit où repasser leurs chemises.

Ma gorge s'assécha soudain. De nos jours, plus personne n'est *forcé* de se marier. Quand les consentements du mariage avaient été inventés, les gens ne s'attendaient guère à dépasser la trentaine. Rester ensemble pour la vie signifiait probablement rester ensemble dix ou vingt ans, au mieux. Les couples d'aujourd'hui, même ceux qui s'épousent après trente ans, peuvent espérer célébrer des noces d'or, un demi-siècle de vie commune. Promettre cinquante années d'amour et de fidélité dans notre monde contemporain frise la témérité.

— Tu sais comment mettre ce truc ? me demanda Rob en me tendant une rose ivoire à la tige entourée de ruban adhésif et munie d'une longue aiguille.

Fixer cette fleur sur sa veste de mariage serait la dernière chose qu'il me demanderait en tant que célibataire. Même si nous avions toujours été proches, je devais à présent m'écarter. Il était temps pour lui de forger son propre destin avec Chantelle.

Aucun des accès de jalousie ou sentiments d'insécurité que les mères sont censées connaître dans ces moments-là ne m'assaillirent. Je n'éprouvais qu'un immense bonheur pour Rob. Trop jeune, il avait eu le cœur brisé par la mort de son frère aîné. Avec l'aide d'une famille et d'amis aimants, sans parler de Cléo, il avait grandi et était devenu un homme bien. Ayant surmonté une terrible maladie, il était désormais un excellent ingénieur. Et surtout, il avait des amis fidèles ; et maintenant, l'amour. Ce jour méritait d'être célébré comme il se doit.

La seule pointe de tristesse que j'éprouvais provenait de l'absence de Sam. S'il avait vécu, il aurait été ici, dans ce *cottage*, avec nous. Sam l'extroverti, le plaisantin, se serait délecté de ces festivités. Il aurait boxé son frère dans les côtes, riant aux éclats et se moquant de lui avant de délivrer dans quelques heures un discours spécialement conçu pour lui procurer une gêne monumentale. Peut-être que lui aussi aurait été marié à présent, qu'il aurait une famille – même s'il était difficile de l'imaginer succombant à un schéma aussi conventionnel.

Je pensais aussi à mes parents ; comme ils auraient aimé être là ! Papa, les yeux espiègles, aurait dévalisé le frigo. Maman, ravissante dans une tenue qu'elle aurait apprêtée pour l'occasion, aurait fasciné un cercle d'admirateurs avec une histoire incroyable.

Mais ils étaient quand même ici avec nous. Ils étaient dans nos rires, dans nos gestes, dans nos traits physiques. Ils avaient toujours fait partie de nous. En plissant les yeux, je pouvais presque voir un petit chat noir s'enrouler autour des chevilles de Rob. Oui, Cléo était avec nous, elle aussi.

Quand Lydia, maquillée et splendide dans sa robe à fleurs, franchit la porte, elle apporta avec elle un peu du glamour de maman. En observant les cheveux bouclés de Katharine rebondir tandis qu'elle enfilait sa robe pourpre, je crus revoir maman.

En passant devant la salle de bains, je surpris Rob en train de nouer son nœud papillon doré et, cette fois, je reconnus l'élégance et la sensibilité de papa. Le passé et le présent se mêlaient.

Beau comme un prince, Rob planta un baiser humide sur ma joue. Notre fils avait beaucoup trop les pieds sur terre pour être conscient de son allure de star de cinéma. Andrew et lui grimpèrent dans une voiture pour arriver, selon la tradition, en avance à la chapelle.

— Tout le monde est prêt ? demanda Philip en me prenant la main.

Les filles ne l'étaient pas tout à fait. Même si elles étaient déjà parfaites, elles avaient encore besoin d'une nouvelle couche de rouge à lèvres. Toutes les deux. Mouchoirs en papier, tubes de rouge et poudriers furent rangés dans de petits sacs de soirée. Je vérifiai une dernière fois mon mascara *waterproof*. Enfin, la porte du *cottage* se referma derrière nous.

24

Célébration

Les bénédictions prennent de nombreuses formes.

Une mélodie céleste berçait l'air estival tandis que Philip, les filles et moi gravissions une allée d'herbe menant au couvent et à son clocher qui nous toisait. Des abeilles butinaient des buissons de lavande. Les toits de Daylesford s'étalaient en contrebas, se mêlant aux champs dorés et aux montagnes bleues.

Rob et Andrew arrivèrent en voiture quelques secondes après nous. Nous étions allés plus vite à pied. Des invités venus de très bonne heure les acclamèrent depuis une véranda à l'étage. Nous n'étions pas les seuls à attendre ce mariage avec impatience.

Le photographe nous salua et nous divisa en groupes familiaux. Il fit semblant de ne pas être agacé par les amateurs enthousiastes qui nous mitraillaient juste à ses côtés, lui volant ses mises en place. De toute manière, dit-il, ses photos seraient bien meilleures.

Je me demandai comment une centaine d'invités allait pouvoir tenir dans cette minuscule chapelle, mais tous y parvinrent, se tassant à quatre ou cinq personnes sur des bancs de bois faits pour en accueillir deux. Avec son plancher nu et son plafond haut, c'était un endroit simple. Plus d'un siècle de prières s'était écoulé entre ses murs couleur de miel. Un trio de cierges brillait sur l'autel inondé de roses blanches.

Dieu merci, en dehors du vitrail derrière l'autel, il n'y avait pas de fenêtres. Nous étions à l'abri de la chaleur. Avec un peu de chance, nos invités les plus fragiles survivraient à la cérémonie.

Deux guitaristes jouaient du Cole Porter. La salle bourdonnait, attendant que les choses sérieuses commencent. Debout devant l'autel dans son costume impeccable, les mains derrière le dos, Rob ressemblait à un roi d'Europe. Ses dents étincelaient tandis qu'il bavardait avec son témoin.

— Je n'ai jamais envisagé de me marier, murmura Lydia en sortant un mouchoir en papier de son sac pour se tamponner les yeux. Ni que j'organiserais un tel tralala. Mais c'est beau.

Quelque chose dans ma poitrine se liquéfia. La joie de voir mon fils sur le point de prononcer ses vœux fut, pendant une seconde, surpassée par la perspective que ma fille n'avait pas encore tout à fait renoncé à trouver le bonheur dans des voies plus conventionnelles que celles offertes par Bouddha. Me vint l'image saugrenue de Lydia assise devant une télé à écran plat en compagnie de quelques enfants et d'un mari aimant – mais c'était quand même pousser le bouchon un peu loin.

J'avais continué à surveiller l'actualité du Sri Lanka, bien sûr. Les troupes gouvernementales venaient de reprendre la ville de Kilinochchi, tenue depuis dix ans par les Tigres tamouls qui y avaient installé leur quartier général administratif. Se réjouissant de cette victoire sans précédent, le président du pays pressait les rebelles de se rendre.

Un frisson parcourut la chapelle quand les musiciens entamèrent les premières notes du « Canon de Pachelbel ». Cet hymne majestueux souvent interprété par des trompettes et autres instruments « sérieux » semblait beaucoup moins pompeux joué par deux guitares. Tout le monde savait ce que cela signifiait. Les têtes pivotèrent. Les regards se fixèrent sur la porte de la chapelle dont la vitre ambrée émettait un halo doré. On distinguait du mouvement derrière le verre. Les musiciens se lancèrent dans un second canon plus vigoureux. Le silence se fit dans la salle. La porte resta fermée.

L'assemblée commença à s'agiter tandis que la température ambiante, de délicieusement chaude, devenait étouffante. Même Rob, qui nous tournait le dos, s'était mis à se gratter la jambe. La mariée venait-elle de découvrir une terrible bêtise de notre chat renégat ?

Un *autre* canon démarra, dont les notes s'élevaient avec assurance. Quelques murmures se firent entendre, bientôt suivis de bavardages chuchotés. Qui espère encore de nos jours qu'un incident interrompe une marche nuptiale ? La mariée allait sûrement apparaître à l'entame d'un nouveau…

La porte s'ouvrit. Une demoiselle d'honneur aux cheveux sombres, tout habillée d'écarlate, s'avança, les lèvres aussi rouges que sa robe. Ses jambes, bronzées et athlétiques, la portaient vers l'autel. C'était une jeune femme ravissante, mais tous les yeux se portaient sur l'apparition qui flottait quelques mètres derrière elle.

Nous retînmes notre souffle quand Chantelle passa devant nous au bras de son père. La robe qui avait tellement fasciné Jonah l'enlaçait de rose et de pêche. Dans la lumière de la salle, les perles et les cristaux brodés sur son corsage luisaient d'un doux éclat, comme s'ils avaient été spécialement conçus pour cette chapelle. Avec sa chevelure relevée ornée d'une unique rose, elle était la perfection.

Incapable d'attendre davantage, Rob se retourna pour admirer sa promise. Son sourire illumina les murs tandis que les yeux bleus de Chantelle se posaient sur lui, rayonnants. Nul sonnet n'aurait pu rendre justice à cet instant : une nanoseconde, enfuie en un éclair, mais aussi éternelle que le soleil. Toutes les personnes présentes dans cette salle sentirent le lien qui les unissait.

Ma vision se troubla. Celui qui a inventé le mascara *waterproof* est un génie. Le type des mouchoirs en papier le talonne de près. Des litres de fluide avaient dû couler de mes yeux avec le temps. Cette fois, c'étaient des larmes de joie.

Après la cérémonie, les invités se déversèrent dans la salle de réception et trouvèrent leurs places. On ouvrit les portes donnant sur la terrasse. La brise du soir était aussi tendre qu'un baiser. Nourriture, champagne et rires remplaçaient nourriture, champagne et rires. Et puis il y eut les discours.

J'avais beau connaître Andrew depuis qu'il avait à peu près quatorze ans, il n'avait jamais dû m'adresser plus de deux phrases à la suite. Il me paraissait si réservé que je me demandais comment il avait pu se voir octroyer le statut de premier témoin. Mais quand il se leva pour porter le toast traditionnel, il devint le Seinfeld de l'Hémisphère sud.

Andrew nous régala de quelques épisodes que Rob aurait préféré garder secrets… comme par exemple l'emprunt illégal d'un néon en forme de femme nue dans un lieu réservé aux gentlemans. Le frère de Chantelle se chargea du discours la concernant. Philip se leva et prononça quelques mots. Steve en fit autant.

L'heure des allocutions étant terminée, fourchettes et cuillères se dressèrent, prêtes à se planter dans le dessert. C'est alors que l'oncle de Chantelle, qui était le maître de cérémonie, nous demanda d'attendre. Il y aurait encore un discours, dit-il.

Des regards curieux balayèrent les tables pour découvrir l'identité de l'orateur inattendu. Une chaise grinça sur le sol et Lydia s'avança d'une démarche aussi gracieuse que lui permettaient ces hauts talons, si nouveaux pour elle.

Souriante, elle annonça qu'elle désirait moins faire un discours que prononcer une bénédiction. Une incantation pour inviter les êtres célestes à prendre part à cette célébration et pour que nous partagions notre bonheur avec ceux qui nous avaient quittés. Le silence se fit dans la salle tandis que ces phrases peu familières planaient sur l'assistance. Elle entonna la psalmodie que j'avais déjà entendue à l'hôpital.

Quand elle s'arrêta et revint à sa place, il y eut une hésitation tandis que les gens se demandaient ce qu'il convenait de faire. Les joues me brûlaient de gêne. C'était une chose de prononcer une incantation en privé. Si elle m'avait demandé mon avis, j'aurais tenté de la dissuader, infliger cet intermède mystique à une bande de fêtards me paraissant peu approprié. Heureusement, les musiciens prirent le relais. Rejoints par un batteur, ils constituaient désormais un groupe de bal. Les tout nouveaux monsieur et madame Brown, qui avaient rejeté l'idée d'une valse nuptiale, invitèrent tout le monde à les retrouver sur la piste.

Succombant à l'ambiance et au champagne, plusieurs couples se laissèrent tenter. Un couple aux cheveux argentés tournait avec précaution, se déplaçant comme un crabe dans un pas de danse à moitié oublié. La demoiselle d'honneur traversa la salle pour prendre la main d'un adolescent qui surmonta bientôt son embarras, ravi qu'il était d'avoir été choisi par la deuxième plus belle femme de la soirée.

Toute timidité se dissipa tandis que les plus jeunes se déhanchaient et que de parfaits inconnus se frottaient les uns aux autres. En regardant autour de moi, je me rendis compte que presque toutes les personnes que nous aimions se trouvaient réunies, virevoltant, s'embrassant… et, oh non, la mariée venait de m'attraper, de me retourner et de poser fermement mes deux mains sur sa taille – pour former une ligne de conga ! Derrière moi, une autre paire de mains se posa sur ma croupe. Jetant un coup d'œil par-dessus mon épaule, je vis le sourire éclatant de Lydia. Je ne me rappelais plus la dernière fois où je l'avais vue danser.

Je croyais que les lignes de conga appartenaient aux films des années cinquante. Mais à mesure que toute l'assistance rejoignait le serpent humain, tapant des pieds et se dandinant en rythme, un sentiment très primaire s'emparait de nous. Toute conscience d'être un individu distinct se dissipa. Ce soir, et pendant ce moment d'incroyable joie, nous ne formions plus qu'une seule créature palpitante, une tribu. J'aurais voulu que le conga ne s'arrête jamais.

Après le découpage de la pièce montée et les premières douleurs aux pieds, certains battirent en retraite au bar, à l'étage inférieur. Noyée dans un siège poire, je fus rejointe par une parente dont je savais que c'était une catholique fervente. J'étais certaine qu'elle allait me faire part de ses doléances pour cette soirée fort peu conformiste.

— Savez-vous ce que j'ai préféré ce soir ? me demanda-t-elle en sirotant un cocktail vert phosphorescent. La bénédiction de Lydia. Elle a complètement changé l'atmosphère dans la salle. Vous avez remarqué ?

Tout au long de la nuit, plusieurs autres personnes me firent part d'un sentiment similaire. Je fus soulagée que nos invités aient si bien accepté l'initiative de ma fille. J'aurais dû lui faire davantage confiance.

L'horloge avait épuisé sa réserve de chiffres quand nous nous écroulâmes enfin sur notre lit. Philip et moi étions d'accord : cela avait été un mariage merveilleux, le meilleur, peut-être, que nous ayons connu – en dehors du nôtre.

J'avais eu beaucoup de mal à croire en ma chance, ce jour-là, quand j'avais descendu la nef médiévale d'une église suisse au bout de laquelle mon superbe futur mari m'attendait, devant l'autel. « Jusqu'à ce que la mort nous sépare » avait coulé avec légèreté de nos bouches. L'idée de séparation était bien la dernière qui aurait pu nous venir à l'esprit. Mais la mastectomie nous avait tous les deux contraints à envisager un scénario sinistre : l'un d'entre nous essayant de trouver le sommeil dans un lit à moitié vide tandis que l'autre se transformait en poussière d'étoile. Un tel avertissement quant à la fragilité de nos existences n'avait fait que nous rapprocher davantage, nous permettre de nous apprécier encore un peu plus, et nous avait rendus moins craintifs d'exprimer notre affection. C'était étrange de se dire que le cancer pouvait renforcer un mariage.

Rob et Chantelle avaient décidé de retarder leur lune de miel pour partir au Vietnam un peu plus tard dans l'année. Nous organisâmes un *brunch* au café du couvent le lendemain matin pour les invités qui rechignaient à partir. Un nombre surprenant d'entre eux se présenta, chacun cherchant le coin le plus ombragé pour engloutir croissants et café. Le ciel brûlait un trou dans le ciel tandis que l'air bruissait d'anecdotes à propos de la soirée.

Un par un, les invités nous embrassèrent et s'éloignèrent sur l'allée de gravier. Chaque fois qu'ils se retournaient pour nous saluer encore, une pointe de tristesse me piquait la peau… mais seulement parce que les vingt-quatre heures les plus heureuses de ma vie étaient terminées.

25

Otage

Le regard peut être plus puissant que la griffe.

Nous nous arrêtâmes devant Shirley en fin d'après-midi, anxieux de savoir si Jonah et Ferdie avaient survécu à leur propre lune de miel. Rob et Chantelle nous suivaient de près. Ils seraient là dans quelques minutes et à leur arrivée, nous voulions leur offrir une image d'harmonie féline.

Tandis que nous remontions l'allée menant au porche, nous entendîmes un « miaou » insistant derrière la porte. *Ouf,* me dis-je, *l'un des deux, au moins, est vivant.* Glissant sa clé dans la serrure, Philip ouvrit avec prudence. Jonah passa la tête dehors pour nous toiser avec colère. « *Vous en avez mis, un temps !* » semblait-il nous dire.

Il régnait un silence et une tension étranges dans

la maison, comme si un drame indicible s'y était déroulé. Lydia prit Jonah dans ses bras et l'inspecta, à la recherche de la moindre trace de blessure. Yeux, oreilles, museau, pattes… tout était toujours là et intact. Pas mal après deux jours passés avec un chat qui faisait le double de son poids. Nous appelâmes Ferdie. Pas de réponse.

Vivienne avait dû les séparer et exiler l'intrus dans le manoir à matous que nous avions érigé dehors. Un examen des tours et du tunnel se révéla infructueux. Pas un seul signe de pelage argenté.

Le sol était jonché de jouets inconnus, parmi lesquels un dispositif tout à fait artisanal composé de six rouleaux vides de papier toilette scotchés ensemble pour former une pyramide.

Lydia trouva un mot sous la clé de la maison :

Bonjour tout le monde. J'espère que le mariage était génial. Les garçons se sont plutôt bien entendus, sauf que Ferdie voulait manger le bol de Jonah en plus du sien ! Jonah se prend toujours pour le chef. Je devais ne m'occuper que de lui. Chaque fois que j'essayais de caresser Ferdie, il était jaloux, si bien que j'ai fini par le faire quand il n'était pas là. Je leur ai prêté quelques jouets et j'en ai fabriqué aussi. J'espère que ça ne vous dérange pas.

V.

PS : Jonah adore jouer à cache-cache ou chercher des friandises dans les rouleaux de papier toilette.

Donc Ferdie se trouvait bien là quand Vivienne était venue. Mais où était-il maintenant ? Les filles le cherchèrent à l'étage pendant que je fouillai le rez-de-chaussée. « Ferdie… Ferdie ! » Jonah, installé comme un prince au sommet de son poteau, se léchait les griffes d'un air nonchalant.

— Qu'as-tu fait de lui, mon gars ? demandai-je.

Il fit siffler sa queue et plissa les paupières comme pour me dire que cela ne me regardait pas.

— Vous croyez qu'il aurait pu se glisser par la porte sans qu'on le voie quand nous sommes arrivés ? interrogea Lydia.

Impossible. L'un d'entre nous, au moins, l'aurait remarqué. Et d'ailleurs, Jonah obstuait l'ouverture de toute son auguste présence.

— Rob et Chantelle ne vont pas tarder, dit Katharine. Qu'est-ce qu'on va leur raconter ? Que Ferdie s'est trouvé une cape d'invisibilité ?

Nous ne pouvions leur offrir pire cadeau de mariage que la disparition de leur chat adoré. Et je passerais le restant de mes jours à me sentir responsable. Non, plus encore. Coupable.

— Vous avez entendu ? s'enquit Philip qui possède une ouïe différente de celle du commun des mortels.

— Non. Quoi ?

— Un miaulement. Ça vient d'ici… là-dedans, dit-il en montrant la cheminée.

— Tu veux parler de ce murmu…

— Le voilà ! s'exclama Philip, à quatre pattes, le visage levé vers le conduit. Il s'est caché là-dedans !

J'avais entendu parler de pères Noël se dissimulant dans les cheminées, de quelques oiseaux perdus aussi, et peut-être d'un ramoneur ou deux. Mais de chat, jamais.

Les filles et moi observions, ébahies, Philip tendre les bras dans le grand trou noir. Après quelques grognements, Ferdie émergea, la fourrure maculée de suie. Sa fierté avait pris un sacré coup. En dehors de cela, pas la moindre blessure à déplorer.

Jonah était un poids léger comparé à lui, et un lutteur minable. Qu'il soit parvenu à terrifier son compagnon de chambre au point que celui-ci cherche refuge dans la cheminée était tout simplement ahurissant.

Ferdie fut éperdu de bonheur lorsque les jeunes mariés arrivèrent. Nous avions décidé de ne rien dire, mais Chantelle remarqua les traces de suie sur ses poils. Elle ouvrit de grands yeux quand Philip lui expliqua où son chat avait trouvé refuge. Malgré toutes nos meilleures attentions, Ferdie était plus qu'impatient d'échapper à la torture psychologique que lui infligeait Jonah. Je n'ai jamais vu un chat sauter dans sa caisse de transport avec autant de gratitude.

Rob et son épouse embarquèrent dans leur voiture avec leur précieuse cargaison. Debout sous la véranda avec les filles, nous leur adressions de grands gestes.

— Quel merveilleux week-end ! soupirai-je tandis que Philip posait son bras sur mes épaules.

— Oui, à part le final, ajouta-t-il.

26

Héros en fauteuils roulants

Les chats n'ont aucune pitié.

J'avais espéré que le mariage de Rob marque un tournant dans la vie de Lydia. Comme toute belle jeune femme, elle s'était délectée des regards admiratifs et des commentaires flatteurs qu'elle avait reçus au cours de cette nuit-là. Je fus déçue de la voir enfiler à nouveau son pantalon blanc et ses *tee-shirts* ou tuniques pâles, sans oublier son châle.

Trois jours après la cérémonie, je n'y tins plus et lui demandai si elle comptait retourner au Sri Lanka. À mon immense soulagement, elle annonça qu'elle avait décidé de rester un moment en Australie pour entamer des études de psychologie.

Saisissant l'occasion pour remettre son look au goût du jour, je la traînai dans une expédition boutiques.

Mes tentatives pour lui faire apprécier une séance chez le coiffeur ou bien des vêtements neufs échouèrent assez lamentablement. Chaque fois que j'insistais pour lui acheter une robe qui mettrait sa silhouette en valeur, après un examen dans le miroir, Lydia inclinait la tête sur le côté. « C'est joli », disait-elle, mais elle ne voulait vraiment pas que je dépense de l'argent pour elle.

Les vendeuses secouaient la tête en nous voyant repartir les mains vides. Certaines me confièrent qu'elles n'avaient jamais vu une mère supplier sa fille pour qu'elle lui permette de lui offrir un vêtement.

Le soir, elle sortait souvent pour se rendre à des séances de méditation ou bien à des réunions de groupes bouddhistes, mais jamais rien qui n'exigeait qu'elle mette du rouge à lèvres ou porte des talons. Au début, nous remarquâmes l'absence de (petits) copains, convenables ou non ; au bout d'un moment, nous nous y habituâmes. Quand je voulus savoir ce qui s'était passé avec Ned, elle m'expliqua qu'il était tombé amoureux d'une comédienne. Scrutant son visage pour y chercher une émotion, je n'en trouvai aucune.

Parfois, en jetant un coup d'œil par la porte de sa chambre, je la voyais assise en tailleur, les yeux fermés, devant son autel de fortune, Jonah la dévisageant d'un air perplexe sous le regard du moine rieur.

Désespérant de comprendre ce qui se passait dans sa tête, je me résolus à tricher un peu en interrogeant sa sœur. Katharine ne m'apporta pas les réponses que j'attendais. Selon elle, Lydia envisageait toujours de devenir nonne. Ou bien d'écrire un livre, ou alors d'ouvrir un centre de méditation. Même si j'avais toujours encouragé ma fille à poursuivre ses rêves, ses envies semblaient aussi flottantes qu'une toile de Chagall.

Non contente de retourner à l'université, Lydia reprit son travail auprès de personnes handicapées, s'occupant désormais d'un plus vaste éventail de patients. Le bus était régulièrement garé devant la maison. Un jour, elle voulut me présenter un groupe de garçons adolescents. Me préparant à affronter une effervescence toute masculine, je la suivis jusqu'à son véhicule. Quand la porte s'ouvrit, je découvris trois zombies qui se balançaient d'avant en arrière sur leur siège, la bouche ouverte, les mains crispées comme des griffes.

— Dites bonjour à ma maman, demanda-t-elle avec un tel naturel qu'on aurait juré qu'elle s'adressait à des amis.

L'un des garçons réagit en s'agitant violemment. Un autre roula des yeux au point de les faire disparaître. J'étais fière d'elle.

Quand je lui demandai comment elle parvenait à accomplir ce travail, elle me répondit que ces personnes l'aidaient à vivre. Elles ne s'apitoyaient jamais sur elles-mêmes et étaient totalement ancrées dans le présent. Débarrassées du fardeau de leur apparence ou de leur avenir, elles étaient libres de se montrer authentiques. Leur simple présence la rendait heureuse – même si devoir en porter certaines lui faisait mal au dos. Et si cela ne la gênait pas de les voir baver ou de devoir les nourrir, elle n'appréciait pas tant que cela de changer des couches pour adultes.

Plus ma végétarienne de fille s'avançait sur la voie de la sainteté, plus je me trouvais égoïste et souillée. Parfois, quand elle dînait avec nous, évitant avec soin la sauce bolognaise (traces de viande), pour manger ses spaghettis avec trois feuilles de salade, une certaine tension naissait autour de la table.

Philip et moi nous sentions jugés coupables de ne pas vendre la maison pour offrir la somme récupérée à un village africain. Mon mari devenait très mal à l'aise quand Lydia lui suggérait de travailler pour une organisation à but non lucratif ; sa carrière n'en serait que plus exaltante. Je n'en menais pas large non plus quand elle laissait entendre que je pourrais m'investir davantage dans des œuvres caritatives.

Bien sûr, elle n'était pas la seule à émettre des jugements. Parfois, nous nous disions qu'elle s'était juchée sur un trône de pureté où elle était intouchable. À d'autres moments, elle et moi semblions engagées dans une partie d'échec – dans laquelle j'avais toujours trois coups de retard. Son altruisme la mettait à l'abri de toute critique. Ses idéaux demeuraient impeccables. Le travail inestimable qu'elle effectuait était sous-payé et peu reconnu par la société.

Et pourtant, dans mes moments les plus sombres – et cela me place sous un jour si peu flatteur que j'hésite à l'écrire –, lorsque je la voyais pousser, nettoyer et cajoler ses patients en chaise roulante, je ne pouvais m'empêcher de penser que s'occuper des faibles lui conférait une sorte de pouvoir.

— Qu'allons-nous faire aujourd'hui ? demandait-elle d'un ton enjoué, sachant très bien que les malheureux dont elle s'occupait étaient bien incapables de répondre. Je connais un endroit où on trouve les meilleures tartes à la crème qui soient. C'est à peine à deux heures d'ici en voiture. Allons-y !

Ses patients n'étaient pas en position de discuter. Ils devaient accepter le fait qu'on les charge dans le bus et qu'on les emmène. Mais qui étais-je pour émettre une opinion ? Si leur seule alternative était de rester plantés devant la télé toute la journée, une expédition tarte à la crème pouvait s'avérer une fantastique odyssée.

Certains de ses patients me portaient sur les nerfs, mais leur courage et, dans de nombreux cas, leur amour de la vie constituaient une source d'inspiration. Face à eux, mes propres inquiétudes semblaient dérisoires. Bien sûr, je m'essoufflais un peu trop rapidement et je ne cessais de me demander si mon corps abîmé ne cachait pas encore quelques sournoises cellules cancéreuses. Mais ces gens-là étaient des superhéros en fauteuil roulant. Et quand je rencontrai ses plus jeunes patients, j'avais le cœur brisé pour leurs parents.

Cela dit, je n'appréciais pas toujours de me retrouver embringuée dans les bonnes œuvres de Lydia. Deux semaines après le mariage de Rob – c'était un samedi matin et il régnait une chaleur étouffante –, elle me demanda si elle pouvait inviter un groupe de personnes plus âgées à prendre le thé à la maison.

— Combien ? demandai-je.

— Cinq ou six. Nous apporterons tout ce qu'il faut, tu n'auras pas à te soucier de quoi que ce soit, dit-elle. Mais nous pouvons aussi aller manger dans un parc, ajouta-t-elle, sentant ma réticence.

On annonçait des températures dépassant les quarante degrés. Comment les condamner à cette fournaise ?

Katharine leva les yeux au ciel. Les visites des patients de Lydia pouvaient s'avérer exténuantes.

Je préparai de la pâte à crêpes. Dans la poêle, celle-ci se transforma en objets cuisants non identifiables. La sonnette retentit. J'ouvris la porte, moi-même à moitié recuite.

Quand je découvris l'échantillon d'humanité brisée sur le porche, mon cœur sauta comme une de mes crêpes. Je pressai mes visiteurs d'entrer dans la maison pour qu'ils profitent de notre climatisation défaillante. Lydia me les présenta l'un après l'autre. Le corps de Lawrence était si raide et si tassé qu'il pouvait à peine marcher. La silhouette rebondie d'Agathe était beaucoup plus mobile, mais ses yeux demeuraient sans vie. Ellie, cheveux blancs, dans une chaise roulante, s'avérait étrangement bavarde. De façon erronée, Bert se présenta comme le chef.

Jonah courut se cacher à l'étage.

Je fus soulagée de constater que Lydia avait une assistante, Emma. Avec l'aide de Katharine, elles firent traverser le couloir à nos invités pour les installer devant des assiettes où apparurent des gâteaux et des sandwiches. À mon immense stupeur, les crêpes reçurent un accueil enthousiaste.

La conversation ne fut pas ce que l'on aurait pu qualifier de brillante. Ellie ne cessait de parler mais changeait de sujet au beau milieu d'une phrase, l'horaire des trams remplaçant le maniement des aiguilles à tricoter.

Je proposai à Katharine d'aller chercher son violon. Elle accepta à contrecœur.

Dès qu'il aperçut l'instrument, Lawrence tripota son écouteur. La musique gênait son audition. Katharine installa son pupitre à l'autre bout de la pièce.

— *De la musique* ! s'écria Sofia en la rejoignant à toute allure. Joue *Douce nuit, sainte nuit*, ordonna-t-elle.

Noël était passé depuis deux mois mais qui comptait les jours ?

Quand les premières notes s'élevèrent dans le salon, des voix brisées essayèrent de chanter des paroles que tous connaissaient depuis l'enfance.

Les fantômes de près de cinq cents nuits de Noël planaient autour de nous. Quant aux promesses de Noëls futurs, elles étaient plus que limitées. Je posai une boîte de mouchoirs en papier sur la table pour éponger les larmes.

Après avoir chanté quelques hymnes et être restés déjeuner (parce tout était déjà prêt dans le panier de pique-nique), nos visiteurs commencèrent à manifester une certaine impatience. Bert voulait que Katharine se lance dans des improvisations de jazz. Il fut très irrité d'apprendre qu'elle avait suivi une formation classique. Lydia et Emma escortèrent les autres, chacun son tour, aux toilettes.

— On a un seau et une serpillière ? chuchota Lydia. Agatha a eu un accident.

Quand le moment vint de partir, Lydia rassembla tout le groupe devant la porte d'entrée. Il fallait que chacun parcoure l'allée et grimpe dans le van le plus vite possible. Le vent s'était levé et il régnait une chaleur intolérable.

Avant d'ouvrir la porte, Lydia effectua une brève fouille du sac à main d'Agatha et me rendit une de nos bougies et un de mes flacons Lancôme de lotion lavante. Lydia éclata de rire en disant que nous nous en étions bien sortis. Chaque fois qu'ils allaient en ville, Agatha volait la nourriture dans l'assiette des autres.

Je leur adressai un dernier signe d'adieu, agitant sans m'en rendre compte un mouchoir en papier. Les patients de Lydia offraient toujours davantage que ce qu'ils prenaient.

27

Étreindre l'ennemi

Un chat n'est pas toujours un hôte digne de confiance.

— Devine ? fit Lydia d'une voix un peu trop joyeuse.

Je connaissais ce ton-là. En général, il signifiait qu'elle allait me demander un service et je n'étais pas d'humeur.

— Quoi ? demandai-je, distraite.

Un jeu de « culture générale » était en train de me rendre marteau, à me demander les prénoms de chanteurs de rock dont je n'avais jamais entendu parler.

— Mon maître va venir.

— Super, dis-je.

Je déteste devoir lever les yeux de la page réponses à la fin du magazine. Mais où aurais-je pu trouver ailleurs le « métal dont le numéro atomique est 22 » ? Ah oui. Le titane.

— Je me disais qu'il pourrait séjourner chez nous.

Mon crayon tomba par terre. Jonah le chipa entre ses dents et disparut.

Son moine ? Cet homme ! *Chez nous ?!* Ma bouche s'ouvrit. Et elle resta comme ça, ouverte et muette pendant un bon moment.

— Pas possible, répondis-je enfin. On n'a pas la place.

— Il peut prendre ma chambre. Je dormirai sur le canapé.

C'était notre maison, pas l'annexe d'un temple.

Mais c'était aussi la maison de Lydia.

— Et ce serait pour combien de temps ?

— Un mois, peut-être.

Un *mois* à s'occuper d'un homme qui se prend pour un dieu ?

— C'est trop, dis-je.

Estimant que la conversation était close, je me lançai à la recherche de Jonah et de mon crayon.

— Trois semaines ? lança-t-elle derrière moi.

S'il y avait bien une chose qu'elle savait au sujet de sa mère, c'était que je n'accueille pas facilement les gens chez moi. Et je connaissais quelques milliers de personnes que j'aurais préféré avoir sous mon toit plutôt que ce personnage dont le sourire rayonnait en permanence dans sa chambre.

— Les moines ne doivent-ils pas séjourner dans des monastères ? demandai-je.

— On l'a invité dans une grande propriété à la campagne. On a construit une maison spécialement pour lui, mais il préfère être plus près de la ville.

Si ce gourou venait chez nous, son emprise sur Lydia ne ferait que s'accroître. Et qui sait s'il n'allait pas tenter de tous nous convertir ? Mais surtout, je lui en voulais toujours d'avoir attiré ma fille au Sri Lanka alors que j'étais malade.

— Il ne peut pas venir ici, dis-je.

— Mais je *veux* qu'il vienne ! répliqua Lydia avec les yeux ronds et humides de Bambi. Il ne gênera personne. Je m'occuperai de lui et je lui préparerai ses repas. Il pourrait au moins venir une nuit ou deux ?

Me buter face à ma fille taureau n'aurait servi à rien. Si je refusais de laisser le moine franchir le seuil de notre porte, cela n'aurait fait que la pousser un peu plus dans les plis de sa robe.

— Je suppose qu'il pourrait rester une nuit, soupirai-je.

— Deux.

— Bon, d'accord, maugréai-je malgré moi.

Héberger un moine, ne serait-ce que deux jours, se révéla une entreprise intimidante. Un homme aussi saint ne partage pas sa salle de bains avec le commun des mortels. Il faut une baignoire, une douche et des toilettes pour son seul usage personnel. Si Lydia se montrait plus que ravie de lui céder les commodités de l'étage, sa sœur l'était beaucoup moins.

— Je croyais que les moines vivaient dans le dénuement, maugréa Katharine en déménageant sa serviette et tout son nécessaire au rez-de-chaussée. C'est quoi, son problème, à celui-là ?

Toujours sensible au changement, Jonah se tenait en état d'alerte maximale. Tel un automate devenu fou, il galopait en tous sens dans le couloir, miaulant sans cesse. Quand Lydia changea les draps de son lit, il bondit dessus une bonne vingtaine de fois. Quant à moi, je ne pus m'empêcher de me livrer à une dernière inspection de sa chambre pour vérifier que rien ne pourrait y offenser notre auguste invité. Une photo de Lydia et de ses amies rigolant en Bikini sur la plage, la reproduction d'une femme aux seins nus, des exemplaires de *Madame Bovary* et d'*Anna Karénine* abandonnés ici depuis le lycée.

Les besoins alimentaires du moine étaient très précis. Il mangerait deux repas végétariens par jour… seul dans sa chambre. Et, en raison d'exigences rituelles, plus rien ne franchirait ses lèvres après midi.

Il était aussi important que nous évitions de le toucher. Les poignées de main, les tapes sur l'épaule et les étreintes amicales étaient proscrites. L'enrobé n'était pas encore arrivé qu'il se révélait déjà plus difficile à gérer que notre chat lunatique.

Je ne suis pas fière de mon incapacité à me plier aux règles. Plus j'essaie de n'offenser personne, moins j'y parviens. Par exemple, chaque fois que je me retrouve en présence d'un chrétien dévot, les « Seigneur » et « bon Dieu » surgissent de ma bouche à un rythme diabolique. Il aurait bien mieux valu que Lydia ne me demande pas de ne pas toucher le moine. J'en avais déjà les mains qui me démangeaient.

J'en vins même à me demander s'il n'aurait pas mieux valu que nous nous installions à l'hôtel pendant son séjour à résidence. Mais Philip eut le bon sens de m'en dissuader. Il n'allait pas quitter sa propre maison. Je proposai à Rob et Chantelle d'annuler leur visite dominicale, mais ils étaient curieux de rencontrer l'homme qui avait traficoté l'esprit de Lydia.

Même nos amis les plus tolérants haussèrent les sourcils. Une fille qui se convertit au bouddhisme, c'était presque intéressant. Héberger un moine, cela relevait de la psychiatrie. Alors que je passais l'aspirateur (au grand dépit de Jonah), je commençais à me sentir nerveuse.

— Et les chats ? Ça va ? demandai-je à Lydia.

— Il ne les aime pas particulièrement.

Jonah lui adressa un regard dédaigneux du haut du poteau à griffes.

— Mais les bouddhistes ne sont-ils pas censés aimer toutes les créatures vivantes ? N'est-ce pas pour cela qu'ils sont végétariens ?

Elle était trop occupée à déballer des paquets de tofu et de nouilles pour me répondre.

Il arriva ce soir-là dans un tourbillon de robe et de charisme. Les mains bien serrées derrière le dos, je me tenais dans l'entrée, souriante, et hochant la tête comme ces chiens que les gens mettaient autrefois sur la plage arrière de leur voiture.

Philip se trouvant derrière moi, je ne pouvais pas voir comment il se comportait – sûrement de la manière la plus neutre possible. Katharine arborait, elle, un air craintif. Quant à Jonah, il se jeta sur cet étranger avec un miaulement strident.

J'eus la stupeur de voir Lydia s'incliner profondément. Je n'imaginais pas que ma fille têtue et ronchonne possédait les muscles permettant un geste de respect aussi exagéré. En présence de son « maître », son dos se redressait et elle adoptait une attitude réservée et presque servile.

Le sourire du moine s'avérait toujours aussi éclatant et bienveillant derrière ses lunettes cerclées d'or. Son visage était aussi lisse que lors de notre dernière rencontre, cinq ans plus tôt. Alors qu'il disait avoir plus de soixante ans, on lui en donnait trente-cinq. En tant que programme anti-âge, la vie religieuse était visiblement plus efficace que la chirurgie esthétique.

Quand notre invité s'avança dans le couloir, Jonah et sa suite (nous autres) l'escortèrent. Je tenais à comprendre cet homme qui était devenu si important pour ma fille. J'aurais aimé lui demander son point de vue sur la guerre dans son pays, et quels projets il nourrissait, le cas échéant, pour Lydia.

Dans une cataracte de plis bordeaux, il s'installa sur un fauteuil près de la cheminée et se mit à parler de ses voyages. Il était charmant, très sûr de lui et, dans tous les sens du mot, intouchable. Venu d'un autre monde, il ne cessait de faire référence à Lydia comme à sa disciple. Ce qui était assez déroutant. J'eus soudain la certitude que nous ne le traitions pas avec toute la déférence requise. Néanmoins, Lydia s'étant agenouillée devant lui, les mains sagement croisées, elle en faisait largement assez preuve pour nous tous. Jonah, lui aussi, semblait fasciné.

Fort heureusement, la nuit était tombée, ce qui signifiait que nous n'avions pas à nous soucier de le nourrir. Tandis qu'il nous informait des levées de fonds et des conférences auxquelles il participerait pendant son séjour à Melbourne, notre chat décrivait des cercles autour de lui, miaulant et essayant de capter son attention. Que ce soit à cause du drapé inhabituel de sa robe ou des senteurs venues de contrées lointaines, il était en transe – et donc, sur le point de lancer une offensive de charme. Ce fut avec un certain malaise que je le vis disparaître sous l'ourlet bordeaux.

— Ffffuiiiit ! fit le moine en délivrant un coup de pied très bien placé.

Jonah s'enfuit de sous sa robe. Sidéré, il clignait des paupières et tremblait de tous ses poils. Puis, retrouvant ses esprits, il sauta au sommet de son poteau et entreprit de lécher ses parties intimes meurtries.

Quand les gens ne boivent ni ne mangent, ils n'ont guère de raison de veiller très tard. Lydia escorta son maître à l'étage tandis que nous allions nous coucher, non sans éprouver une certaine nervosité. Avec un peu de chance, la chambre de notre fille serait assez monacale pour qu'il s'y sente chez lui… mais pas trop.

Je me réveillai de bonne heure le lendemain matin pour trouver Lydia déjà en train de fouiner dans le frigo. Elle avait disposé une assiette de riz et de légumes sur un plateau qu'elle s'apprêtait à monter à son gourou et préparait à présent un autre bol de nourriture sur la table.

— C'est pour qui ?

— Pour le Bouddha, répondit-elle, solennelle.

— Le Bouddha va venir manger ça ? lançai-je, incrédule.

— C'est une *offrande*, dit-elle en me dévisageant avec sévérité.

Et voilà. Encore une fois, j'éprouvai ce sentiment d'infériorité et cette sensation d'être toujours en tort, quoi que je fasse. Pourtant, je ne cherchais pas de me moquer d'elle ni de ses nouvelles croyances. J'étais plus que prête à confesser mon ignorance. Mais il était peut-être un peu trop tôt pour recevoir ce moine sous notre toit.

Un flot de disciples, pour la plupart occidentaux, déferla sur la maison pour s'asseoir en sa présence et l'entendre détailler le programme de construction du monastère. La nouvelle cuisine réjouissait les nonnes, mais ses projets étaient beaucoup plus imposants. Il espérait faire ériger un jour une statue au sommet de la montagne qui surplombait le temple.

Entre deux visites, je l'interrogeai sur son passé. Il me dit qu'après une enfance pauvre dans un village, il s'était lié à un grand maître. Il me montra des photos de cet homme, un moine à l'air très digne qui, m'assura-t-il, avait vécu bien au-delà des quatre-vingt-dix ans.

En tant que jeune moine, notre invité avait passé plusieurs années à méditer dans une grotte, dont l'entrée avait plus tard été transformée en *cottage*. Il avait, depuis, déménagé dans des quartiers plus confortables un peu plus haut sur la colline. Le *cottage*-cave était à présent occupé par un moine plus jeune, un contemplatif tout aussi fervent, et demeurait le point central du monastère.

Nous emmenâmes le moine au jardin botanique cette après-midi-là. Tandis que nous contemplions le lac, je lui demandai de m'expliquer les différences entre le bouddhisme du Sri Lanka et celui du Tibet. La réponse fut longue et alambiquée ; elle incluait des à-côtés peu flatteurs sur le potentiel de Philip à connaître l'Illumination. Considérations qui, je l'espérais, pouvaient être mises sur le compte de la barrière du langage. Fort heureusement, Philip n'était pas à portée de voix à ce moment-là : il préférait discuter avec un cygne noir.

Changeant de sujet, je racontai au moine comment je l'avais vu assis devant mon lit peu de temps après mon opération. Rejetant la tête en arrière, il éclata de rire, ravi.

— J'ai fait cela ! déclara-t-il en agitant une main en l'air. Oui ! J'ai fait cela !

Ainsi, la téléportation était aussi inscrite à son répertoire. Je me demandais qui était le plus fou : lui, qui pensait l'avoir fait ou moi, qui l'avais vu.

Le deuxième jour, une rare entorse à la règle fut annoncée. Le moine était prêt à nous consentir l'insigne honneur de déjeuner avec nous en bas, sur la table en chêne, à condition, bien sûr, que le repas soit absolument végétarien et ait lieu avant midi.

Comme c'était un dimanche, j'envoyai un message à Rob et Chantelle, les prévenant d'arriver de bonne heure s'ils espéraient être nourris.

Je dois avouer que nous avons connu des repas plus détendus. La présence d'un moine en bout de table altérait quelque peu l'ambiance. Néanmoins, chacun faisait de son mieux, offrant poliment les salades, les haricots sautés et le pain. À un moment, je surpris Rob en train de lancer un regard envieux vers le jambon, dans le frigo.

Jonah, le ciel en soit loué, semblait s'être remis de son obsession de la veille et se tenait à peu près convenablement.

Nos assiettes remplies, nous levâmes nos fourchettes, prêts à attaquer nos végétaux, mais le moine nous rappela qu'il était temps de faire une prière. Nos fourchettes claquèrent sur la table et nous baissâmes la tête.

— *Tu crois qu'il veut dire un bénédicité ?* murmurai-je à Lydia que notre grossièreté embarrassait.

Mais honnêtement, comment aurions-nous pu savoir si les bouddhistes disaient le bénédicité ? Même, si à bien y réfléchir, la bénédiction de la nourriture est sans doute une pratique religieuse universelle.

La prière du moine fut particulièrement complexe. Il bénit la terre d'où provenaient nos aliments en ce jour, la pluie, le soleil et les paysans qui les avaient fait pousser. Nous acquiesçâmes de bon cœur et levâmes nos fourchettes, mais il n'en avait pas encore terminé. Nous reposâmes nos couverts pointus et examinâmes nos assiettes pendant qu'il rendait grâce aux gens qui les avaient transportés en ville…

Un silence gêné planait au-dessus de nos têtes. Ce silence enfla pour devenir une présence qui emplissait la pièce et cognait aux fenêtres du balcon. Rob me jeta un regard. Philip, à sa droite, semblait résoudre mentalement une extraordinaire équation mathématique. Katharine, assise à mes côtés, le menton posé sur la poitrine, gardait obstinément les yeux braqués devant elle. Seuls le moine et Lydia paraissaient tout à fait à l'aise dans cette opaque absence de bruit.

Et puis ça commença. Un petit frottement suivi d'un claquement dans la buanderie. Mon regard croisa celui de Katharine. Nous savions toutes les deux de quoi il s'agissait. Le frottement devint de plus en plus audible pour se transformer en grattement déterminé. S'enfonçant davantage dans sa litière, Jonah avait atteint le fond en plastique contre lequel il adorait se faire les griffes. *Scccrrrrrriiich, scccccrrrrach,* faisait-il, toujours plus vite, jusqu'à ce qu'on ait l'impression qu'un fossoyeur était à l'œuvre dans la pièce voisine.

Le moine poussa un soupir et entreprit de célébrer les gens qui avaient stocké notre nourriture et les commerçants qui l'avaient mise sur leurs étalages. *Sccrrrrich, ssssscccrrrach.* Jonah nous signifiait bruyamment ce qu'il en pensait. La poitrine de Katharine commença à tressauter, alors qu'elle était prise de gloussements d'écolière. Immatures, certes, mais irrésistibles… et, dans ces circonstances, extrêmement contagieux.

Je ne sais pas à quoi cela était dû – sans doute une réaction à une situation stressante – mais avant même que je ne m'en rende compte, je fus prise du même fou rire. Un coup d'œil me suffit pour voir que Rob et Chantelle avaient adopté leurs mines de joueurs de poker. Philip était aussi solennel qu'un directeur de pompes funèbres. Ils fournissaient de tels efforts pour se contrôler que c'en était encore plus risible. Le simple fait de me retenir me faisait mal aux côtes. Plus j'essayais de réprimer mes gloussements, plus ils enflaient, se transformant en hoquets dignes d'un âne. Cela devait faire au moins trente ans que je n'avais pas connu une crise pareille. Je tentai de la déguiser en quinte de toux mais cela ne trompa personne, et surtout pas Lydia ; ses joues arboraient la teinte cramoisie de la robe de son maître.

Le repas enfin terminé, le moine s'excusa : il était temps pour lui de prendre un peu de repos. Tandis que nous nous débattions avec les couverts dans l'évier,

Lydia nous adressa, à Katharine et à moi, un regard qui aurait pu congeler les tropiques.

Le lendemain matin, multiplier les révérences, les courbettes et les saluts pour célébrer le départ du moine fut une véritable… bénédiction.

28

Besoin

Le bonheur, c'est un ruban rose tout neuf.

Peu après le séjour du moine, Lydia me conduisit à l'hôpital pour me faire poser un nouveau mamelon. Greg m'avait assuré qu'il ne s'agissait que d'une petite « correction » de quarante minutes, en rien comparable à l'opération que j'avais subie sept mois plus tôt. J'allais enfin pouvoir porter de splendides bikinis, affirma-t-il. Lui et moi vivions à l'évidence sur des planètes différentes.

Je peux comprendre pourquoi des femmes qui ont subi une reconstruction du sein s'épargnent la peine d'y ajouter un mamelon. Avoir un minuscule héliport à la place du téton ne m'avait gênée qu'à deux reprises : une première fois, quand une femme était entrée par erreur dans ma cabine d'essayage ; la seconde, quand j'avais surpris le regard de Philip se détourner avec discrétion alors que je sortais de la douche. Mais, après tout le mal que je m'étais infligé pour obtenir un nichon tout neuf, il semblait logique d'y ajouter la touche finale. Et Greg était impatient de poser la cerise sur le gâteau qu'il avait créé.

S'il existe un moyen de stopper une conversation, c'est bien d'annoncer qu'on va vous coudre un nouveau mamelon. Si vous parlez d'un nouveau lobe d'oreille ou d'un nouveau petit orteil, les gens manifesteront sans doute un intérêt poli. Mais dès que vous prononcez ce mot, ils ne savent plus quoi dire. C'est sexuel.

À ceux qui avaient la force de me le demander, j'expliquais que Greg allait découper un ou deux centimètres de peau sur mon aréole gauche pour les épingler sur la piste d'hélicoptère, tout en faisant en sorte qu'ils se replient en leur centre pour créer le téton. Pendant qu'il y était, il allait « s'occuper » d'un petit pli en forme d'oreille de chien au bout de ma cicatrice abdominale.

Ce qui constituait une simple matinée de travail pour Greg était une tout autre affaire pour moi, de l'autre côté du bistouri. Les connaisseurs savent qu'une opération mineure, cela n'existe pas. Un infime glissement de la lame, un tube planté au mauvais endroit…

J'embarquais dans la routine désormais familière qui consistait à me séparer de mes vêtements et de mes bijoux, ainsi que de ma dignité et de tout autre lien avec le monde extérieur, pour les enfermer dans un placard. Les hôpitaux sont comme ça. Face à eux, vous ne gagnez jamais. Se souvenir que les chirurgiens et le personnel soignant ont fait de longues et importantes études apporte un réel réconfort. Ces gens savent que votre vie repose, tel un moineau frissonnant, entre leurs mains.

Si on compare une équipe chirurgicale à un groupe de rock, le chirurgien est le guitariste solo et les infirmières les choristes. Le type qui pousse le brancard tient le rôle du batteur. Et l'anesthésiste ? C'est le bassiste. Comme tous les bons bassistes, les anesthésistes ont tendance à avoir un *ego* modeste, en tout cas en comparaison avec celui des chirurgiens. L'anesthésiste connaît sa propre importance mais sait qu'elle est toujours sous-estimée. Il n'est pas inutile d'user de flatteries et de tenter de tisser un lien durant les quelques secondes où vous êtes éveillé face à cet homme car il peut, mieux que tout autre, vous tuer.

Allongée sur le dos, avec mon bonnet de douche bleu, j'essayais de déployer tous mes charmes mais l'anesthésiste du téton n'était pas intéressé.

— C'était rapide, dis-je quand, après m'avoir posé trois brèves questions, il fit signe au brancardier de m'emmener au bloc.

— Vous avez survécu à sept heures la dernière fois, répliqua-t-il assez froidement. Vous supporterez quarante minutes.

Piqûre d'aiguille. Liquide glacé dans mon bras. Bonne nuit.

Le réveil fut lent. Douleur à l'abdomen. Migraine. Nausées. Maux de gorge. Pire encore, une pancarte sur la porte annonçant : « Nemportez pas les radios. » Une infirmière me demanda si ça allait. Non, pas avec cette apostrophe manquant dans la pièce. Je ne leur aurais jamais confié ma vie si j'avais su qu'ils ne connaissaient rien aux apostrophes.

De retour à la maison, je grimaçais de douleur en changeant des bandages ensanglantés. Pour ressembler à une « vraie » femme, je devais m'infliger de bien lourdes peines.

Comment maman aurait-elle réagi si elle s'était trouvée dans ma situation ? Pour une femme de sa génération, elle était au plus haut point consciente de sa propre image. Elle possédait un sens inné du style, si bien que même à soixante-dix ans passés, elle pouvait encore faire tourner les têtes. Quand j'étais allée acheter mon premier soutien-gorge avec elle, j'avais été surprise de sentir comment cet engin me mordait les chairs. Peu après, elle m'avait fait enfiler un porte-jarretelles et des bas, une ceinture hygiénique (l'ancêtre des serviettes du même non) dotée d'immenses épingles de sûreté et une autre serviette (hygiénique aussi) de la taille d'une planche de surf, *plus* un corset (« *C'est un des plus légers, ma chérie* »). En ce temps-là, l'effort nécessaire pour devenir une « vraie » femme était incroyablement important.

Oui, à ma place, maman aurait sans aucun doute opté pour la reconstruction complète, mamelon compris. Et puis, il y avait Philip. Je ne parle pas non plus d'un vestige de ma propre vanité.

La convalescence fut plus longue et plus lente que ne le laissait supposer une « brève intervention ». Lydia endossa à nouveau le rôle d'infirmière, me ramenant de véritables marées de cafés de chez Spoonful, et s'occupant de la cuisine. De la même manière, Jonah semblait comprendre mes souffrances et se blottissait contre moi dans le lit comme pour dire : « *Et si on s'offrait un bon repos, hein ?* » Je trouvais un peu de réconfort dans l'idée qu'une fois guérie, il ne me resterait qu'une dernière étape à franchir quelques mois plus tard : me faire tatouer le mamelon pour lui donner une teinte plus sombre.

La vue de Philip, apparaissant dans le couloir avec un bouquet de fleurs, tétanisa notre chat. Ses yeux devinrent une paire de soucoupes opalescentes, ses oreilles pointèrent vers l'avant, ses moustaches frémirent comme des fils électriques.

Miaulant comme un damné, il sauta sur ses pattes arrière pour s'étirer de tout son long contre les jambes de Philip. Suppliant, il lui tapotait les hanches de ses coussinets.

Jonah ne s'intéressait pas aux fleurs elles-mêmes, ni au papier ou à la cellophane dans lesquels elles étaient emballées. Il voulait le ruban du fleuriste.

Son obsession ne supportait pas l'à-peu-près. Il fallait que ce soit le *bon* ruban provenant du *bon* fleuriste, en l'occurrence, une sorte de fil satiné provenant d'une boutique qui s'appelait Dites-le avec des fleurs et se trouvait non loin de notre ancienne maison. Si quelqu'un avait le malheur d'apporter des fleurs maintenues par une autre sorte de ruban, Jonah se lançait dans une véritable scène d'opéra. Une fois passée l'excitation initiale, il examinait le bouquet noué avec un truc en polyester ou bien une large bande de soie ou tout autre lien inacceptable. Ses yeux se plissaient de dégoût, sa queue s'effondrait et il s'en allait lentement bouder ailleurs.

Si, cependant, c'étaient bien des fleurs provenant du *bon* fleuriste utilisant le *bon* ruban, il faisait montre d'une véritable extase. À l'instant où le bouquet était posé sur la table, il l'assaillait, mordillant et tirant l'objet de son désir. Un humain essayait en général de le chasser mais dès l'instant où le ruban n'était plus solidaire du paquet, il lui fonçait dessus, le coinçait entre ses dents et filait, heureux tel le joueur qui vient de gagner contre le casino.

Fier et enthousiaste, il transportait son trophée partout avec lui dans la maison et, nuit et jour, nous implorait de prendre part à « Jonah et le ruban », un jeu dont les possibilités étaient sans limite. Le ruban pouvait se transformer en serpent rampant sur la moquette, en oiseau filant dans les airs, en souris se cachant sous un tas de coussins. Il lui arrivait même de s'en servir pour attacher des pieds de chaise.

Pendant des semaines, Jonah et son ruban étaient inséparables, jusqu'à ce que l'objet de sa passion s'effiloche par les deux bouts et tombe en lambeaux. Même alors, il refusait de s'en séparer.

Redoutant que ces bouts de fils épars ne mettent en danger sa digestion, je saisissais l'occasion, dès que son attention était occupée ailleurs, par exemple par une vraie mite bien vivante ou alors par une ombre passant sur le sol de la cuisine, pour flanquer l'objet chéri à la poubelle.

Le regarder ensuite chercher son amour perdu pouvait vous briser le cœur. Je rendis visite au fleuriste et lui demandai furtivement si je pouvais lui acheter quelques longueurs de ruban, sans fleur. La vendeuse s'imagina que j'avais déjà le bouquet. Quand je lui expliquai l'addiction de Jonah, elle parut vaguement amusée.

— Votre chat a-t-il une couleur préférée ? s'enquit-elle en remuant des tresses de ruban qui pendaient, séductrices, d'un crochet.

Si Jonah avait été là, il aurait déjà été en transe.

— Rose, répondis-je. Je sais, c'est bizarre pour un garçon, mais c'est un siamois, ce qui explique beaucoup de choses. Même si certains prétendent que c'est un tonkinois et que donc…

La femme commençait à me regarder d'un air bizarre, et même craintif. Je lui en avais trop dit. Elle eut néanmoins la gentillesse de me donner mes rubans et de continuer à me fournir d'une manière régulière. Forte de cette réserve, j'essayais de contrôler l'addiction de Jonah, lui offrant une dose à la fois.

Cette discipline ne tarda pas à se relâcher. Des rubans à toutes les étapes de leur cycle de vie jonchaient la maison, surtout notre chambre à coucher ; ils y traînaient par terre, sur le lit et sous les tables de nuit. Je me demandais ce que les femmes de ménage en pensaient. Sans doute que nous les utilisions pour des jeux sexuels bizarres.

S'il restait très affectueux et adorait ses exploits matinaux en compagnie de Philip, Jonah donnait cependant l'impression que son monde était loin d'être parfait. Même son domaine privé tapissé d'herbe à chat ne l'attirait plus. Après une demi-heure passée sur un hamac à se faire torturer par des pigeons obèses de l'autre côté du grillage, il revenait à l'intérieur exiger caresses et câlins.

S'il n'obtenait pas assez d'attention de la part de ses

sujets humains, il patrouillait la maison tel un requin, se glissant furtivement dans chaque pièce pour trouver un moyen d'évasion. Qu'il veuille encore s'enfuir me peinait. Et quand il y parvenait, il nous obligeait à nous lancer à sa poursuite dans tout le quartier, une traque qui s'avérait souvent humiliante.

Un soir, après qu'il était parvenu à se faufiler par la porte d'entrée entrebâillée, les filles et moi repartîmes à la chasse au Jonah. Nous le vîmes trotter dans la rue. Un peu plus loin, un gros chien noir tirait violemment sur sa laisse pour lui foncer dessus. Certain de pouvoir lui régler son compte en un clin d'œil, Jonah se précipita vers le malotru. Les filles et moi poussâmes un grand cri tandis que les deux animaux s'approchaient l'un de l'autre. La confrontation était inévitable maintenant. Jonah allait se transformer en pâtée pour chien.

Je me demandai – et ce n'était pas la première fois – comment un animal aussi intelligent pouvait à ce point manquer de bon sens. Comment pouvait-il s'imaginer être de taille à affronter une bête dix-sept fois plus grosse que lui ? Redoutant ce qui allait se passer, je fermai les yeux.

Un aboiement de baryton déchira la nuit. C'était le cri de guerre joyeux et confiant qu'émettent les chiens de chasse quand ils débusquent le renard.

Soudain, je sentis un souffle de vent sur mes chevilles. Ouvrant les paupières, je vis un trait crème et brun filer entre mes pieds. Il fonça tout droit se cacher derrière ma voiture. Sur ses talons galopaient cent kilos d'impatience canine, suivis de près par une maîtresse déconcertée. Après avoir tenté d'emprunter la même route que sa proie entre mes jambes, le chien préféra tout simplement m'écarter de son chemin, manquant de me renverser. Puis il chargea ma voiture.

— C'est votre chat ? demanda la propriétaire du monstre, haletante. Spike veut juste s'amuser avec lui. Vous voyez ? Il est content. Il remue la queue !

Les aboiements du chien montèrent dans les aigus pour se transformer en chant de ténor dans l'espoir d'attirer Jonah hors de son refuge. Mais celui-ci ne fut pas tenté. Il émit un miaulement sourd et guttural.

Surpris, le chien eut un mouvement de recul et s'assit sur son arrière-train.

— C'est bien la première fois que j'entends un chat mugir comme une vache, dit sa maîtresse.

La même soif d'horizons plus lointains continuait à habiter notre fille aînée. La visite du moine ne l'avait pas étanchée, bien au contraire.

Mon cœur tremblait chaque fois qu'elle parlait d'un retour au Sri Lanka. Je tendais une oreille anxieuse dès qu'elle appelait le monastère. Et quand elle s'adressait à des étrangers au bout du fil, j'étais intriguée de l'entendre utiliser le même langage mélodieux que lors de ses incantations.

Lydia avait toujours été douée pour les langues, mais il était quand même incroyable qu'elle ait appris le cinghalais aussi vite. Pourtant, elle s'exprimait avec fluidité et ses interlocuteurs ne semblaient avoir aucun mal à la comprendre. Plus j'espionnais la vie secrète de Lydia, plus elle me semblait mystérieuse.

Si elle s'était donné la peine d'apprendre cette langue, c'est qu'elle estimait avoir un avenir quelconque au Sri Lanka. Je continuais à suivre les nouvelles. La violence régnait toujours sur l'île, mais vingt-cinq années de guerre civile arrivaient à leur fin sanglante. Le 16 mai 2009, le président sri-lankais proclama la victoire sur les Tigres tamouls. Une pause plutôt qu'une trêve, dirent certains. Mais j'espérais que si Lydia retournait là-bas, la situation n'y serait plus aussi inquiétante.

Un soir, le téléphone hurla aux alentours de minuit. Je cherchai le combiné à tâtons. Depuis l'accident de Sam, mes nerfs avaient subi un reformatage complet et ne supportaient plus les coups de fil intempestifs. Quand on me demandait ce que je voulais pour mon anniversaire, je répondais : tout sauf une surprise.

J'eus la stupeur d'entendre Louise, mon éditrice à Sydney. Elle semblait très impatiente. Je me préparai à accepter la mauvaise nouvelle.

Elle m'annonça que ses collègues avaient emporté *Cléo* à la foire du livre de Londres, et qu'il y avait fait un carton. En cet instant même, cinq éditeurs britanniques se battaient pour obtenir les droits pour le Royaume-Uni, et les maisons d'édition d'au moins dix autres pays voulaient le traduire dans leur propre langue.

J'avais développé une technique pour encaisser les mauvaises nouvelles : prendre du recul, ralentir le processus de réflexion, essayer de ne pas proférer une stupidité. Mais une bonne nouvelle ? Une *incroyablement* bonne nouvelle ? Il m'était presque impossible d'admettre que cette histoire bancale – la nôtre – qui parlait de perte, d'amour et d'une petite chatte noire intéressait le monde entier.

Maintenant que j'étais vraiment réveillée, ma bouche pouvait enfin formuler deux mots et les répéter encore et encore : « Waow » et « merci ».

— Vous avez écrit un *best-seller* international, me dit Louise. Votre vie va changer.

Comme je venais de raccrocher, les ombres dans la chambre parurent se remplir de la présence de tous ceux auxquels j'avais voulu rendre hommage avec ce livre. Sam et maman m'enveloppèrent de leur chaleur aimante, tout comme Cléo. J'avais enfin trouvé un moyen de remercier les parents, les amis et les inconnus qui nous avaient aidés à surmonter ce deuil, ainsi que l'homme qui était resté auprès de Sam pendant ses derniers instants, au bord de cette route. Le livre m'avait aussi donné un moyen de faire savoir à la conductrice de cette voiture que je lui avais pardonné.

29

Poussière d'étoile

Une chatte parcourt le monde.

Cléo, le livre, fit son entrée à pas de chat sur la scène publique lors d'un lancement dans une librairie de Melbourne. Parmi la cinquantaine de personnes présentes, certains de nos amis les plus chers souriaient et me demandaient généreusement de dédicacer leur exemplaire. Julie, ma prof de yoga, David, le décorateur d'intérieur, le professeur de violon de Katharine…

Des amis un peu moins proches s'étaient arrachés au journal de vingt heures pour venir : la psy qui m'avait aidée à surmonter le cancer du sein ; Robert qui avait conçu mon site web, bien que nous ne nous soyons encore jamais rencontrés.

Une femme fantastique, Deirdre Coleman, une ancienne prof de Lydia, avec qui je m'étais liée d'amitié, fit un discours si profond et affectueux que j'en fus bouleversée.

Mais surtout, Philip et toute notre famille presque adulte se tenaient là. Rob et Chantelle rayonnaient de cet éclat si particulier qui illumine les amants. Lydia et Katharine, qui avaient invité certains de leurs amis, étaient très en beauté.

On me demande parfois comment ils réagissent de se voir ainsi présents dans la plupart de mes récits. Tout ce que je peux dire, c'est qu'ils font preuve d'une générosité et d'une tolérance incroyables. Rob, Lydia et Katharine ont grandi ainsi. Leur mère écrivait sur eux avant même leur naissance, et n'a jamais cessé depuis, à travers tous nos bonheurs et nos malheurs. Un autre élément jouait en ma faveur : ils avaient longtemps été convaincus que les divagations de leur mère n'intéresseraient jamais personne.

Cela ne fut sans doute pas aussi facile pour Philip. Il lui fallut un moment pour s'habituer à devenir de la matière pour écrivain, mais nous étions d'accord : il lirait tout ce qui le concernait avant publication.

Une semaine après la signature à Melbourne, je m'envolai pour la Nouvelle-Zélande et un autre lancement émouvant à Wellington où se déroule la plus grande partie du livre. Louise me fit l'honneur de venir spécialement de Sydney pour l'occasion. Avec Roderick Deane qui, le premier, m'avait encouragée à écrire cet ouvrage, ils firent des discours géniaux qui furent suivis par des retrouvailles larmoyantes avec de vieux amis et voisins.

Après avoir reçu des invitations à la télévision et à quelques conférences en Australie et en

Nouvelle-Zélande, je ne paraissais plus vouée à vivre sous ce linceul d'invisibilité qui recouvre les femmes d'âge mûr. Peut-être n'étais-je plus condamnée à faire des mots croisés et à regarder « Le maillon faible » jusqu'à ce qu'on m'extraie de ma maison dans un fauteuil roulant.

Je pensais plus ou moins que la famille montrerait des signes d'agacement mais tous avaient les yeux qui brillaient à la moindre bonne nouvelle concernant le livre. Et il y en eut beaucoup.

Plantée devant mon ordinateur dès les premières heures de la matinée, je pouvais deviner où il venait d'être publié grâce à des mails rédigés dans des langues étrangères qui étaient arrivés au cours de la nuit. Russie et Taïwan une semaine, Italie celle d'après. Je ne m'étais jamais rendu compte que la fonction « traduire » d'un ordinateur pouvait être aussi utile. Le succès de *Cléo* m'apprenait que, partout sur le globe, les gens se ressemblent. Tous, nous chérissons nos animaux domestiques et nous donnerions nos vies pour nos enfants. Si les humains attachent tant d'importance aux mêmes choses, il est tragique qu'autant d'énergie soit gaspillée à nous concentrer sur nos différences.

Lydia se retroussa les manches ; elle prenait d'instinct le relais quand des piles d'assiettes débordaient de l'évier ou bien quand, par inadvertance, j'oubliais de préparer le dîner. Suivant son exemple, Katharine se montrait tout aussi serviable. Je n'avais plus jamais à demander à ce que la table soit mise ou débarrassée.

Le cancer avait appris à nos filles à endosser certaines responsabilités et à s'épanouir en tant que jeunes femmes. À les regarder rire et parler ensemble, j'étais parfois bouleversée. Si les choses s'étaient passées différemment et si j'avais repoussé la mammographie, je n'aurais maintenant été qu'un souvenir.

D'innombrables mails arrivaient sur mon écran. Beaucoup d'entre eux étaient incroyablement touchants, un tribut aux chats et à leur importance dans la vie des gens. Une femme dont le mari s'était suicidé racontait que leur chat (qui était généralement terrifié par les étrangers) était resté auprès de son époux pendant que les secouristes tentaient de le sauver. Une autre avait sombré dans une dépression apparemment incurable après une fausse couche... jusqu'à qu'une chatte nommée Cléo entre dans sa vie. Et puis il y avait Wilson qui refusait de quitter le chevet d'un enfant de quatre ans atteint de leucémie. La nuit où le gamin mourut, Wilson courut sur la route et fut heurté par une voiture. Un vétérinaire, comprenant les tourments de la famille, fit tout son possible pour sauver le chat et Wilson survécut pour soutenir les siens dans leur chagrin.

Celles-ci et bien d'autres histoires m'émouvaient tant et si bien que je me retrouvais souvent en larmes devant mon ordinateur. Même si je répondais de mon mieux à chaque message, les mots me manquaient parfois. Quand je n'arrivais pas à formuler de réponse satisfaisante, j'appelais Lydia ou Katharine à la rescousse. Lydia se montrait particulièrement douée avec les gens peu conventionnels. Elle parvint à suggérer à une femme qui vivait avec soixante-douze chats, un âne, un hibou et trois paons qu'elle avait sans doute besoin d'un soutien psychologique. Je commençais à me rendre compte que son expérience au Sri Lanka combinée à ses études lui donnait une qualité de compréhension rare chez quelqu'un de son âge.

Cléo m'ouvrait le monde de bien des façons. Un contrat d'adaptation au cinéma fut signé, et suivi par une tournée de promotion internationale. Après deux années consacrées à la lutte contre la maladie et à la rédaction du livre, j'étais soucieuse de présenter une image publique passable. Ma collection de survêtements alla à la poubelle. L'uniforme John Wayne du cancer aussi.

J'allais donc me faire interviewer par des journalistes étrangers. Après avoir travaillé dans les médias pendant trois décennies, je me pensais capable de leur fournir un angle – comme on dit dans le jargon – mais je m'inquiétais davantage de mon « style » : mon côté femme d'intérieur des antipodes. J'envisageai d'« améliorer » mon apparence, de la rendre plus sophistiquée. Au bout du compte, je décidai que l'honnêteté était plus sûre. Si l'auteure de *Cléo* décevait les spectateurs, eh bien tant pis.

Contrairement aux moments où elle nous menait vers l'aéroport quand Lydia partait pour le monastère, la voiture bourdonnait d'enthousiasme. Entre deux promesses d'envoyer des cartes postales et des messages à Philip et aux deux filles, je compris que ce saut dans l'inconnu était d'une certaine façon la version âge mûr de ce qu'avait fait Lydia.

Quand j'embrassai Philip et Katharine, elle resta à l'écart. Pendant un moment, je crus qu'elle n'allait même pas me dire au revoir. Au moment où je me tournai vers la porte des départs, Lydia s'avança.

— Je suis si fière de toi, dit-elle en me prenant dans ses bras.

Sa générosité me laissa un peu penaude. Ma réaction vis-à-vis de ses exploits au Sri Lanka avait été bien moins enthousiaste.

Une valse de Strauss tourbillonnait dans ma tête tandis que l'avion décrivait des cercles autour de Vienne où j'allais assurer la promotion de l'édition en langue allemande du livre. Je me tordis le cou pour contempler les forêts autrichiennes. Nues et sombres dans leurs vêtements d'octobre, elles semblaient s'étaler à l'infini vers les pics enneigés.

Martina, mon éditrice locale, m'avait envoyé par mail des instructions très détaillées pour m'expliquer comment trouver un taxi à l'aéroport. Tourner à droite juste après la douane, franchir les portes automatiques et chercher une petite hutte rouge.

Tout se passa exactement comme elle l'avait prédit. Sauf que ce fut plus facile et plus rapide que je ne l'avais cru. Je regrettais de ne pas parler allemand. Il me paraissait gênant, grossier même, de compter sur la connaissance de l'anglais de mes interlocuteurs. Le silence régnait dans le taxi tandis que le chauffeur et moi écoutions Lady Gaga chanter un truc torride. Quand je lui demandai ce qu'il pensait d'elle, il me livra une analyse très professionnelle sur sa capacité à marier talents artistiques et flair commercial. Tout cela dans un anglais parfait.

Julie Andrews aurait apprécié ma chambre d'hôtel. Blanche comme un edelweiss, elle était aussi craquante qu'une escalope viennoise sans les nouilles. Ma valise vomit son contenu sur le sol et je m'y sentis aussitôt un peu plus chez moi.

Pour combattre le décalage horaire, je me rendis au musée Mozart voisin. Réputé pour être le dernier immeuble viennois encore debout dans lequel le musicien avait vraiment vécu, il était élégant. Errant dans ces pièces si lumineuses, j'imaginais le génie qui avait eu une vie si brève les traverser, vêtu d'une de ses vestes brodées.

Son masque mortuaire en bronze était fascinant. Mozart semblait avoir été étonnamment séduisant, un peu comme Elvis, avec ses cheveux rejetés en arrière.

Comme j'avais évoqué une amie qui aimait le champagne dans *Cléo*, tous mes éditeurs étrangers semblaient persuadés que je ne buvais rien d'autre. Les assurer du contraire était épuisant, surtout quand ils me remplissaient une coupe à 11 heures du matin ou à 3 heures de l'après-midi. J'y renonçai donc.

Martina devint mon âme sœur autrichienne. Avec ses deux chats, elle avait consulté des images satellites de Wellington pour voir si les descriptions de mon livre étaient fidèles. Lors du dîner, elle m'expliqua le culte dont faisaient l'objet artistes et écrivains en Autriche et en Allemagne.

— Vous voulez dire comme des joueurs de rugby ? demandai-je.

Elle parut ne pas comprendre. Il *fallait* que j'apprenne l'allemand, me dis-je. Ou alors que je m'installe à Vienne.

Un soir, clopinant sur les pavés alors que je me rendais à une lecture, je sentis soudain que j'étais suivie – non par une silhouette, mais par plusieurs. Je pressai le pas. Elles en firent autant. Je ralentis, elles s'immobilisèrent. J'entendais leur respiration. Finalement, je n'y tins plus et me retournai, prête à en découdre avec mes éventuels agresseurs. Le cœur battant, je regardai ceux qui venaient me voler, ou pire encore.

— Madame Brown ? demanda une voix polie. J'aime votre livre. Serait-il possible d'avoir un autographe ?

Lire des passages de mon livre dans un bijou de pièce où Mozart en personne avait joué dut constituer un des plus grands honneurs de ma vie. Difficile, cependant, de savoir ce que pensait le public de cette auteure australienne à l'ossature massive. Martina m'a rapporté plus tard que quelqu'un avait remarqué que je ressemblais à la reine – un commentaire qui m'avait laissée perplexe. Peut-être était-ce dû au fait qu'un peu plus tôt dans la journée, ma chevelure avait été transformée en sculpture de béton par un coiffeur viennois.

Philip était entre de bonnes mains : Lydia et Katharine veillaient sur lui. Néanmoins, j'envoyais photos et messages à la maison dès que j'en avais l'occasion. Lydia répondait aussitôt avec un « fantastique ! » ou bien par une mise à jour de ses dernières notes, chaque fois meilleures. Je commençais lentement à comprendre que je lui avais rendu avec intérêt toutes les peines qu'elle m'avait infligées. J'en éprouvais un profond remord.

Quand j'arrivai à Londres, où *Cléo* était entré dans la liste des *best-sellers* du *Sunday Times* dès sa première semaine, une forêt de fleurs m'attendait dans la chambre d'hôtel. Je crus d'abord à une erreur mais elles provenaient bien de Lisa, ma brillante et généreuse éditrice pour le Royaume-Uni. À la BBC, on m'enferma dans une cabine et on me fournit un casque pour une série d'interviews radiophoniques. Certains journalistes avaient bien lu le livre, d'autres se contentaient d'occuper du temps d'antenne. Plus tard ce jour-là, Lisa organisa un thé (nous étions en Angleterre) dans les bureaux de Hodder and Stoughton afin que je puisse rencontrer la trentaine de personnes qui avaient travaillé sur l'édition britannique. Trois d'entre elles, au moins, étaient néo-zélandaises. Le thé céda la place à du champagne.

J'avais cru que Lisbonne serait plus reposant que Londres. L'éditeur portugais de *Cléo* était un bol de miel fait homme. Il vint me chercher à l'aéroport pour me conduire dans un hôtel plutôt branché des années soixante. J'ai adoré regarder Lisbonne et ses pavés blancs descendre vers la mer.

J'envoyai un message à Lydia : « Tu serais bien ici. Les gens sont simples et amicaux. C'est comme l'Australasie, sauf qu'en plus, il y a l'histoire. » J'hésitai à ajouter que les fruits de mer étaient délicieux, de peur d'offenser son âme végétarienne.

Tard le soir, tôt le matin en Australie, j'appelai Philip. Il m'assura que Jonah, les filles et lui se portaient comme des charmes. Je voulus savoir si on parlait encore du Sri Lanka à la maison et fus soulagée de l'entendre dire « non », même si Lydia continuait à méditer beaucoup et était devenue secrétaire de la University Buddhist Society. Aucun signe du moine, non plus. Nous espérions tous les deux qu'elle continuerait ses études de psychologie pendant encore au moins un an.

Le livre s'étant bien vendu auprès du public adolescent portugais, on me demanda d'intervenir dans un lycée pendant une bonne heure. Comme j'avais compris que ces jeunes ressemblaient beaucoup aux gosses de l'école de Katharine, nous nous entendîmes plutôt bien. Après que je les eus convaincus que je n'étais pas vraiment une adulte, ils devinrent fantastiques. Chacun avait une anecdote ou bien une peine à raconter. J'essayais de répondre de mon mieux, au point d'en avoir mal à la gorge. Je commençais à m'inquiéter : ma santé n'était peut-être pas assez solide pour affronter une tournée de promotion mondiale.

Après le lycée, j'eus droit à des interviews avec un quotidien national et un grand magazine. Je passai un séjour formidable au Portugal mais ce n'étaient pas des vacances. Certains journalistes s'avéraient plus agréables que d'autres. Je restai perplexe devant la nature intellectuelle des questions posées par une reporter à lunettes de Lisbonne. Soumise à une enquête freudienne sur mes relations avec ma mère lors de la foire du livre de Vienne, je m'étais déjà un peu agacée.

Quand je débarquai dans les canyons bétonnés de New York, mon mal de gorge s'était mué en incendie. Je fis de mon mieux pour cacher mon épuisement à mes enthousiastes éditeurs américains. Ils m'invitèrent dans l'un des plus chics restaurants de la ville et m'annoncèrent qu'ils allaient mettre sur la couverture : « N° 1 des *best-sellers* mondiaux. » Admirant l'élégance raffinée de mes compagnons de déjeuner, je ne m'étais jamais sentie aussi loin du cancer et de la mastectomie. Ma vie avait changé du tout au tout en moins de deux ans.

En dépit de ce merveilleux accueil, je souffrais maintenant de frissons et d'une toux persistante. J'attendais avec impatience de rentrer chez moi, de préférence dans mon lit. Un médecin vint me rendre visite à l'hôtel et m'expliqua que mon état était compréhensible. Une tournée de promotion pouvait être extrêmement épuisante et le cancer avait affaibli mon système immunitaire.

Curieux du livre, il reconnut l'importance des animaux domestiques dans notre monde contemporain. Deux de ses patients avaient souffert de graves dépressions après la mort de leurs chats. Il griffonna une ordonnance pour des antibiotiques et me donna un inhalateur pour l'avion. Je lui dédicaçai un exemplaire de *Cléo* en regrettant de ne pas pouvoir glisser le bon docteur dans ma valise.

De retour en Australie, je découvris que Jonah adorait être le chat d'une célébrité. Tous les matins, il arrivait en trottinant dans mon bureau. Même si je me méfiais encore des méfaits qu'il pouvait commettre dans cette pièce, je le laissais se nicher contre mon ventre alors que j'inspectais les mails de la nuit. Il fut radieux le jour où une équipe de télévision française débarqua à Shirley afin de tourner un documentaire pour une émission très appréciée dans ce pays : « 30 millions d'amis ».

On aurait pu penser que quelques prises de vue d'un chat dans une maison ne présenteraient aucune difficulté, mais Jonah n'avait pas l'intention de faciliter la tâche du cameraman. Quand je voulus le prendre sur mes genoux pour le caresser afin d'offrir l'image de la dévotion que voue au chat son esclave humain, Jonah aplatit les oreilles et se tortilla pour devenir soudain aussi glissant qu'un pépin de citrouille. Il m'échappa et disparut au galop dans le couloir.

Nullement décontenancé, l'opérateur me dit qu'il aurait bien aimé me filmer avec mon compagnon dans les bras, sous notre porche. Mon cœur se serra. Du point de vue de Jonah, tout franchissement de la porte d'entrée était un appel à la fuite, et à enfin lancer aux chats noirs de la rue toutes les insultes qu'ils méritaient.

Nerveuse, je ramassai notre bestiole tandis que le technicien se postait dans l'allée. Jonah se raidit dans mes bras dès que ma main se posa sur la poignée de la porte. Je sortis sous la véranda en essayant d'afficher un air détendu. Pour le moment, tout allait bien. Jonah et moi présentions l'image du bonheur parfait qui peut lier deux espèces différentes.

C'est alors que la porte, munie d'un système de sécurité, claqua derrière nous. Jonah fit un bond d'un mètre en l'air. Poussant un hurlement, je tendis les bras vers lui. Heureusement, l'attraction terrestre me le renvoya et je pus l'attraper au vol.

J'étais exaspérée et un peu gênée par le manque de coopération dont faisait preuve notre animal domestique, mais le cameraman ne broncha pas. Il avait déjà filmé en milieu sauvage, m'expliqua-t-il – une véritable aubaine dans ces circonstances. Haussant les épaules, il se prépara à l'interview de Rob qui s'était libéré de son travail pour l'occasion.

Ne sachant plus trop quoi faire, je préparai un déjeuner pour l'équipe de tournage. Je pensais que ses membres avaient fini leur travail pour la journée. Mais le cameraman était infatigable. Il passa l'après-midi à ramper autour de Jonah, enregistrant la moindre de ses démonstrations d'exhibitionnisme, bondissant dans le salon comme un kangourou, filant dans l'escalier à la vitesse de l'éclair.

Même quand l'épuisement le saisit enfin et qu'il s'effondra sur un coussin, l'opérateur continua à filmer le chat qui ouvrait une paupière de temps à autre pour s'assurer qu'il était toujours dans l'œil de la caméra.

Cet homme avait fait preuve d'une admirable conscience professionnelle mais je restais néanmoins assez dubitative quant au résultat final. Je me trompais. Quand je vis enfin l'émission, je la trouvai exquise. L'incident avec la porte qui claque avait, avec tact, été coupé au montage. Jonah apparaissait comme la créature extravagante qu'il est vraiment – même si, avec mon français qui datait du lycée, je ne compris absolument rien au commentaire.

30

Vie nouvelle

Peu de joie sont plus grandes que l'arrivée d'une autre génération.

La vie avait changé depuis la publication de *Cléo*. À la maison aussi, elle prenait des formes et des couleurs différentes. Lors de l'une de ses visites dominicales, je remarquai que Chantelle refusait de boire du vin. Bien sûr, elle pouvait observer un régime, totalement inutile dans son cas. L'alternative était trop excitante pour que j'ose y songer.

Lydia et Katharine débarrassaient la table quand elle annonça la grande nouvelle. La naissance du bébé était prévue début juin. Philip, les filles et moi l'ensevelîmes sous nos baisers. Dans son coin, Rob essayait de cacher sa fierté.

Rougissante, Chantelle annonça qu'ils n'avaient pas

prévu que cela arrive aussi vite. Ayant consulté un médium qui avait assuré qu'ils n'auraient pas de bébé avant trois ans, ils avaient un peu relâché la discipline. C'était une merveilleuse nouvelle même si je dois confesser que j'avais du mal à me faire à l'idée que Rob, mon petit garçon, devienne papa ; Lydia et Katharine filaient tout droit vers Tataville ; Philip, mon autre garçon, se muait en grand-père. Et moi… en *grand-mère* ?!

Je compris soudain pourquoi maman avait été si irritée devant les possibilités décevantes de dénominations disponibles : mémé (trop chèvre), mamie (trop *Petit chaperon rouge),* grand-maman (franchement !). Un ami maori m'avait dit qu'il appelait sa grand-mère Kuia, ce qui paraît joli quand on le voit écrit mais qui, dans la plupart des langues occidentales, sonne d'une façon un peu trop équivoque. S'il me fallait un nom, je voulais qu'il soit vague et inoffensif, je m'inspirai donc des *Teletubbies* et optai pour Lala.

Durant les mois qui suivirent, Jonah se prit d'un intérêt tout particulier pour les métamorphoses du corps de Chantelle. Chaque dimanche, il s'enroulait contre son ventre, la tête pressée contre elle comme pour écouter un cœur qui bat.

Les mois s'envolèrent et avant même que nous ayons le temps de nous en rendre compte, la dernière semaine de compte à rebours démarra. Il y avait bien eu des fausses alertes mais chaque fois que quelque chose semblait sur le point de se passer, les contractions cessaient. Chantelle en avait marre. Rob était sur les nerfs. Je n'avais plus de laine à tricoter.

Le mercredi soir, cinq jours avant la date prévue, la famille lança des paris sur l'arrivée du bébé. De nature optimiste, je choisis le vendredi. Lydia et Katharine, le samedi. Quand Philip plaça sa mise sur le dimanche, je lui dis que les pauvres parents ne pourraient pas tenir aussi longtemps.

Le vendredi matin, Chantelle envoya un texto annonçant que les contractions étaient régulières et qu'ils ne tarderaient pas à partir à l'hôpital. Après plusieurs heures de silence, j'envoyai un SMS : « ? » La réponse arriva sur-le-champ : « Rien. Contractions terminées. » Ce ne fut pas mieux le samedi.

Aux premières heures de la matinée du dimanche, je me hissai hors du lit pour mon habituelle visite nocturne dans la salle de bains. Les chiffres du réveil brillaient d'un rouge éclatant : 3:15. Au moment où je m'enroulais à nouveau dans les couvertures, mon téléphone portable vibra. Les doigts tremblants, j'ouvris le message. Il venait de Rob. Bébé Annie venait tout juste de naître, quatre kilos zéro huit. La mère et la fille (et le père !) se portaient bien. Chambre A24.

Allumant la lumière, je secouai Philip. Il n'avait pas besoin de dormir, il venait de devenir grand-père. Je lui demandai comment il voulait se faire appeler. Pas papy ni pépé, non ? « Pourquoi pas papa[1] ? » proposai-je en plantant un baiser sur sa joue mal rasée. « Papa et Lala, ça sonne plutôt bien, je trouve. » Philip sourit et acquiesça. Il dormait encore à moitié.

Certaine que je ne pourrais plus trouver le sommeil, je me levai et mis une bouilloire sur le feu. Un bébé

1. En anglais, pas de confusion possible, « papa » se dit *daddy*.

d'étoile venait d'arriver sur la planète Terre. Ce n'était pas notre fille, mais avec un peu de chance, sa vie serait mêlée à la nôtre sans que nous héritions des inconvénients. Pas de nuit blanche, pas d'entretien parents/professeurs mais tout un tas de mauvaises excuses pour aller au zoo, voir *Disney on Ice*, et nous conduire à nouveau comme des gosses.

Dès qu'elles apprirent la nouvelle, Lydia et Katharine abandonnèrent leur lit pour se glisser dans leurs vêtements. Jonah était bien réveillé et sur les nerfs, ayant été privé de son coussin préféré – le bras de Katharine. Si une mission nocturne était au programme, il comptait bien en faire partie et nous accompagner, se jetant tête la première contre la porte d'entrée en miaulant sauvagement. Tels des clowns lors d'un rodéo, nous entreprîmes une manœuvre de diversion : l'un d'entre nous attirait son attention pendant qu'un autre sortait.

Étant la dernière, je rappelai à Jonah l'importance de garder la maison et fermai la porte. Tandis que la voiture partait en marche arrière dans l'allée, nous vîmes une silhouette reconnaissable entre toutes sur le rebord de la fenêtre du salon, pressant son museau contre la vitre. Deux petits phares bleus brillaient d'agacement.

Appareils photo en main, nous nous lançâmes dans les couloirs gris de l'hôpital. Je m'attendais plus ou moins à être arrêtée par une infirmière revêche, de celles qu'on trouve toujours dans les maternités et qui semblent là uniquement pour faire respecter les horaires de visites. Mais ces vieilles filles avaient disparu depuis longtemps, à peu près à la même époque que les poires à lavement.

L'hôpital était plongé dans le coma qui précède l'aube. Aucun brancard ni chariot de petit déjeuner nulle part. Cherchant la chambre A24, nous pressâmes encore le pas. Dans le coude d'un corridor, nous rencontrâmes un vieil Indien assis sur une chaise dans le couloir, un petit garçon perché sur les genoux. Le visage de l'homme était creusé de profondes rides et la cataracte rongeait ses yeux, pourtant il souriait comme un soleil. Il avait depuis longtemps dépassé les quatre-vingts ans, et son existence touchait à sa fin, mais derrière une de ces portes, sa fille (ou plutôt sa petite-fille) veillait sur cette nouvelle vie qui lui avait arraché toute tristesse due à son grand âge. Je fus soudain frappée par le bonheur qui règne dans les maternités, si différent de ce qui se passe partout ailleurs dans un hôpital.

Contenant à grand-peine notre excitation, nous trouvâmes enfin la chambre A24 et découvrîmes en y entrant une charmante scène de nativité. Même si Chantelle semblait fatiguée, et Rob aussi, leurs sourires étaient tendres et triomphants tandis que nous nous penchions au-dessus du minuscule couffin. Sous sa couverture rose et blanche, Annie était très jolie, avec ses boucles de cheveux bruns éparpillées sur le crâne et ses mains miniature.

Portant pour la première fois le poids réconfortant de ma petite-fille, j'étudiais son visage en songeant aux centaines de milliers de gens qui faisaient partie de ce petit être. Certains de ses traits étaient familiers : les yeux en amande n'étaient pas très différents de ceux de Rob quand il était nouveau-né et sa bouche de chérubin aurait pu avoir été volée à maman. Il y avait de la détermination aussi dans ces traits : l'héritage d'une longue lignée de femmes qui n'avaient pas peur de nager à contre-courant.

Subjuguée, j'aurais pu continuer à la contempler pendant des heures mais Annie avait déjà une longue file d'admirateurs à satisfaire, chacun plus désireux que le précédent de l'étreindre et de commencer sa propre histoire avec elle. J'embrassai son petit front et la transmis à tante Lydia.

— Fais attention, lui dis-je. Il faut lui tenir…

— … le cou, je sais, dit Lydia en souriant à sa nièce.

Ma fille aînée ne cessait jamais de me surprendre. Où avait-elle appris à porter un nourrisson ? Peut-être un appendice à son travail avec les handicapés, ou alors dans cet orphelinat sri-lankais.

Tandis que Lydia, les yeux baissés vers l'enfant la caressait tendrement, je songeais à l'œuvre de Léonard de Vinci que je préférais, réalisée après 1500 et exposée à la National Gallery de Londres. C'était avec la même expression que la vierge Marie et sainte Anne admiraient le Christ enfant dans ce tableau.

Si le sujet de de Vinci était divin, ses modèles étaient des personnes ordinaires. Il y a six cents ans, ces deux superbes femmes débordaient du même amour maternel qu'une autre jeune femme du XIXe siècle dans une maternité hospitalière. En dépit de tous les soi-disant progrès, les humains ne changent pas.

Émue, Lydia berçait et roucoulait au-dessus de son petit fardeau. Poussée par un formidable instinct maternel, elle n'avait cessé de s'occuper des faibles et des infirmes, de vouloir soigner le monde. Un jour, peut-être, se sentirait-elle prête à mettre de côté ses idéaux inaccessibles pour s'installer avec un homme qui la comprendrait et pour veiller sur son propre enfant.

Juste au moment où je me la représentais apaisée dans un foyer conventionnel, libérée du moine et de son monastère, Lydia se tourna vers les parents épuisés :

— Ça vous dérange si je prie ? demanda-t-elle.

31

Gratitude

Ne jugez ni les chats, ni les filles…
si vous pouvez l'éviter.

Tandis que Rob et Chantelle découvraient les rigueurs des tétées nocturnes et tentaient de déchiffrer les besoins de leur toute petite fille, je m'émerveillais. Quoi de plus extraordinaire, en effet, que de devenir parents ? C'est impossible à décrire à ceux qui ne sont pas passés par là, devenir maman ou papa vous transforme en profondeur. Tandis qu'Annie grandissait (et s'arrondissait), ses parents se transformaient en adultes sérieux qui pensaient toujours d'abord à leur enfant.

En seconde année de psycho, Lydia continuait à avoir des notes formidables. Le bus gris se garait de façon régulière devant la maison, et elle organisait des levées de fonds pour la University Buddhist Society.

Sa vie semblait trop sérieuse. Les heures innombrables passées à méditer dans sa chambre la déconnectaient de nous et de notre monde. J'avais parfois l'impression que nous partagions la maison avec un fantôme et non avec une jeune femme de vingt-cinq ans. Ma peur qu'elle se jette dans la religion n'était rien comparée à mon angoisse de la voir perdre son identité. Je craignais que ma fille ne s'envole comme un ballon et s'éloigne à jamais. Nous étions impuissants. De temps à autre, je l'entendais parler en cinghalais au téléphone. Elle restait toujours en contact avec le monastère.

Il était temps que je me prépare à mon examen de contrôle deux ans après l'opération. La nuit précédente, je ne pus fermer l'œil. J'avais du mal à croire que tant de temps avait passé depuis la mastectomie et l'arrivée de Jonah dans nos vies. Ce n'était plus un chaton désormais. Il s'essoufflait quand je jouais à la canne à pêche avec lui.

D'un point de vue physique, ces deux dernières années m'avaient surtout apporté des douleurs et des désagréments que je n'aurais sans doute pas remarqués avant le cancer. Il y avait aussi cette fatigue, écrasante parfois. Mais bon, j'avais été assez idiote pour écrire un livre au beau milieu de ma convalescence.

Affronter ma propre mortalité avait été plus troublant que je ne l'avais imaginé. Même si l'idée que mon existence puisse s'achever était loin d'être aussi terrible que la perte de Sam, j'avais été surprise de constater qu'une minuscule part en moi croyait, en dépit de toutes les évidences, que je vivrais éternellement. Un reste sans doute de ma jeunesse, quand je ne pensais jamais à la mort. La vie me paraissait bien plus riche maintenant que je comprenais à quelle vitesse elle pouvait s'échapper. Le cancer m'avait appris à vivre comme un chat, à savourer chaque instant.

J'avais eu les bonheurs d'assister au mariage de Rob, de voir mon livre sur Cléo devenir un *best-seller* international et celui d'accueillir une petite-fille en ce monde. Mon verre était plus que plein.

Avant d'aller retrouver Philip à la clinique, j'assurai à Katharine et à Lydia que tout irait bien – ce dont je n'étais pas du tout certaine. Avec mon habituel livre de mots croisés caché dans le sac à main, je pénétrai dans l'établissement et pris l'ascenseur pour le quatrième étage. Selon les Chinois, quatre est un chiffre porte-malheur. Alors que le huit est un talisman fabuleux. Le mouvement de l'appareil me causa une légère nausée ; du coup, je trichai un peu et fis semblant de croire qu'il me conduisait au huitième.

La salle d'attente offrait les mêmes magazines de déco que deux ans auparavant, qui vendaient toujours le même rêve : « Marrakech à Malibu. » Si les gens vivent dans des demeures luxueuses, c'est en partie qu'ils s'imaginent que ce décor va les protéger des duretés de la vie.

Pour ma part, le courage, avais-je découvert, ne faisait pas partie de mes talents. Il me semblait plus facile d'affronter bravement un cancer quand j'ignorais que j'en portais un dans mon sein.

Je versai de l'eau chaude dans un gobelet en papier avant d'y ajouter un sachet de thé à la menthe. Je faisais davantage attention à ma santé depuis quelque temps.

Une femme, cheveux rouges et tenue de camouflage, surgit de l'ascenseur. Une vieille dame aux jambes écarlates s'assit avec prudence à côté de moi. Plus loin, s'en trouvait une autre qui ne semblait pas du tout contente ; sa chevelure teinte taillée si sauvagement qu'elle ressemblait à un hérisson y était peut-être pour quelque chose. Une jeune Indienne arriva pour faire changer ses pansements. Le cancer du sein n'a pas de préjugé.

Inconscient du fait que la plupart des femmes présentes regardaient la mort droit dans les yeux, un type brailla d'un ton rageur dans son portable :

— Qu'est-ce que tu fais ce soir ?

J'eus envie de l'étrangler.

Une grande blonde aux épaules voûtées apparut et prit place aux côtés de la femme-hérisson. Comme un couple marié depuis trop longtemps, elles ne s'adressèrent pas la parole mais il ne faisait aucun doute qu'elles étaient ensemble. Peut-être s'étaient-elles disputées.

J'avais présumé que c'était la fille en rogne qui était là pour un examen mais quand l'infirmière apparut, la blonde se leva et disparut dans le couloir. Pendant un moment, sa partenaire ne réagit pas, comme trop absorbée par ses pensées, puis elle posa une phalange au coin de son œil pour essuyer une larme.

Un mari s'enfouit dans les pages sport de son journal. Philip proposa d'aller me chercher un autre thé. J'acceptai. Mieux vaux que les hommes s'occupent.

Au bout d'un moment, une infirmière vint me trouver.

— Suivez-moi, s'il vous plaît.

J'obéis volontiers, soulagée de changer d'atmosphère.

En pénétrant dans la salle d'examen, je connaissais la routine. Enlever tout ce qui se trouve au-dessus de la taille et enfiler cette blouse de papier blanc qui faisait de moi une patiente. *Dieu que je déteste ça*, pensai-je, en me débarrassant de ma veste rouge et de mes boucles d'oreilles.

Fuir était toujours possible, bien sûr, mais je n'étais là que pour enregistrer les progrès accomplis depuis deux ans. Ou pas. Greg avait dit qu'il faudrait attendre cinq ans avant que je sois « tirée d'affaire ».

Comme un chien chez le vétérinaire, je me méfiai de la technicienne chinoise qui effectuait la mammographie, lui rappelant que mon sein droit était faux et que c'était donc juste le gauche qu'il fallait écraser dans sa machine. Ouille.

M'abandonnant pour transmettre les images au radiologue, elle m'assura qu'elle serait de retour après cinq minutes. Vingt minutes plus tard, je me demandais pourquoi elle tardait tant. La peur remplaçait peu à peu le sang dans mes veines. Avait-on trouvé quelque chose ?

— Ah, vous êtes encore là, dit-elle d'un ton léger quand elle revint. Nous avons trouvé une ombre mais ce n'est rien de cynique.

Dieu merci. En tant que journaliste, j'avais toujours lutté contre le cynisme. C'était un soulagement d'apprendre qu'un résidu cynique ne s'était pas installé près de mon cœur. Je me rendis ensuite à l'échographie puis me rhabillai pour retrouver Philip dans le bureau de la chirurgienne. Elle me dit qu'elle aimait mon chemisier et que la mammo était impeccable.

En quittant la clinique, j'embrassai Philip et le renvoyai au travail. De géantes meringues de nuages planaient au-dessus du parc. Voluptueuses d'humidité, elles me rappelaient les nuages de mon enfance qui s'assombrissaient sur les bords juste avant de déverser l'eau qu'ils retenaient prisonnière.

Les narines me chatouillaient. Un vent frais apportait cette odeur métallique que je connaissais bien. Et la pluie tomba enfin – pas une de ces misérables averses dont nous avions dû nous contenter depuis des mois, mais une vraie bonne pluie qui mouille. Les gouttes rebondissaient sur la chaussée, les caniveaux ressuscitaient.

Les gens riaient et offraient leur visage au déluge. La sécheresse était terminée.

J'aurais dû m'accorder une ou deux coupes de champagne pour fêter cette série de bonnes nouvelles. Au lieu de cela, je filai à la maison. Dans la voiture, les essuie-glaces pourtant réglés à la vitesse maximum n'arrivaient pas à suivre le rythme. La pluie martelant le toit et dégoulinant sur le pare-brise, je retombais amoureuse de la vie.

Après avoir rangé les placards de la cuisine, je décidai de faire un jardin. Le Jardin des grâces.

Depuis que nous avions acheté Shirley, notre bout de terrain devant la maison était tellement ensablé que nous aurions pu y élever des chameaux. Seules quelques mauvaises graines y prospéraient ainsi que des herbes marines dont les longs doigts s'insinuaient sous la clôture.

Avec un sol si pauvre et un climat si rude, le nouveau jardin ne ferait jamais la double page centrale d'un magazine. Et il serait à peine plus grand qu'un panier de chat. Mais cela ne voulait pas dire qu'on ne pouvait pas lui donner une petite touche de spiritualité. Quand je lui en parlai, le Jardin des grâces enthousiasma Lydia, surtout quand j'ajoutai qu'il serait bien d'y installer un coin pour la méditation.

Nous nous mîmes à feuilleter ensemble quelques livres de *design* paysager… pour découvrir que, dans ce pays, un jardin, c'est avant tout un barbecue digne d'un temple romain et une piscine, le but recherché étant d'impressionner les visiteurs et non de trouver un lien avec son âme.

Dans un premier temps, j'envisageai de créer une haie en spirale qui pourrait servir de chemin de méditation. Mais la place manquait. Il fallait rester simple : un cercle, peut-être, contenant des plantes choisies avec soin et quelque chose au centre. La forme en anneau symboliserait le cercle des femmes. Et il nous fallait de l'eau pour représenter la vie, la pureté et le pardon.

Nous traînâmes le vieux banc semi-circulaire depuis l'autre jardin pour le placer sous le pommier. Assises là, nous contemplâmes les câbles électriques qui pendaient au-dessus de la rue et les toits de tuile des maisons voisines. Quelques arbres ne seraient pas de trop.

— J'adore ça ! dit Lydia. Allons chercher une fontaine.

Nous dûmes quitter la ville pour nous rendre dans un magasin qui vendait des statues de jardin et divers mécanismes hydrauliques, parfois dans un état douteux. Nous passâmes devant quelques chérubins lascifs qui se soulageaient dans une mare. Lydia s'arrêta devant un assortiment de Bouddhas et de déités asiatiques ailées. Je l'en éloignai au plus vite.

Nous étions sur le point de renoncer quand un grand bol, à côté du comptoir, attira notre attention. Rempli d'eau, il était sans doute en béton mais avait été « traité » pour donner l'impression qu'on l'avait creusé à même la terre. En son centre trônait un globe de pierre, à peine plus gros qu'un ballon de football. De l'eau s'écoulait depuis un trou dans la sphère, en un filet paisible. Si on pouvait le surélever et le placer sur un pied, ce serait parfait. Nous étions toutes les deux d'accord.

— Tu crois qu'il y aura la place pour des poissons rouges ? demanda Lydia.

— Tu veux des poissons rouges ?

— C'est un symbole de paix, dit-elle en inclinant la tête.

Deux jours plus tard, le dispositif fut livré et abandonné en pièces détachées devant les marches du porche. Redoutant d'avoir été trop ambitieuse, j'appelai Warren, un jardinier paysagiste talentueux. Bronzé et musclé après tant d'années passées à travailler au grand air, Warren n'était pas l'être le plus bavard qui soit. Il regarda la vasque et hocha la tête. Quand je lui expliquai ma vision du jardin, il jeta un coup d'œil exercé sur les dalles de béton qui menaient à la maison. Implanter le bassin serait assez simple en comparaison de tout ce qu'il faudrait faire avant, annonça-t-il. Remuer et tasser la terre, pour commencer, puis dresser un mur de rétention devant la clôture. Une nouvelle allée et trois marches seraient aussi nécessaires.

Pourquoi faut-il que la simplicité soit toujours aussi compliquée ?

La taille et le coût du projet enflèrent subitement, mais j'avais toute confiance en Warren. Quand ses gars et lui commencèrent à creuser comme des wombats, j'en perdis un peu. Les voisins s'arrêtaient pour regarder par-dessus la clôture. L'un d'entre eux se plaignit que durant la nuit, la pluie avait provoqué un écoulement de boue depuis chez nous jusqu'à sa propriété. Warren s'y rendit et retira patiemment à l'aide d'une pelle tout ce qui l'avait ainsi offensé.

Comme avec les peintres, Jonah se prit d'amour pour Warren. Il l'attendait tous les matins devant la fenêtre et se pressait contre l'écran de la porte en miaulant d'un air séducteur. Quand toute l'équipe prenait son café du matin sous la véranda derrière, Jonah se ruait dans son domaine grillagé et s'étalait sans vergogne dans son hamac pour admirer ces messieurs. Il avait un penchant pour les chaussures de travailleurs. Il adorait se tortiller entre une paire de jambes musclées et tirer sur des lacets déjà bien usés.

Je fus prise de panique en découvrant l'énorme cavité que Warren avait creusée et la taille du mur de rétention. Mon petit Jardin des grâces commençait à prendre des allures pharaoniques. Ne voulant pas passer pour une cliente infernale, mais le devenant quand même, je demandai à Werren s'il savait ce qu'il faisait.

Levant les yeux des profondeurs de leur excavation, il me regarda et haussa un sourcil.

— On ne pourrait pas faire un peu moins… gigantesque ? demandai-je, soudain intimidée.

Se reposant sur sa pelle, il soupira et m'assura que tout se passerait bien. Les enfants et les idiots ne devraient jamais voir les choses à moitié faites.

Une fois la terre fraîche livrée et comprimée dans la cavité, la forme du nouveau jardin commença à apparaître. Les niveaux auxquels Warren avait choisi de creuser se révélèrent parfaits. La pente pénible qui menait au pommier s'était transformée en délicieuse terrasse qui attendait juste qu'on y fasse pousser une pelouse. Warren avait aussi créé un magnifique chemin avec des briques recyclées dans lesquelles étaient enchâssés de petits galets. Il avait dressé un support au centre du jardin pour y cimenter le bassin. La honte me rongeait d'avoir douté de lui.

Heureusement, Warren m'aimait encore assez pour m'inviter à grimper à bord de son quatre-quatre et aller visiter une jardinerie. Même si la sécheresse était officiellement terminée, je ne comptais prendre aucun risque avec mes plantes. Notre jardin devait pouvoir survivre à des semaines, peut-être même des mois, sans pluie ni arrosage. L'endurance était une nécessité, le parfum un luxe. Je voulais aussi que les plantes aient une signification en elles-mêmes.

Pendant des années, j'avais dédaigné les oliviers. Si je respectais leur résilience et les liens qu'ils avaient tissés avec l'humanité au cours des âges, je les avais toujours considérés comme des arbustes gris et hirsutes. Puis, j'avais vu une peinture où Van Gogh les avait représentés comme des êtres sages, aux reflets argentés. Comme le peintre lui-même, ces oliviers n'ignoraient rien de la souffrance, mais Van Gogh avait tenu à les montrer coriaces et vibrants de vitalité. Quand je pus enfin visiter l'oliveraie qu'il avait peinte près de Saint-Rémy-de-Provence en France, je faillis pleurer. Quel plus grand présent un génie peut-il nous donner que de nous apprendre à voir le monde ?

Les branches d'olivier sont aussi un symbole de paix. Pendant des millénaires, elles ont offert leurs fruits. La paix et la nourriture : parfait pour un Jardin des grâces. Warren commanda plusieurs oliviers déjà en plein développement pour les planter le long des clôtures afin de nous garantir un peu d'intimité.

Le romarin est sous-estimé. Non seulement il est résistant et nourrit les abeilles, mais il parfume aussi bien tout un jardin qu'un rôti d'agneau. Et puis, selon Shakespeare, il symbolise le souvenir. Maman en gardait toujours un vase plein en hommage à ceux qu'elle avait perdus. À mesure que les années passaient et que le nombre des disparus croissait, le vase devint si peuplé qu'il fallut le remplacer par un modèle plus grand. En l'honneur de maman et de quelques autres anges, nous plantâmes une haie de romarin le long du nouveau sentier de Warren.

Des roses au rouge profond prirent place sous la fenêtre du salon d'où Jonah surveillait son royaume. Leur odeur sensuelle adoucirait les soirées d'été.

Katharine émit une requête. La lavande passa sans peine les épreuves d'endurance et de parfum. Dès que Warren en planta deux buissons devant les roses, ce fut la fête chez les abeilles.

En hommage à mon pays natal, j'achetai quelques touffes de lin de Nouvelle-Zélande qui garnirent un des côtés du jardin. Malheureusement, manquant d'humidité, elles ne se déployèrent pas avec la même vigueur que les plantes natives de l'autre côté de la clôture – ni même que les gardénias posés par Warren sous le banc circulaire. J'avais apporté un gardénia à maman alors qu'elle agonisait et elle avait bu son odeur comme s'il s'était agi de la vie elle-même.

L'effet était rehaussé par des pots de plantes grasses de part et d'autre de la porte d'entrée. Éclatantes de mauves, de verts et de cuivre, elles formaient un contraste saisissant avec les briques rouges de Shirley.

Restait la touche finale. La source centrale du nouveau jardin n'avait pas encore jailli. Depuis mon bureau, Lydia et moi observions Warren qui emplissait le bol avec un tuyau avant de connecter la pompe. Nous retînmes notre souffle. Rien ne se passa. Nullement perturbé, Warren se dirigea vers le flanc de la maison pour trifouiller les branchements électriques.

Un bourdonnement retentit, suivi par un gargouillement, puis l'eau éclaboussa joyeusement le globe.

Notre ultime tâche consista à aller acheter quelques poissons rouges. Ceux qui prétendent qu'ils n'ont aucune mémoire ne les ont jamais observés. Tous les matins, trois taches dorées attendaient exactement au même endroit qu'on les nourrisse. Ils grandirent et prospérèrent dans leur nouvelle demeure, et apprirent à éviter les pigeons-missiles qui plongeaient prendre leur bain.

Notre Jardin des grâces achevé, je levais souvent les yeux de mon écran pour voir Lydia assise sur le banc. Parfois, je la rejoignais et nous contemplions les bourgeons de feuilles avec la satisfaction de celles qui ont partagé un acte créateur.

Assises l'une à côté de l'autre dans le jardin, nous avions des conversations moins décousues qu'auparavant, mais ma fille semblait toujours cacher ses pensées les plus profondes.

32

Obsession

Méfiez-vous d'un chat déprimé.

Avec sa maison de jeu personnelle, un aréopage de groupies humains et une annexe remplie par une canne à pêche, des rubans et un poteau à griffes, Jonah était un chat comblé. Quand un joli lit de bébé, pliant et rouge, muni de pieds en acier inoxydable et de filets sur les flancs apparut dans le salon, il en déduisit tout naturellement que ce nouveau jouet lui était destiné. Levant la queue en point d'interrogation, il pencha la tête sur le côté, flaira la nouvelle odeur et ronronna.

— Il n'est pas pour toi, Jonah, dis-je, le surveillant, tandis qu'il décrivait des cercles de plus en plus rapides autour du meuble.

Sourd à ma mise en garde, il bondit et, transformé

en ballon de basket, franchit les rebords du lit sans même les toucher. Fier, il caracola sur le matelas.

— Sors de là ! m'écriai-je en voulant l'attraper.

Mais il m'échappa je ne sais comment et sauta à terre. Au moment où j'allais le féliciter pour cette surprenante preuve d'obéissance, il décolla juste sous mon nez pour marquer un nouveau panier. Dans le lit, hors du lit, dans le lit... Un nouveau jeu qui, en ce qui le concernait, pouvait bien durer une saison entière.

— C'est un lit de *bébé* ! dis-je, l'extrayant encore et encore de son palais entouré de filets.

L'idée qu'un objet neuf et drôle puisse arriver dans la maison sans que cela ait un rapport avec son propre divertissement était nouvelle pour lui. Décontenancé, il changea de stratégie. Si ce bidule n'était pas conçu pour qu'on saute dedans, alors il ne s'agissait peut-être que d'un simple lit. Il saisit la moindre occasion de s'y blottir, lové dans ses profondeurs moelleuses. En le sortant de là, je me souvins de l'horreur de maman quand Cléo sautait dans le berceau de Lydia avant sa naissance. Les chats, disait-elle, peuvent étouffer les bébés.

Je fus ravie de découvrir que le lit pliant possédait aussi un toit en filet qui pouvait être zippé – sans doute à cause des insectes. Mais même cela ne servit pas à grand-chose. Jonah fut presque aussi heureux de dormir dessus que dedans. Ce lit, en ce qui le concernait, était le sien.

Du coup, j'entrepris de le cacher dans une pièce ou dans une autre mais il le retrouvait toujours et griffait et miaulait pour qu'on le laisse regagner ses pénates.

Jonah avait bien senti un subtil changement dans la maison – qui n'annonçait rien de bon pour lui. La tension se cristallisa sur le petit lit rouge.

Puis, un jour, son pire cauchemar se matérialisa. Une après-midi il se réveilla de sa sieste dans le lit de Katharine et descendit d'un pas nonchalant pour découvrir que le lit pliant – *son* lit pliant – était occupé par un *alien*. L'intrus, totalement, ou presque, dépourvu de poils, ressemblait à un petit tas de gelée rose. Jonah frémit de répulsion. Non seulement la gelée s'était installée dans son plumard et s'y était endormie, mais les humains de la maison, y compris Rob et Chantelle – qui avaient amené bébé Annie pour une visite – ne cessaient de lâcher des « ooohh » et des « aaaahhh » émerveillés à son sujet. Un engouement comme il n'en avait plus connu depuis qu'il n'était plus un chaton.

Voyant Jonah se rétracter dans sa fourrure, je sentis qu'il évaluait la situation. Il n'en croyait pas ses oreilles d'entendre les gens s'exclamer : « Qu'est-ce qu'elle est belle ! » et : « Oh, vous avez vu comme elle est mignonne ? »

Lui *seul* avait droit à de tels compliments. Les yeux comme des fentes, il examinait ses humains. Ils étaient devenus fous. Avaient-ils oublié le seul être qui méritait « oooohhh » et « aaahhh » ?

Pour la première fois de son existence, Jonah avait un rival. Une rivale, même, ce qui n'arrangeait rien. Ramassé sur lui-même, il se prépara à attaquer. L'instinct parental en alerte rouge, Rob et Chantelle se raidirent, prêts à tout pour protéger leur bébé.

— Non, Jonah ! m'exclamai-je en l'attrapant pour le porter dans la buanderie.

Nous étions en train d'admirer le nourrisson, comptant ses doigts (au cas où il en manquerait), lui caressant le crâne, quand un bruit terrifiant déchira notre quiétude. Lent et mélancolique, cela ressemblait à une sirène de raid aérien. Jonah pleurait.

— Il faudra bien qu'il s'habitue à Annie, dit Rob, incapable de supporter ce son. Allons le chercher.

Délivrant Jonah de sa prison, je le déposai sur la plate-forme au sommet de son poteau, là où, d'habitude, il surveillait ses sujets. Pour l'amuser, je lui donnai deux rubans de fleuriste. Mais cela ne l'intéressait pas. Fidèle à son statut de seigneur, il se vautra sur son perchoir, les yeux collés au bébé.

Nous reprîmes notre conversation à propos des soins et aliments premier âge tandis que Jonah s'octroyait un bain complet. Pattes, coussinets, crevasses entre ceux-ci. L'avant des oreilles, l'arrière des oreilles, le creux derrière l'arrière des oreilles. Pas un millimètre ne fut oublié. Une patte dressée en l'air, il donnait l'impression assez réussie qu'il se moquait de tout cela, mais sa cervelle tournait à toute allure.

Lydia était en train de passer des biscuits quand une ombre vola près d'elle, lui faisant sauter le plateau des mains. Un oiseau ? Un avion ? Non, c'était super-Jonah avec un ruban orange entre les dents qui flottait derrière lui telle une bannière.

— Ah mais ! s'écria Lydia pendant que les biscuits allaient goûter la moquette.

C'était sa manière de proférer un juron à l'époque. Quant au reste d'entre nous, nous contemplions bouche bée Jonah qui venait d'atterrir au milieu des biscuits à un demi-mètre du lit de bébé.

— Maintenant, ça suffit, Jonah ! aboyai-je. Tu retournes dans la buanderie.

— Attends un peu, dit Lydia. Je crois qu'il a un plan.

Soupirant avec impatience, je me rassis. Son ruban toujours entre les dents, Jonah rampa prudemment vers Annie endormie. Il se dressa pour l'examiner à travers le filet. Levant la patte, il tapota gentiment celui-ci près de l'oreille de l'enfant. Puis, à ma stupéfaction, il s'écarta pour effectuer une élégante révérence. La tête toujours inclinée, il plaça le ruban orange dans une droite parfaitement parallèle au lit et s'éloigna.

— Tu vois ? C'est un cadeau, murmura Lydia. Il vient de faire un cadeau à Annie.

Notre chat et notre fille. Deux êtres qui ont toujours choisi l'autre voie. Complexes, ils ne cessaient jamais de me surprendre.

Même si Jonah faisait de son mieux pour apprécier Annie, son obsession pour le lit portable ne s'estompait nullement. Je pouvais le cacher n'importe où, il le flairait toujours et se mettait à pleurer, suppliant qu'on le laisse jouer avec. Dès que l'occasion se présentait, il se jetait dedans ou dessus (si le toit était zippé). Il se frottait contre lui et tapotait les pieds en acier, les admirant comme des œuvres d'art.

Mais il commençait à se faire à l'idée de jouer le sous-chat pour un bébé (quand Annie était là, du moins). C'est alors qu'un autre événement troublant se profila à l'horizon.

Un matin, il trottina dans la chambre du marquis de Sade pour découvrir Philip en train de faire sa valise. Jonah détestait les valises. Pour lui, elles symbolisaient l'abandon. Même la vue d'un tout petit sac de voyage le rendait malade : il se mettait à sprinter comme un fou à travers la maison, refusant de laisser quiconque disparaître hors de sa vue tout en miaulant, bien sûr, d'une façon si insistante et stridente que nous en avions mal aux tympans. Dès qu'il aperçut le bagage, ses oreilles se transformèrent en plaques de Toblerone. Cette valise était énorme, la plus grande que nous possédions, et était encore couverte de toiles d'araignée en raison d'un long séjour au grenier. Philip partait pour un voyage d'étude de six semaines à l'université de Stanford aux États-Unis.

Personne au monde ne fait mieux ses bagages que Philip. Il empile des couches et des couches de chemises et de sous-vêtements impeccablement pliés. En le voyant glisser des chaussures étincelantes dans des *housses à chaussures*, je m'émerveillai encore une fois que nous nous soyons acceptés, et même mariés. Il poussa une sorte de hurlement quand Jonah sauta dans la valise pour se jucher sur ses affaires. Puis le chat planta ses griffes sur son support et regarda fixement Philip d'un air suppliant.

— Désolé, m'sieur Poilu, dit celui-ci en l'enlevant de son piédestal. Tu ne peux pas venir avec moi.

À l'instant où ses pattes touchèrent le sol, Jonah bondit dans la valise, et encore, et encore, et encore… Exaspéré, Philip l'enferma dehors. Un museau et deux pattes s'insinuèrent sous la porte.

Un taxi s'arrêta devant la maison. Philip referma la valise et la traîna dans le couloir. Jonah se jeta sur le bagage, essayant de s'y agripper. Philip le prit dans ses bras, lui embrassa le front et lui dit de ne pas s'inquiéter, il reviendrait bientôt. Jonah tendit une longue patte avant pour la presser contre sa poitrine. Comme pour laisser sa trace sur le cœur de Philip.

Après être parvenus à nous extraire de la maison sans lui, Philip et moi nous embrassâmes sur le trottoir. Nous sentant un peu coupables, nous jetâmes un coup d'œil vers la fenêtre du salon. Pas de Jonah.

— Il t'a déjà oublié, dis-je.

— Non, répondit Philip en me montrant une des fenêtres de l'étage derrière laquelle une silhouette féline nous contemplait.

Jonah souffrait de la malédiction des extravertis : il avait besoin des autres. Quand ils n'étaient pas là pour s'extasier de son exubérance, il s'effondrait. Il se nourrissait de l'admiration des gens, ne se sentait bien qu'en les entraînant à jouer avec des cannes à pêche et des rubans, en se pelotonnant pendant de longues heures contre le ventre d'un humain, ou bien en se faisant traquer dans tout le quartier. Vivienne appelait ça l'angoisse de la séparation.

Cette insécurité ne m'était pas étrangère. Plus tôt au cours de notre mariage, j'aurais piqué une sacrée crise si Philip s'était absenté six longues semaines. Mais dans le cadre plus large d'une existence, un mois et demi ne figure guère plus qu'une petite tache de peinture. Cela ne représente pas tant de diffusions de *The Daily Show* (ma dernière addiction) ou à peine six épisodes de *My Life on the D-List* et, je ne sais pas, quelques centaines de tasses de café. Ces semaines défileraient très vite pendant qu'il passerait là-bas un séjour merveilleux à apprendre des tas de trucs et à rencontrer des tas de gens (de préférence aucune femme séduisante désireuse de se remarier).

Et puis, cette absence m'offrait à moi aussi quelques agréables avantages. Sans parler des *brownies* supplémentaires, les filles et moi allions pouvoir dîner de bonne heure en engloutissant des nouilles à emporter devant *How I Met Your Mother* (jusqu'à ce que Lydia s'excuse : elle devrait monter méditer).

Je pus aussi consacrer davantage de temps à mon projet consistant à faire apprécier à Lydia les joies de la condition féminine de la génération Y. Sans obtenir de résultat très probant. Les rares fois où Katharine et moi parvenions à l'attirer dans un cinéma, elle passait la séance à soupirer. Les stars masculines ne l'intéressaient pas plus que les manucures. Et si j'achetais un de ces magazines lamentables réservés aux jeunes femmes, il finissait rapidement à la poubelle (celle qui était destinée au recyclage du papier).

Philip absent, je dormais sans bouchons d'oreille, passais la journée en robe de chambre si j'en avais envie et faisais des mots croisés dans mon lit sans avoir à expliquer que c'était bon pour mes neurones.

Et puis, c'était la dernière année de lycée de Katharine. Même si mes éditeurs me pressaient d'écrire un autre livre, j'avais préféré attendre un peu pour me consacrer pleinement à un dernier effort maternel.

Élève studieuse, Katharine était bien décidée à exceller au baccalauréat international. Elle méritait bien tout le soutien disponible, surtout durant ce fameux dernier trimestre précédant l'examen. Je voulais être là pour elle, et non me contenter d'un rôle de domestique à plein temps.

Plusieurs fois par semaine, je recevais de sa part un texto urgent me demandant si je pouvais lui apporter au lycée des livres oubliés ou bien son déjeuner. En rentrant en fin d'après-midi, elle trouvait un bol de chocolat chaud et Jonah qui s'enroulait autour de son cou pour lui dire (en langage chat) qu'elle se débrouillait à merveille.

Les choses commencèrent à se gâter le matin qui suivit le départ de Philip, quand Jonah se mit à marteler la porte, comme à son habitude. Je sortis du lit pour lui ouvrir. Canne à pêche entre les dents, il bondit joyeusement sur le lit, mais point de Philip. Pas même un oreiller tiède témoignant de son absence temporaire pendant qu'il préparait le thé et les toasts dans la cuisine. Désorienté, Jonah contemplait la taie bien lisse. Puis il finit par laisser tomber sa canne sur le lit en se tournant vers la fenêtre d'un air accablé.

— Ne t'inquiète pas, mon gars, dis-je. Je vais jouer avec toi.

Il plissa les yeux de dédain. À la canne à pêche, j'étais trop nulle. Je ne la remuais pas assez vite, ne l'envoyais pas assez haut. Ma lenteur était exaspérante, il n'avait aucun mal à attraper sa cible. Il sauta du lit, disparut un instant avant de revenir avec un bout de ruban rose qu'il déposa dans ma main. J'étais donc la spécialiste du ruban rose, me dis-je, en l'agitant et en essayant de le distraire de mon mieux. Mais mon manque de technique le frustrait, c'était évident. Je ne jouais pas comme un homme. Il ne tarda pas à en avoir assez et m'abandonna en gémissant, boudeur.

Quelques jours plus tard, alors que je soulevais une extravagante paire d'haltères dans la chambre du marquis sous la direction de Peter, mon prof de gym, une vilaine odeur acide m'agaça les narines. Peter dit qu'il ne sentait rien.

Après son départ, j'inspectai les placards et les gaines de ventilation pour le cas où une créature y serait morte. L'odeur, âcre et puissante, semblait provenir des fenêtres mais je ne parvins pas à en déterminer l'origine. Peter avait raison, c'était sans doute un effet de mon imagination. Mais cet homme était trop poli pour que je le croie sur parole.

Quand il revint le jeudi suivant, c'était encore pire. Je lui demandai à nouveau s'il ne remarquait rien. Ses dénégations furent encore plus véhémentes. Il jura qu'il ne sentait ABSOLUMENT RIEN… donc, ça puait bien !

Dès qu'il fut parti, je fermai les yeux. C'est étonnant comme les narines sont plus efficaces une fois les paupières closes. L'odeur provenait bien de la fenêtre, près des rideaux… non, *sur* les rideaux ! Quand je rouvris les yeux, je constatai qu'en haut, les plis étaient immaculés. Me mettant à quatre pattes, je soulevai la partie qui balayait le sol. La puanteur devint si terrible que j'eus un geste de recul. Tenant les rideaux le plus loin possible de moi, j'examinai une grosse tache jaune. Elle sentait si fort qu'elle devait être l'œuvre du diable lui-même.

Les rideaux partirent chez le teinturier puis furent raccrochés. Les taches réapparurent. Les rideaux retournèrent au nettoyage et Jonah fut officiellement banni de la pièce de gym, ce qui lui causa une peine immense car il adorait se rouler sur le tapis d'exercice pour qu'on lui gratte le ventre, et pour accomplir quelques étirements de yoga sous le regard de Peter.

Notre matou se vengea. Il cibla les zones qui provoqueraient les dégâts les plus importants : le lit de Lydia, les livres adorés de Katharine, son violon, et sous mon bureau. Et puis, horreur des horreurs : le lit de bébé !

Les filles et moi devînmes comme des chats, rampant dans la maison et reniflant dans le moindre recoin à la recherche de preuves. Katharine se révéla dotée du meilleur sens olfactif de la famille. Nous achetâmes une lampe de lumière noire, un désinfectant d'hôpital et un improbable assortiment de nettoyants biodégradables.

Nous nous procurâmes aussi un produit spécial chez la vétérinaire. Son odeur était douce, si douce qu'elle donnait presque autant la nausée que celle qu'elle devait neutraliser. Mon cœur se pétrifia quand je remarquai qu'il était disponible en taille géante. Qui avait besoin d'en acheter de telles quantités ? Le problème de ces acheteurs était-il… insoluble ?

— Désordre urinaire, annonça Vivienne quand je l'appelai pour lui signaler le nouvel ennui de Jonah.

— Cléo n'a jamais eu ça, dis-je. Enfin si, une fois.

— Oui, mais c'était une femelle. Les mâles aiment en mettre partout. C'est pour cela que les gens préfèrent prendre des femelles et c'est sans doute la raison pour laquelle Jonah était le dernier de sa portée au magasin.

— Le vendeur nous a dit que c'était à cause de la conjonctivite, lui rappelai-je.

Ce à quoi, elle répliqua :

— Comme je vous l'ai déjà dit, il est plus probable qu'un précédent acheteur l'a ramené à la boutique parce qu'il ne supportait pas son comportement. C'est sans doute aussi un consanguin. Vous avez entendu parler des fermes de chiots ?

— Vous voulez parler de ces espèces d'usines où on élève des chiens dans des conditions déplorables et où on garde les femelles enceintes en permanence ?

— Oui, ils font la même chose avec les chats. Ils les élèvent sans se soucier de rien, mêlant frères et sœurs pour les revendre ensuite à des animaleries. C'est pour cela qu'on ne vous a pas donné de papiers pour Jonah.

Malade *et* consanguin ? Les mots de Vivienne étaient durs mais je la croyais. Elle était dévouée à l'espèce féline et comprenait les chats comme je ne pouvais même pas l'imaginer.

— Va-t-il guérir ? demandai-je.

— Pas nécessairement.

Choc. Abattement. Mais pourquoi ces troubles se déclaraient-ils seulement maintenant ?

— Plusieurs éléments ont sans doute joué un rôle déclencheur, répondit-elle. Son monde vient d'être bouleversé. D'après ce que vous m'avez dit, il est jaloux du bébé et Philip lui manque. Il est tout à fait possible qu'il se sente écrasé par la responsabilité d'être devenu le mâle dominant de la maison.

Le mâle dominant ? Quelle responsabilité a un mâle dominant de nos jours à part dormir dans un coin en attendant qu'on lui apporte ses repas ?

Vivienne m'envoya par mail une page et demie de conseils, ainsi que des informations sur les trois causes principales de désordre urinaire. 1. Raisons médicales ; 2. Problème de litière ; 3. Angoisse ou stress. Si elle était quasi certaine que le problème de Jonah était dû au point 3, elle estimait préférable de le faire examiner par un vétérinaire pour s'assurer qu'il ne souffrait pas d'un trouble purement physiologique. La litière devait toujours rester d'une propreté absolue et bien à l'écart de ses bols de nourriture. Mais quelle que soit la cause de son affection, concluait-elle, le gronder et le punir ne serviraient à rien.

La vitrine du cabinet de la vétérinaire était remplie de photos de chats disparus. La réceptionniste nous expliqua qu'on les retrouvait le plus souvent morts, écrasés par une voiture. Malgré tous nos doutes et nos échecs, notre combat pour faire de Jonah un chat d'intérieur n'avait pas été vain.

Il s'installa sur la table d'examen, la queue dressée, le port royal, attendant l'adulation de ses sujets. Le roi du monde, l'appela la véto, ce qu'il parut apprécier... jusqu'à ce qu'elle se mette à l'ausculter. Retroussant les babines, Jonah émit un vilain sifflement. Puis il s'effondra comme une mauviette, gémissant et geignant si fort que j'en eus honte.

La vétérinaire l'emmena dans la « deuxième salle » pour conduire d'autres examens. Elle revint avec une version quelque peu diminuée du chat que nous connaissions et aimions. N'ayant rien trouvé dans ses entrailles, elle ne put que répéter les conseils de Vivienne et nous vendre un spray magique. Branché sur une prise électrique, cet engin émettait des phéromones qui rappelaient aux chats à quel point ils se sentaient heureux et protégés quand ils étaient chatons.

Cela avait marché avec tous ses patients félidés, ou presque, dit-elle.

Espérant avoir trouvé la solution, je me dépêchai de rentrer à la maison. Après avoir branché le diffuseur dans un coin où Jonah avait accompli plusieurs de ses méfaits, j'appelai les filles pour qu'elles admirent le nouveau remède miracle. Nous pûmes ainsi contempler, mortifiées, Jonah s'approcher de l'engin et l'arroser copieusement.

Avec les filles, nous accomplîmes tout ce que Vivienne, la vétérinaire et Internet suggérèrent – du plus orthodoxe au plus farfelu. Nous achetâmes (encore) davantage de jouets, lui administrâmes un second remède miracle, disposâmes des cristaux sous son coussin et lui fîmes faire des promenades nocturnes au bout de sa laisse. En pure perte. Nous essayâmes un autre vétérinaire, puis un troisième. Ce dernier recommanda la médication. Du Prozac pour chat. Pas question. Droguer Jonah était une ligne que je refusais de franchir.

Il était difficile de ne pas considérer son comportement comme une offense personnelle, surtout le jour où il profana le piano de papa. Je nettoyai ce que je pus avant d'emballer l'héritage de la famille dans des couches et des couches de film transparent.

J'hésitais à inviter quiconque chez nous. Pourtant, la plupart du temps, Jonah se montrait toujours aussi charmant et adorable. Parfois, j'avais l'impression d'être une de ces femmes maltraitées par leur séduisant mari, persuadées qu'après qu'elles leur auraient fait un œil au beurre noir, il les éblouirait de leur charme le lendemain même, et leur offrir des chocolats.

Lydia trouva le numéro de téléphone d'une médium pour chats dans le Queensland, à l'autre bout du continent. Dans le combiné, sa voix était rustique et enthousiaste. Je l'imaginai vivant dans un appartement en bord de mer, branchée sur un au-delà félin.

— Jonah me parle maintenant, dit-elle. *Oh, mon Dieu !* Je n'ai jamais entendu personne se plaindre à ce point ! Rien n'est assez bon pour lui. Votre chat a la grosse tête. Vous devriez cesser de le traiter comme un roi et un peu plus comme un chat.

Après avoir raccroché, les filles et moi fûmes d'accord pour dire que cette médium ne manquait pas de bon sens. À l'heure du coucher, Jonah dut se contenter d'un coussin peau de léopard dans la buanderie. Il accepta l'indignité d'être enfermé hors de la maison. En fait, il fit preuve d'une intense activité nocturne, fonçant dans ses deux tours pour échanger des insultes avec les opossums.

Même si le tenir la nuit à l'écart de nos biens les plus sensibles à l'humidité limita certains de ses excès, son exil à temps partiel n'eut aucun effet visible.

— Il fait *quoi* ?! gronda Philip quand il appela de son appartement à Stanford qui, à en juger d'après les photos qu'il nous avait envoyées, était délicieusement aseptisé.

— Ce n'est rien, mentis-je. Ça sera arrangé avant ton retour.

Ouais… où quand les chats auraient des plumes.

33

Rejet

Réadapter un chat. Ou un mari.

La nuit où Philip devait rentrer de Stanford, Jonah arpenta la maison – sentant comme toujours que quelque chose de spécial était sur le point de se passer. Quand il ne rôdait pas sur la pointe de ses pattes chocolat, il se perchait sur le rebord de la fenêtre du salon pour scruter les ténèbres dans la rue. Un jour, peut-être, un scientifique découvrira comment les animaux savent qu'un de leurs humains revient à la maison. Cela a-t-il à voir avec le pouvoir de l'amour ou bien la capacité à ressentir des énergies subtiles… ou un mélange des deux ?

Il se mit soudain à miauler de façon pressante. Je le rejoignis à la fenêtre pour voir les deux phares d'un taxi briller au loin comme deux yeux de chat. Avant même que la voiture ne s'arrête, Jonah était à la porte d'entrée et s'étirait de tout son long, tentant d'actionner la poignée.

Lydia le prit dans ses bras et ouvrit. Nous sortîmes tous dans le jardin pour accueillir Philip. Jonah débordait de joie. Ses ronronnements devinrent tonitruants quand il enfouit son visage dans sa main, savourant la joie de se faire aplatir les oreilles, caresser la gorge et flatter le museau, tout cela en même temps.

J'étais certaine que tout irait bien maintenant que notre mâle dominant était de retour. Son unique étoile brillait de nouveau dans le ciel de Jonah qui pouvait redevenir le mâle dominé de la maison. Néanmoins, pour ne prendre aucun risque, il dormit dans la buanderie cette nuit-là.

Le lendemain matin, nous reprîmes la vieille routine qui lui apportait tant de joies. Jonah, canne entre les dents, surgit dans la chambre à coucher pendant que Philip préparait le thé. Il s'installa aussitôt tout à son aise sur son oreiller tiède pour attendre le début des jeux.

Mais c'était samedi et Philip, s'il devait quand même travailler, n'était pas pressé. En plus, il y avait le décalage horaire. Il n'avait aucune envie de se trouver relégué sur une chaise pour boire son thé pendant que Jonah profiterait du lit douillet. Il le poussa gentiment pour grimper à mes côtés.

Jonah émit un étrange bruit nasal, « *hhhrrrrr-rooonn* », et sauta à terre.

— Ne t'inquiète pas pour lui, dis-je. Il va vite se réhabituer à ta présence.

Observant fixement Philip d'un regard d'acier, Jonah partit à reculons d'un air menaçant vers les rideaux. Impuissante, je vis sa queue se lever et trembler légèrement dans ce mouvement que j'avais appris à tant redouter.

— Oh non ! m'écriai-je. Arrête-le ! Il va...

Trop tard. Regardant toujours Philip droit dans les yeux, notre chat se soulagea.

Philip est la personne la plus calme que je connaisse. C'est une des raisons pour lesquelles je suis tombée amoureuse de lui. Il ne perd presque jamais son sang-froid.

— Cette fois, ça suffit ! hurla-t-il en se ruant vers Jonah. Ce chat n'a plus sa place ici !

L'un à la poursuite de l'autre, les deux mâles filèrent dans le couloir. Les talonnant tant bien que mal, je vis la queue de Jonah traverser la buanderie puis disparaître dans la chatière.

— Ici ? Que veux-tu dire ? demandai-je d'une voix tremblante.

Le souffle court, Philip se passa la main sur le crâne.

— On ne va pas passer les dix prochaines années comme ça, dit-il, la voix glaciale, en évitant mon regard. Qu'il aille vivre ailleurs.

Un froid soudain s'installa dans la pièce, comme si on venait d'ouvrir la porte d'un frigo.

— Où ça, ailleurs ?

— Ça m'est égal. Dans une ferme, s'il le faut.

Une ferme ? Ces mots me ramenaient bien des années en arrière, à mon enfance en Nouvelle-Zélande. C'était là, d'après les adultes, que se trouvaient les chats disparus. Il m'a fallu des années pour comprendre qu'ils ne parlaient pas de vertes prairies où les matous s'ébattaient joyeusement en compagnie des veaux et des vaches.

— Regarde un peu ce qu'il a fait, poursuivit Philip. Il a détruit la nouvelle moquette de l'escalier ; nous avons dû faire nettoyer les rideaux je ne sais combien de fois. Et cette odeur dans la chambre de Lydia… Non, il doit partir.

Une sensation nouvelle et déplaisante m'envahit. Pour la première fois en vingt ans, j'éprouvais de la hargne envers Philip. Comment un être qui avait ouvert son cœur à mes deux enfants aînés et les avait élevés comme s'ils avaient été les siens, un homme qui s'était avéré un mari et un père si génial, pouvait-il se montrer aussi cruel ?

Jonah n'était pas parfait, mais nous ne l'étions pas non plus. Malgré tous ses défauts et ses écarts, sa place était parmi nous.

À la seconde où Philip partit travailler, je sautai sur le téléphone pour appeler Vivienne. Nous avions essayé toutes les formes de thérapie – conventionnelles ou autres. Notre maison avait été vandalisée, mon piano momifié dans ses bandelettes de plastique et mon mariage vacillait au bord d'un grand canyon émotionnel. À l'instant où elle répondit, j'eus une inspiration.

— Existe-t-il des couches pour chats ?

Après ce que je pris pour un silence amusé, elle répondit qu'elle ne le pensait pas. Elle ne fut pas surprise d'apprendre l'ultimatum de Philip.

— Vous avez presque tout essayé, dit-elle. Je sais que c'est dur. Les troubles urinaires sont la cause principale de l'abandon des chats.

Un gros rocher s'installa dans ma poitrine quand je vis Jonah rouler sur lui-même dans une flaque de soleil. Il semblait savoir comme sa fourrure s'harmonisait superbement avec les motifs verts et bruns de la moquette. S'étirant de tout son long dans un arc gracieux, il m'adressa un clin d'œil et bâilla. J'adorais notre chat follement affectueux, follement drôle et follement timbré. Nous l'adorions tous – enfin, presque tous. Je ne pourrais jamais l'amener chez un vétérinaire pour le faire « piquer ».

En plus de tout le reste, Vivienne s'occupait de la recherche de nouveaux foyers d'accueil. Son site web, rempli de photographies déchirantes de chatons abandonnés et de chats errants, lui permettait d'obtenir des résultats surprenants. Nous discutâmes ensemble du type de parents adoptifs qui conviendraient à Jonah. Sûrement pas une famille avec un tas de gamins bruyants, et notre énergumène conduirait une vieille dame tout droit à l'asile. Une ferme, si ce genre d'endroit existait vraiment, ne provoquerait chez lui qu'un effondrement physique et mental.

— Je vais vous dire, déclara soudain Vivienne avec un rire espiègle. Et si je mettais une photo de Philip sur mon site pour *lui* trouver une famille d'accueil ?

Quand j'annonçai aux filles le décret de Philip, elles en restèrent bouche bée. Katharine prit Jonah dans ses bras et enfouit son visage dans son pelage.

— Il ne peut pas partir, dit-elle. Nous l'aimons.

Peu sensible au drame dont il était le centre, Jonah ronronnait de tout son être. J'aurais voulu pouvoir envelopper mes filles et notre chat dans une espèce de grand tablier magique et leur promettre que tout irait bien. Mais tout, justement, ne dépendait pas de moi.

Les filles jurèrent de nettoyer encore mieux la litière, de le tenir à l'écart des coins qu'il visitait le plus souvent et de traquer le moindre effluve suspect.

Après leur départ pour le lycée et l'université, je décidai de marcher un peu dans l'espoir de m'éclaircir les idées. Les arbres nus de l'hiver griffaient le ciel. Des tapis de nuages gris étaient suspendus au-dessus des immeubles. Comme si j'obéissais à un pilote automatique, je pris un tram qui m'amena de l'autre côté du fleuve, non loin de l'animalerie.

Il me semblait maintenant qu'en laissant Jonah entrer dans nos vies, j'avais commis une bourde alors que j'étais trop faible et vulnérable. Si nous avions vraiment voulu un chat, nous aurions dû le chercher nous-mêmes et surtout éviter ce magasin. Nous aurions dû faire preuve de bon sens et nous rendre dans un foyer pour sauver un bâtard qui aurait été plus qu'heureux d'être accueilli dans une vraie famille. Nous avions été idiots de craquer pour ce chaton simplement parce qu'il était mignon.

En regardant à travers la vitrine, je vis qu'une nouvelle portée était arrivée. Tous ces petits spécimens étaient identiques au Jonah d'avant : les yeux bleus, élancés, les pattes trempées dans des cappuccinos. En un mot, irrésistibles. L'un dansait dans la cage tandis qu'un autre, tapi sur lui-même et frémissant, attendait le moment de se jeter sur son frère. Quelques personnes s'étaient réunies devant la boutique pour admirer le spectacle.

Un jeune couple transi de froid se tenait à mes côtés. L'homme et la femme étaient captivés, comme nous l'avions été.

— Allons demander si nous pouvons ramener celui-là à la maison ! dit-elle, le regard énamouré, en désignant le cascadeur qui volait dans les airs pour atterrir avec une facilité déconcertante sur son ami.

Je me tournai vers le couple.

— Ne faites pas ça, dis-je. Prenez un chiot ou faites un bébé. Tout vaut mieux qu'un de ces chatons.

Ils m'observèrent tous les deux, éberlués. Ils devaient me prendre pour une folle. Enfouissant mon visage dans mon *pashmina*, je me précipitai chez la vétérinaire. Il ne restait plus qu'une seule bouteille géante de neutralisateur d'urine de chat sur l'étagère. Nous n'étions pas les seules personnes confrontées à ce problème.

Je savais que Jonah m'attendrait à la fenêtre. Qu'il viendrait à la porte et miaulerait entre mes jambes. Mon odorat serait en alerte générale, à la recherche de nouvelles odeurs d'ammoniac. Je traquerais les taches suspectes sur le rebord de la fenêtre ou contre la rampe d'escalier.

Quand j'ouvris le portail, je vis sa silhouette se refléter dans la vitre. Son port noble, ses membres élégants, la queue d'une longueur sublime… comment une créature aussi belle pouvait-elle être la source de tant de malheurs ? Ses yeux étincelèrent quand il me vit et sa bouche s'ouvrit comme un petit diamant rose tandis qu'il émettait un miaulement accusateur. J'étais incapable de lui faire face. Pas maintenant. Après avoir hissé l'énorme bouteille de produit sous la véranda, je battis en retraite et me réfugiai chez Spoonful.

Dans la maison, la tension fut à son comble ce soir-là. J'avais vaguement conscience que Lydia portait l'infâme bonnet (note à moi-même : trouver le moment judicieux pour laisser entendre avec tact qu'un chapeau mou conviendrait mieux à son visage).

Quand Philip rentra du bureau, tout le monde évita d'aborder le sujet de l'éviction. Avec les filles, nous présentâmes la journée de Jonah sous une lumière des plus favorables. Il n'avait fait pipi nulle part, avait gobé une mouche et avait dormi plusieurs heures durant sans sauter sur quiconque, ni miauler. Évitant de mentionner les aspects les plus perturbants de ma conversation avec Vivienne, j'expliquai que son comportement de la matinée était sans doute dû à une réaction nerveuse de sa part après le retour à la maison de la personne qu'il préférait sur cette terre. Cela n'arriverait plus.

Comment pouvais-je mentir ainsi ?

Après dîner, les filles et moi veillâmes à ce que Jonah n'entre pas dans le salon où nous regardions la télévision, de peur qu'il ne commette l'irréparable. Les yeux fixés sur l'écran et les oreilles en berne, j'essayais de passer outre le bonnet bordeaux de Lydia et les miaous insistants dans l'autre pièce. Une paire de petons poilus apparut sous la porte. Les miaulements furent remplacés par des coups de tête portés sur le battant. Les filles et moi échangions des regards de plus en plus paniqués. Le visage de Philip restait sombre et immobile. Finalement, Lydia se leva pour libérer la bête. Très élégant, un gant pourpre coincé entre les dents, Jonah s'avança dans le salon. Les doigts qui flottaient nous saluaient joyeusement. La tête et la queue basses, il trottina vers Philip aux pieds de qui il déposa respectueusement son trophée.

— Voyez ? dit Lydia. Il demande pardon.

Jonah bondit sur les genoux de Philip et lui lécha la main. Mon mari baissa les yeux. Pendant un instant, je crus qu'il allait chasser ce chat. Il hésitait, comme lors d'une première rencontre. Finalement, il leva la main pour la passer sur l'échine pointue de Jonah. Celui-ci bâilla et s'installa un peu plus confortablement contre son ventre. Une flamme d'affection s'alluma dans le regard de mon époux. Un sourire ourla ses lèvres. La bataille n'était peut-être pas perdue.

Le lendemain matin, usant de mes toutes nouvelles capacités olfactives, j'arrivai tout droit à l'autel de Lydia. Une longue traînée gouttait du flanc du meuble jusque sur le sol.

Ça ne pouvait plus durer.

34

Purifié

Quand les drogues ne sont pas si mauvaises.

La voix de Vivienne était chaleureuse et sympathique au téléphone.

— Si c'était mon chat, je lui donnerais un médicament, du Prozac, dit-elle.

— Mais... commençai-je, entendant déjà la voix de maman me décoller les tympans : « *Du Prozac ! Pour un* CHAT *!?* »

— Écoutez, je suis désolée. Je sais que nous en avons déjà parlé et que vous y êtes opposée, mais c'est le seul moyen. Jonah a adopté un comportement auquel il ne renoncera pas.

J'éprouvais une sensation d'échec absolu. S'il est vrai que les animaux domestiques reflètent la personnalité de leurs propriétaires, quel genre d'aliénés étions-nous ?

— Ce n'est pas de votre faute, poursuivit Vivienne. Les Orientaux sont presque toujours très difficiles.

J'essayai de respirer un peu. Nous n'avions plus vraiment le choix.

— Faudra-t-il qu'il en prenne pour le restant de ses jours ?

— Pas nécessairement. Au bout de quelques mois, la chimie de son cerveau aura peut-être changé et il recommencera à se comporter normalement.

Quelques *mois* ?!

Quand j'en parlai à la vétérinaire, elle aussi me dit de ne pas me sentir coupable. Il n'y avait rien de mal à altérer l'équilibre chimique de son chat. Elle-même avait une paire d'Orientaux qu'elle traitait au Prozac de temps à autre.

De retour à la maison et la mort dans l'âme, je déposai une demi-pilule jaune dans une assiette de thon. Le plat préféré de Jonah. Quand je revins quelques heures plus tard, le thon avait disparu. Et le demi-comprimé brillait bien seul au fond de l'assiette.

Je pilai l'autre moitié de cette même pilule et mélangeai la poudre à son repas suivant… qu'il ne toucha pas. De désespoir, je broyai le médicament pour le glisser dans un tube de collyre que je remplis de lait avant de l'injecter dans la gueule de Jonah. Relevant la tête, il me recracha le tout au visage.

Vivienne arriva en urgence pour m'apprendre à le tenir fermement, à le forcer à ouvrir la mâchoire et à lâcher la pilule au fond de sa gorge aussi vite et proprement que possible. À la voir faire, ça paraissait simple mais quand j'essayai le lendemain, Jonah se débattit et se tordit comme un phoque avant de régurgiter le comprimé sur la moquette. Ensuite, il fit semblant de l'avaler pour le déposer discrètement sur un coussin. Après un véritable combat de gladiateur, je triomphai enfin, lui glissant délicatement la pilule dans le gosier à la manière de Vivienne. Je me sentis très mal quand il s'éloigna, la queue basse.

Dans les jours qui suivirent, Jonah devint un chat plus calme, plus aimable. Les troubles urinaires cessèrent très vite. Je recommençai à lui faire suffisamment confiance pour le laisser entrer dans des pièces d'où il avait été banni (mais quand même pas assez pour retirer mon piano de son sarcophage en plastique). Il passait l'essentiel de la journée dans le salon, à somnoler au soleil sur un plaid en alpaga. Même s'il courait toujours pour accueillir les gens à la porte et bondissait au moindre bruit, il était beaucoup plus calme et facile à vivre. Nous étions plus heureux. Il semblait davantage en paix avec lui-même.

Je m'attendais à une vive désapprobation de la part de Lydia. Je pensais qu'elle allait me conseiller de chercher une autre médium ou, pourquoi pas, un chaman. Mais elle avait travaillé dans une unité psychiatrique ces derniers temps. Les médicaments, dit-elle, peuvent changer une vie.

Espérant que nous étions à l'aube d'une nouvelle existence sans odeur, je me lançai dans un grand nettoyage de la maison. Avec son odorat impeccable, Katharine m'aida à trouver de minuscules taches sur les plinthes et sur la rampe d'escalier, qui m'avaient échappé.

Nous étions prêts pour une nouvelle phase.

35

Sainteté

Si votre fille s'accroche à un autel, ne faites rien.

Lydia passa avec succès ses examens de fin d'année en octobre. Je présumais qu'elle garderait son travail auprès des handicapés pendant l'été avant de se lancer dans sa dernière année d'études de psycho en mars. Une perspective que je trouvais géniale. Je restai donc assez perplexe devant sa réaction plus que tiède à mon enthousiasme.

Philip, Katharine, Jonah et moi regardions un épisode de *The Big Bang Theory* quand elle apparut à la porte pour nous dire bonsoir. La télévision était trop vulgaire pour elle. Un point de vue que je respectais. Elle montait dans sa chambre pour communier avec des énergies supérieures. Au moment où elle partait, je remarquai qu'elle portait encore ce bonnet bordeaux

– celui que j'avais tricoté avec mes restes de laine une éternité auparavant.

— Tu n'es pas forcée de mettre ce machin jour et nuit, non ? demandai-je.

— Pas vraiment, dit-elle en l'enlevant lentement. Mais il fait assez froid, parfois.

La cacophonie de la télévision se transforma en murmure. Les murs du salon devinrent tout gris. La main de Philip se pétrifia sur le dos de Jonah. Nos mâchoires inférieures tombèrent à l'unisson. Ma superbe fille était complètement chauve. Son visage semblait étonnamment petit sans les cheveux qui l'encadraient habituellement.

Elle était si jolie ces derniers temps. Nous achetions du bon shampoing, je lui prêtais mon sèche-cheveux dont j'entendais le vrombissement rassurant tous les matins.

— Tes cheveux ! dis-je enfin.

Comment fallait-il interpréter ce geste ? Cherchait-elle à revendiquer une image ou fallait-il y voir un symptôme plus inquiétant ?

— Cool ! s'exclama Katharine, l'éternelle conciliatrice. Ça t'a fait mal ?

Lydia secoua l'œuf dur qui lui servait de tête. Le vieux volcan d'angoisse se réveilla dans mes entrailles.

Quelles que soient la cause de ce geste ou ses intentions, je savais que la colère ne servirait à rien. Toute explosion de ma part la pousserait encore plus loin dans la direction qu'elle avait choisie.

— Ouah ! dit Katharine en tâtant le crâne de sa sœur. Comment t'as fait ?

— J'ai emprunté un rasoir électrique.

— On t'a aidée ?

— Non. Je me suis débrouillée toute seule.

— Le rasoir électrique de *qui* ?

C'était ma question stupide.

— D'un ami, répondit Lydia d'une voix qui indiquait clairement que toute question supplémentaire ne serait pas la bienvenue.

J'imaginais des rideaux de cheveux blonds tombant sur le sol de l'appartement d'Un Ami.

— Des tas de garçons ont des rasoirs électriques, pas vrai, Lyds ? la cajola Katharine.

— Ce n'était pas le rasoir de Ned, par hasard ? demandai-je, espérant presque qu'elle le revoyait.

— Non, il va se marier.

Juste à l'instant où j'envisageais que cette tonte subite fût une réaction à la perte définitive de son petit copain, Lydia lut dans mes pensées. Elle me dit de ne pas m'inquiéter. Elle était soulagée, heureuse en fait, qu'il ait trouvé quelqu'un d'autre.

Je n'avais plus vu la forme de son crâne nu depuis le jour où, bébé, elle avait perdu les premières boucles brunes avec lesquelles elle était née. Sa tête était jolie à l'époque, toute ronde et gracieuse au-dessus de son cou, avec deux oreilles délicates de chaque côté. Mais, même en ce temps-là, j'avais été impatiente de voir ses cheveux pousser.

Maintenant, le crâne de ma fille luisait sous la lumière des halogènes. Elle me faisait penser à une statue de Néfertiti. Elle semblait si… vulnérable.

— Tu fais ça pour une levée de fonds ? demandai-je.

— Non. Je retourne au monastère.

Je crus qu'un glissement de terrain venait de se produire. Lydia et moi nous étions beaucoup rapprochées pendant ma maladie et la conception du jardin. Même si l'intensité de ses aspirations spirituelles me rendait nerveuse, je les comprenais. D'une certaine manière. Mais cette annonce convoqua toutes mes anciennes peurs de la perdre et, pire, je me mis à craindre qu'elle se perde elle-même.

Philip ne montrait pas la moindre émotion. Jonah la contemplait en clignant des yeux. Katharine se passionnait soudain pour un vieux magazine.

— Tu as décidé de devenir nonne ? demandai-je.

— Je ne sais pas, répondit-elle. Je veux juste voir ce que ça fait pendant un moment.

Que voulait-elle dire par « un moment » ? Des semaines ? Des mois ? Une vie entière ?

Elle dit qu'elle ne savait pas. Encore. Comme je détestais cette phrase !

— Tu ne peux pas attendre d'avoir fini tes études ?

— Je pourrai les finir n'importe quand.

J'avais cru sa phase de rébellion terminée. Il y avait quelqu'un derrière tout ça et je savais qui. Ce moine. Pourquoi ne pouvait-elle pas être honnête avec moi ?

Mais à quoi pensait-elle ? S'occuper de personnes handicapées et être végétarienne, c'était beau et admirable. Mais se raser la tête pour devenir nonne bouddhiste ? Visait-elle à devenir une sainte de la génération Y ?

J'avais fait des recherches sur les saints. Ils ont tendance à venir de familles de la classe moyenne. Bouddha lui-même, saint François d'Assises et son acolyte, sainte Claire, avaient été élevés dans des maisons confortables. Et ils avaient tous rejeté l'opulence que leur offraient leurs parents.

Les parents de sainte Claire avaient été dévastés quand elle avait refusé de se marier. Leur angoisse est représentée sur une fresque dans une église dédiée à leur fille, à Assises. Si les expressions des visages ne nous apprennent pas grand-chose (sinon qu'une nonne toise la mère de sainte Claire d'un air mauvais), la légende nous dit tout : « Claire s'accrochant à l'autel pour empêcher sa famille de la ramener chez elle. »

Il en irait de même avec nous si nous tentions d'arracher Lydia à l'autel de son choix.

Scrutant notre fille chauve, j'essayai de me concentrer sur les points positifs. Première consolation : la guerre civile au Sri Lanka était terminée. La probabilité qu'elle affronte des dangers mortels s'était réduite. À vingt-cinq ans, Lydia était déjà une voyageuse expérimentée qui savait éviter les ennuis, et puis elle possédait une certaine maîtrise du cinghalais si j'en jugeais d'après les conversations téléphoniques que j'avais surprises. Son maître et les nonnes viendraient la chercher à l'aéroport pour la conduire directement au monastère qu'elle connaissait bien.

Et si cette jeune femme opiniâtre désirait réellement se fermer au monde pour le restant de son existence sur une île lointaine, je ne disposais d'aucun moyen pour l'en empêcher.

La lassitude déferla sur moi. À vrai dire, je n'en pouvais plus de me battre. Il ne servait à rien de me plaindre de ses excentricités… pas plus que de celles de notre chat, d'ailleurs. Tout ce que je pouvais faire, c'était vivre ma vie… et leur laisser la liberté d'en faire autant.

Enfin, Lydia m'avait plus qu'aidée à travers tous les changements, bons et moins bons, que j'avais traversés récemment. Il était temps pour moi de m'effacer et d'accepter le fait qu'elle était devenue une femme.

— Eh bien… dis-je, sentant que les autres attendaient que je me lance dans une de mes tirades. Si tu veux être nonne, et si c'est ce qui te paraît juste, je ne dirai pas que cela me rend folle de joie, mais je te soutiendrai de tout mon cœur.

Et, à ma grande stupeur, pour la première fois, j'étais sincère.

36

Piquée

Une griffure de chat peut être une récompense.

En regardant Lydia préparer ses bagages la semaine suivante, je devins de plus en plus curieuse. Pas comme avant, quand je me sentais menacée par tout ce qui concernait le Sri Lanka. J'avais envie de mieux comprendre le monde dont elle voulait faire partie et commençais même à envisager une visite au monastère. Un voyage qui risquait de s'avérer difficile dans mon état physique, et peut-être même dangereux.

Beaucoup moins loin, j'avais des défis plus prosaïques à relever. Pendant que Lydia préparait son départ, j'abordais la phase finale de la reconstruction mammaire : le tatouage du mamelon.

Philip prétendait, en tant qu'inspecteur en chef du faux téton, qu'il le trouvait vraiment parfait. Sauf qu'à côté de l'autre, il avait l'air d'un albinos. Puisque j'avais déjà fait tout ce chemin, autant aller au bout, me disais-je.

Mais qui dit tatouage dit *aiguilles*. Et sans personne, en blouse ou pas, pour vous endormir.

Pendant que je réfléchissais à tout cela, Jonah tenait à démarrer une séance de canne à pêche. En le voyant s'envoler et se tordre dans les airs, je regrettais de ne pas être un chat. Même un névrosé comme Jonah ne perdait pas son temps à avoir peur des piqûres.

Quand, enfin, il s'effondra sur le plaid, les flancs haletants, Katharine le prit dans ses bras.

— Oh, Jonah ! dit-elle en enfouissant le nez dans sa fourrure. Heureusement que tu es là !

Les alertes maternelles se déclenchèrent aussitôt.

— Tu as un souci ? demandai-je.

— Mon exposé sur l'immigration pour le bac, répondit-elle en frôlant du doigt le museau de Jonah qui adorait ça.

Katharine s'était prise de passion pour les personnes chassées de leur pays d'origine. Tous les week-ends, elle enseignait l'anglais à des enfants du Soudan. J'avais déjà remarqué une lueur accusatrice dans son regard. Tout comme Lydia laissait entendre que nous n'en faisions pas assez pour les handicapés, Katharine était déçue par notre manque d'engagement auprès des réfugiés. On m'avait déjà fait remarquer que Shirley était bien assez grande pour y accueillir plusieurs familles soudanaises.

Je me faisais du souci pour notre plus jeune fille. Son visage était devenu pâle et maigre ; des ombres s'étaient installées sous ses yeux. Le pansement sur son coude grandissait chaque jour, recouvrant soit une irritation, soit un champignon. Dans tous les cas, une réaction au stress. Je lui demandai à quelle heure elle avait arrêté de travailler la veille. Elle répondit 23 heures 30 mais je savais que cela avait dû être beaucoup plus tard. Elle promit de se coucher plus tôt ce soir-là.

Les coussinets de Jonah étaient secs, me dit-elle, en le déposant sur son poteau. Il m'adressa un regard de martyr quand je lui soulevai une patte avant. Le coussinet était craquelé comme le lit d'une rivière pendant la sécheresse. Si je ne pouvais pas faire beaucoup pour améliorer l'opinion de Katharine quant à mon engagement auprès des réfugiés, je pouvais au moins tenter quelque chose pour Jonah. Intrigué, il ne cessa de m'observer pendant que je massais chacun de ses coussinets avec ma crème hydratante. Quand j'eus terminé, il s'empressa de la faire disparaître en la léchant.

Lorsque Lydia redescendit, elle proposa de nous déposer : Katharine au lycée, moi au salon de tatouage. Nous acceptâmes sans hésitation.

L'officine était logée dans un vieux *cottage* ouvrier et seule une pancarte discrète sur la clôture annonçait qu'on pouvait s'y faire faire une seconde peau. Lydia préféra m'attendre pendant que je disparaissais sur un chemin de briques bordé de plantes.

Une femme blonde m'ouvrit la porte. Dépourvu de tout grain de beauté, marque ou ride, son visage était techniquement parfait. Un peu comme si on avait peint ses traits sur une toile vierge. Dépourvue de la myriade de défauts qui rendent une peau réelle, elle semblait être une photo de star douée de vie.

Elle me demanda d'enlever le haut et de m'allonger sur sa table de massage.

— Ça ne fait pas mal, mais ça vibre un peu, m'expliqua-t-elle en plaçant une feuille de plastique bleu sur mon sein exposé.

J'essayai de ne pas regarder l'aiguille. On aurait dit une fraise de dentiste dans un étui marron.

— On va juste faire une coloration. Vous sentirez peut-être un petit quelque chose si les terminaisons nerveuses ont commencé à se rejoindre. Mais j'utilise une crème anesthésiante.

Une *crème* anesthésiante ? J'aurais préféré les bras de Morphée. Mais, à mon grand soulagement, la procédure fut indolore. Comme elle l'avait dit, je ne sentais que des espèces de vibrations quand elle me piquait. De temps à autre, elle s'interrompait pour tamponner son œuvre avec un morceau de gaze.

— Ça ne devrait pas trop saigner, dit-elle. Le truc, c'est de ne pas trop enfoncer l'aiguille, pour ne pas atteindre les tissus où se trouve le sang. Sinon, au bout de quelques années, le tatouage devient un peu flou. C'était un vrai problème à l'époque de mon père mais on ignorait ça à l'époque.

Je lui demandai si elle-même avait un tatouage.

— Oh non, répondit-elle. Sauf au visage.

— Au visage ?

— Oui, les sourcils et le trait de crayon autour des yeux. J'ai fait faire une couleur naturelle pour les lèvres. Les lèvres, c'est délicat. Si vous choisissez une couleur trop forte, elle se démode.

Quarante minutes plus tard, j'admirais son travail dans un miroir. Le mamelon coloré semblait plus foncé que l'autre. Elle dit que cela s'atténuerait. Il fallait que je le garde au sec et que je le couvre d'onguent pendant quatre jours. Je pouvais m'attendre à une visite de mes vieux amis : gonflement et inconfort.

— Bientôt, vous pourrez bronzer seins nus, plaisanta-t-elle.

Greg et elle… des extraterrestres venus de la planète Plage.

Je lui demandai si elle me recommandait quelque chose en matière de tatouage facial. Avec mes jolis yeux, dit-elle, il fallait d'abord penser au trait de crayon. M'imaginant en Cléopâtre de maison de retraite, je me contemplai dans le miroir en louchant. Les grosses veines rouges dans mes cavités orbitales n'avaient pas besoin qu'on les souligne.

Un bouquet de roses jaunes envoyé par Philip attendait sur le porche quand Lydia et moi rentrâmes. Le chéri. J'ouvris la carte et lus : « Jespère que tu te sens mieux. » Le fleuriste avait besoin d'un petit cours sur les apostrophes.

Pour fêter mon nouveau mamelon couleur arabica, Lydia et moi allâmes dans un nouveau café un peu en contrebas, dans Chapel Street. Avec son sol en béton et ses vieux bancs en guise de sièges, on aurait dit un abri atomique. La clientèle était impeccablement branchée. Les hommes portaient des *tee-shirts* gris. D'improbables zones poilues sur leurs mentons et leurs joues suggéraient une épidémie de gale. Les femmes étaient penchées sur leur ordinateur portable ou bien pépiaient dans leur téléphone. Presque tous arboraient cette médaille obligatoire au XIXe siècle : un tatouage. Au moins.

Un nuage de vapeur s'élevait de la machine. Un délicieux arôme de noisette planait entre les tables. Me repérant enfin, le barman secoua ses *dreadlocks* et m'adressa un message télépathique : « Pas cool », auquel je répondis de la même manière : « J'aurais pu laver tes couches, fiston. »

— Jolis tatouages, dis-je en admirant les impressionnants rats rouges et verts qui s'enroulaient sur son bras. Ça a dû faire mal.

— Pas autant que celui-là, répondit-il en se tapant la poitrine juste sous le sein droit.

L'envie assez folle me saisit de lui révéler que nous étions frère et sœur d'encre.

Mais je me contentai de lui demander :

— Pourquoi l'avoir fait ?

— Pour prouver que je peux maîtriser la douleur, répondit-il.

— Ah…

J'aurais pu lui apprendre que la douleur prend de nombreuses formes. Ses manifestations les plus atroces ne viennent pas d'une aiguille de tatoueur, ni probablement d'un couteau ou d'un pistolet. Ce n'est pas la vague de panique qui vous submerge quand un médecin prononce le mot qui commence par « c », ni les élancements des plaies chirurgicales. La vraie déchirure se produit quand quelque chose arrive à un de vos gosses.

Mais il m'avait déjà cataloguée : vieille et ch…

De retour à la maison, je regardai sans m'y attarder un sitcom américain après l'habituel flot de publicités pour des assurances funéraires – un de ces trucs modernes où il est branché d'être gay.

Lydia m'apporta une tasse de thé et se tourna vers l'écran.

— Vous voulez d'la révolte !??? rugissait dans le poste l'adolescent dont les parents n'appréciaient pas du tout le dernier tatouage pornographique. J'vais vous montrer c'que c'est, la révolte ! J'vais m'barrer d'ici et d'venir moine en Thaïlande !

Tandis que des rires préenregistrés emplissaient le salon, Lydia et moi échangeâmes un regard – et un soupçon de sourire.

37

Bénie

Je ne suis pas croyante mais…

Je l'ai déjà dit : les valises étaient les ennemies de Jonah. Pour lui, elles étaient aussi néfastes que les chats noirs de la rue. Une valise ou un sac à dos signifiaient un départ.

ALP (avant le Prozac), en voir une le rendait maboul. La queue comme un buisson, il se mettait à courir partout en hurlant d'une façon pitoyable : « *Miaoooouu… mianiooon !* »

Quiconque essayait de l'attraper dans l'espoir de le calmer mordait la poussière tandis qu'il filait comme une fusée dans l'escalier. Avant de redescendre en chute libre, puis de remonter, puis de redescendre. Ne pars pas, ne pars pas…

Si un sac en partie préparé était laissé ouvert, il

bondissait dedans, s'y enfouissait et refusait de bouger. Les bagages bouclés et prêts devant la porte d'entrée étaient encore plus vulnérables. Jonah s'y collait pour faire en sorte que leur propriétaire l'emmène avec lui.

Faire face à sa phobie était devenu un défi. Je ne voulais pas qu'il retrouve ses anciens mauvais instincts.

Nous rangions donc les bagages hors de sa vue, dans le grenier ou alors dans un placard de mon bureau où ils s'empilaient de façon précaire. Dès que l'un d'entre nous devait partir, un autre membre de la famille se chargeait de créer une diversion. Tous les moyens étaient bons : canne à pêche, rubans, flatteries. Le voyageur pouvait ainsi retirer sournoisement la valise de sa cachette, la glisser dans sa chambre et verrouiller la porte à triple tour.

Malgré tous nos efforts, Jonah devinait toujours, même ALP (après le Prozac). Et il en fut ainsi quand Lydia se prépara à retourner au Sri Lanka. Enfermée dans sa chambre, elle plia ses modestes effets qui rejoignirent les cadeaux pour les moines et les nonnes. Nous avions eu une brève altercation à propos d'une vilaine couverture à carreaux gris et écarlates que j'avais tricotée. À l'origine, elle avait été faite pour des SDF à la demande du lycée de Katharine. Il s'avéra que les SDF n'en voulaient pas ; je m'en servais donc au yoga. Quand Lydia m'annonça qu'elle voulait l'emporter au Sri Lanka, je me sentis blessée… jusqu'à ce que je décide que c'était un compliment. Elle voulait prendre quelque chose de moi avec elle.

Cherchant par tous les moyens à être admis dans sa chambre, Jonah passa en avance rapide, telle une Panthère rose sous amphétamines. Il sautait d'un rebord de fenêtre à l'autre, s'envolait vers un canapé avant de rebondir sur le sol pour se lancer vers la porte, la patte tendue vers la poignée.

Quand Lydia émergea – un hymne à la blancheur couronné d'un bonnet bordeaux –, il plongea vers elle, la suppliant de le prendre dans ses bras.

— Ne t'inquiète pas, mon gars, tout ira bien, dit-elle, hilare, en le berçant comme un bébé. Je ne serai pas loin. Je t'enverrai un rayon de lumière dorée tous les jours.

Jonah cessa de se débattre pour la contempler en clignant des paupières. Pendant un instant, Lydia et lui parurent flotter ailleurs, comme portés par la même longueur d'ondes. Peut-être parviendraient-ils à communiquer dans une autre dimension au cours de son absence ? Qui sait ce qui se passait dans son cerveau pendant ces longues heures de méditation ? Et dans celui Jonah quand il roupillait sur le plaid en alpaga ?

Quand j'essayais de discuter avec elle de ses aspirations religieuses, Lydia continuait à éviter de me répondre. Je n'étais parvenue à lui soutirer qu'un seul et unique renseignement : le but du bouddhisme est de parvenir à l'Illumination.

Je lui demandai donc si c'était ça qu'elle recherchait – devenir une Illuminée – et elle se referma comme une huître. Dans des moments pareils, j'avais envie de la prendre par les épaules pour la secouer et lui dire d'arrêter de rêver. Mais j'avais lu assez de bouquins profonds pour connaître déjà sa réponse. C'était *moi* qui dormais à moitié et qui vivais enfermée dans un rêve.

Une fois qu'elle eut embrassé Jonah, je l'aidai à enfiler son sac à dos. La haie de romarins nous fit cortège de son parfum quand nous descendîmes l'allée. En voyant son bonnet se dandiner avec grâce devant moi, je voulus lui expliquer que je n'étais pas totalement insensible à ses raisons, même si je n'étais pas croyante.

Elle déposa son sac à dos dans le coffre de la voiture.

Le moteur s'ébroua. Leonard Cohen rugit « Alléluia ! » dans les enceintes réglées au maximum. Je me tus.

Si elle avait voulu l'entendre, je lui aurais dit : je ne suis pas croyante mais…

J'allume toujours un cierge dans les vieilles églises en mémoire des amis qui souffrent et pour les êtres aimés qui sont ailleurs.

Lydia étudiait ses mains. Elle était déjà dans un autre monde. Il est toujours plus facile d'être celui qui quitte que celui qui est quitté.

L'autoroute défilait sous nos roues. Elle n'allait plus changer d'avis. Plus maintenant.

Je ne suis pas croyante mais…

Certains endroits sur Terre possèdent une atmosphère incroyable. Sur la tombe de saint François à Assises, j'ai versé des larmes venues d'une grotte tout au fond de moi. Certains de ces endroits sont peut-être des portails. Ou alors n'existent que pour préserver l'abnégation de la personne à laquelle ils sont associés. Les briques et les pierres deviennent consacrées parce qu'elles nous rappellent le potentiel de bonté que tous nous possédons.

Nous pénétrions dans l'œsophage de béton qui servait de parking d'aéroport. Trouver une place fut étonnamment facile. Mais c'est toujours comme ça quand Lydia est à bord.

Je la laissai s'enregistrer au comptoir. Passeport, formulaire des douanes. Elle connaissait cette routine par cœur.

Je ne suis pas croyante mais…

Même si Sam a été tué en 1982, je ne l'ai jamais perdu. Plus je vieillis, plus je comprends qu'on ne perd jamais personne. Les gens sont toujours là, avec nous.

Alors, même si tu pars et que tu deviens nonne bouddhiste au Sri Lanka, je ne te perdrai pas. Pas vraiment.

À présent, c'était la porte d'embarquement. Elle m'embrassa sur la joue.

— Pourquoi ne viendrais-tu pas quelques jours au monastère ? demanda-t-elle.

Aller dans un boui-boui du tiers-monde tenu par un moine qui m'avait fait passer tant de nuits blanches ? Et n'oublions pas les toilettes préhistoriques, les limaces et les rats.

La psychologue m'avait dit de penser d'abord à ma santé et je n'avais nulle intention de désobéir à ses ordres.

Lydia savait très bien que désormais, je ne séjournais que dans des lieux munis de serviettes moelleuses.

Elle devait plaisanter.

— Tu sais, je ne suis pas croyante mais… dis-je en l'embrassant à mon tour. Je vais y réfléchir.

38

Heureux hasard

Si vous hésitez, donnez votre langue au chat.

C'est à l'école primaire que j'ai entendu parler du Sri Lanka pour la première fois. La maîtresse a déroulé la carte toute ridée qui se trouvait au-dessus du tableau noir pour nous montrer une île en forme de larme au large des côtes de l'Inde. De façon rassurante, elle était colorée en rose comme la plupart des pays du monde (les pays importants, du moins). Et comme le nôtre, elle appartenait à cette force éternelle : l'Empire britannique.

— Ceylan est célèbre pour son thé et pour ceci, dit la maîtresse.

Elle montra sa bague de fiançailles à toute la classe. La pierre bleue étincelante qui l'ornait était un saphir, nous apprit-elle.

Ce n'était pas juste. Ceylan avait des pierres précieuses. Quant au thé, il restait assez de sang anglais dans nos veines pour que, sans lui, la mort nous guette. J'étais jalouse de Ceylan. En Nouvelle-Zélande, nous n'avions que des moutons et du fromage.

Avant qu'elle ne soit connue sous le nom de Ceylan, l'île en possédait un autre encore plus romantique : *Serendipity*. Tout droit sorti d'un conte de fée, ce mot possède des racines arabes. De façon curieuse, *Serendipity* a été élu comme l'un des dix mots les plus difficiles à traduire de la langue anglaise. La *sérendipité* se produit quand une personne découvre quelque chose qu'elle ne s'attendait pas à trouver. Un heureux hasard.

En ce qui me concernait, le Sri Lanka était tout sauf un heureux hasard. Depuis que Lydia s'était prise d'amour pour cet endroit, et sans parler des *tsunamis*, de la guerre et de la pauvreté, l'île en forme de larme était pour moi devenue l'île aux Larmes.

Un texto arriva sur mon téléphone. Lydia me disait qu'il pleuvait au Sri Lanka. Les roses sortaient dans le jardin des Grâces, lui répondis-je.

Mes journées étaient particulièrement bien remplies à tenter de garder Katharine à flot pendant ses ultimes semaines de lycée. La pauvre enfant était tellement surmenée qu'elle avait développé une angine chronique. Je n'ai jamais vu quelqu'un être aussi malade à cause d'un mal de gorge.

Chaque fois qu'elle semblait se remettre, elle était frappée par une crise plus terrible encore que la précédente. Une médecin nous dit que c'était le cas le plus grave qu'elle voyait depuis des années. Au bout d'un moment, les antibiotiques cessèrent d'être efficaces et Katharine attrapa infection sur infection. Après douze prises de sang et cinq généralistes différents, nous avons finalement consulté un spécialiste qui l'a mise sous stéroïdes afin qu'elle puisse passer son baccalauréat, mais à la seule condition qu'elle se fasse enlever les amygdales dès qu'elle en aurait terminé.

Cela nous brisait le cœur de voir notre plus exubérante enfant se morfondre dans la maladie et le malheur depuis trois mois. Au début de l'année, elle espérait décrocher des notes qui lui permettraient de faire médecine. À présent, ses absences répétées l'obligeaient à renoncer à ce rêve. C'était déchirant. De plus, elle avait vu tellement de docteurs ces derniers temps qu'elle n'était plus aussi certaine de vouloir appartenir à leur caste. Elle les trouvait trop rationnels et étroits d'esprit. Ils ne voyaient pas la personne dans sa totalité.

Chaque fois que je la déposais à l'école pour un nouvel examen, je m'attendais à recevoir un appel me disant qu'elle s'était évanouie. Pourtant, faisant preuve d'une incroyable ténacité, elle tint le coup.

Durant sa maladie, Jonah s'est surpassé, passant en mode super-héros et veillant constamment sur elle. Telle une sentinelle, il montait la garde auprès de son bureau quand elle travaillait, alors que de la musique classique coulait de la stéréo. Dévoué jusqu'au bout des griffes, notre chat affectait même d'apprécier les Suites pour violoncelle seul de Bach.

Quand Katharine rentrait à la maison après un examen et s'effondrait sur son lit sans savoir si elle avait échoué ou réussi, Jonah bondissait sur sa couette, se nichait dans son cou et la berçait de ronronnements.

À force de presser des oranges, j'avais mal aux poignets. Les lames du mixeur pour les soupes s'émoussaient. Les boites de Paracétamol dans la salle de bains étaient toutes vides.

De temps à autre, j'étais prise du besoin d'expliquer à Katharine l'immense futilité des notes : elles n'étaient qu'un simple point dans la grande couverture tricotée de la vie. Si ça ne se passait pas aussi bien qu'elle l'espérait, elle pourrait toujours prendre des cours de cuisine à Paris ou bien étudier l'histoire de l'art à Florence et devenir ainsi une spécialiste des belles choses. Avec un faible sourire, elle me demanda si j'incluais dans ma liste le fait de jouer dans des comédies musicales.

Bien sûr… n'importe quoi, ma chérie… mais s'il te plaît, guéris.

Quand la longue série d'examens fut enfin terminée, elle n'était pas en état de faire la fête avec ses amis.

— Je veux juste qu'on m'enlève ces amygdales, coassa-t-elle.

Ce qui fut fait – et elle-même se chargea de me rassurer en salle de réveil.

— Ce n'était rien, maman. Je me sens super bien !

La nuit de son retour à la maison, Philip et moi fûmes réveillés par un bruit de galop entrecoupé de miaulements frénétiques. Nous ouvrîmes la porte. Des yeux luisaient dans l'obscurité, une paire de globes sombres. Jonah était venu nous chercher. Il nous précéda à l'étage, grimpant les marches deux à deux. Dans son lit, Katharine pleurait de douleur. Les anesthésiants ne faisaient plus d'effet. Elle souffrait le martyr.

— Merci, mon gars, dis-je en caressant le dos soyeux de Jonah.

Il s'assit tranquillement sur l'oreiller de Katharine tandis que Philip appelait l'hôpital. Le chat diabolique s'était mué en ange gardien de Katharine.

Deux heures plus tard, alors que Philip était rentré de l'hôpital avec les antalgiques, nous entrouvrîmes la porte de sa chambre. Dans un rayon de lumière provenant de la salle de bains, nous la vîmes confortablement endormie, son protecteur blotti à ses côtés.

Jonah leva la tête comme pour dire : « Ça va. Je m'occupe de tout. Vous deux, vous pouvez aller vous recoucher. »

— Tu veux toujours l'envoyer dans une ferme ? demandai-je à Philip tandis que nous redescendions l'escalier, ivres de fatigue.

Il secoua la tête et posa un bras sur mes épaules. Inutile de répondre. Jonah était le grand consolateur de notre fille, sur le pont vingt-quatre heures sur vingt-quatre. Après tous les hauts et les bas que nous avions traversés – la destruction de la moquette, le Prozac pour chat, la jalousie du bébé et l'incontinence –, il était devenu un membre à part entière de la famille.

Le lendemain matin, un autre texto de Lydia nous apprit qu'il pleuvait toujours au Sri Lanka. Pour ce que j'en savais, elle avait peut-être déjà prononcé ses vœux et était nonne à présent. C'était exactement le genre d'information qu'elle choisirait de passer sous silence au profit de bulletins météorologiques. Je répondis en citant un article de *Newsweek* affirmant que la méditation aide au développement des cellules du cerveau. Pas de réponse. Peut-être méditait-elle.

Tandis que Katharine reprenait des forces, janvier arriva et nous apporta ses résultats époustouflants au bac. Ses notes étaient si bonnes qu'elle pouvait aller tout droit en médecine si elle le désirait. Elle préféra des études de sciences et j'en fus soulagée. Le cas échéant, après quelques années d'études dans un domaine plus général, elle pourrait changer d'avis et revenir sur son choix.

Pendant ce temps-là, le Sri Lanka s'était furtivement installé dans ma cervelle. L'île en forme de larme surgissait partout – dans mes rêves, dans les médias (terribles inondations cette fois, un million de personnes déplacées. Les bulletins météo de Lydia n'avaient pas été exagérés). Quand Philip et moi sortîmes un soir à l'opéra, ce fut pour écouter *Les Pêcheurs de perles*, un mélodrame se déroulant, je vous le donne en mille, à Ceylan. Quand j'ouvris une biographie de l'époux de Virginia Woolf, Leonard, ce fut pour apprendre qu'avant leur mariage, il avait été fonctionnaire britannique à Ceylan, supervisant les exécutions publiques et collectionnant les aventures avec ses administrées.

Si Lydia *était* devenue nonne, me disais-je, je ne pouvais pas faire grand-chose hormis lui offrir mon soutien. Par contre, si elle n'avait pas encore pris sa décision, eh bien, elle seule était responsable de son choix. De mon côté, le moins que je pouvais faire, c'était de visiter ce monastère et de montrer que je m'y intéressais.

Même si l'île en forme de larme ne m'avait guère attirée jusqu'à présent, elle comptait beaucoup pour Lydia. Et si c'était important pour elle…

Alors que j'étais allongée avec Jonah une après-midi, il roula sur le dos dans un rayon de soleil. Je pris délicatement une de ses pattes entre mes doigts pour plonger mon regard dans ses yeux bleus si graves.

— Qu'est-ce que je dois faire, à ton avis ? demandai-je en posant mon front contre le sien.

Levant la tête sans hésiter, il m'adressa deux mots : *Vas-y*.

— Et ma santé ?

J'avais une énergie dérisoire. Lors de nos sorties, la famille galopait joyeusement pendant que je me traînais derrière, prétendant admirer le paysage. J'étais beaucoup plus lente qu'avant. Mes poumons avaient dû rétrécir. Je m'essoufflais encore.

Les virus s'invitaient plus souvent sous ma peau et y séjournaient plus longtemps qu'auparavant. Mon corps ne me permettait plus de ne pas penser à lui. Des engourdissements étaient apparus dans mes deux bras. Une IRM révéla qu'ils étaient dus à une compression de ma colonne vertébrale, mais (ajouta joyeusement le médecin) pas à une tumeur.

L'énorme cicatrice en forme de sourire en travers de mon abdomen ne se laissait pas oublier non plus. Si je me levais de mon siège un peu trop subitement, ou bien si je me tordais d'une manière inhabituelle, un éclair de douleur me paralysait. Je googlais les symptômes pour découvrir que d'autres personnes, qui avaient subi la même opération, les enduraient elles aussi. « Des crampes de cheval », les appelait-on. C'était, en effet, comme de recevoir un coup de sabot dans le ventre. Selon les internautes, ces affres empiraient avec le temps.

Mon corps craquant, haletant, douloureux et sujet aux infections n'était pas prêt pour le Sri Lanka, pensais-je. D'innombrables hypothèses malheureuses s'accumulaient dans mon esprit. Et si je ne parvenais pas à monter les marches du monastère ? Et si j'attrapais un horrible microbe et mourrais dans la jungle ?

Un matin, alors que je mâchouillais mon Muesli, Jonah me fit un clin d'œil et m'envoya une pensée : *Parce que tu as frôlé la mort, tu vas arrêter de vivre ?*

Il a raison, pensai-je. Je pouvais rester ici à boire du thé vert, à éviter le stress et à être obsédée par ma finitude, ou alors je pouvais suivre l'exemple de ma fille et vivre.

M'emparant du téléphone, je composai l'insensée séquence de chiffres permettant de joindre le monastère. Il y eut des craquements, un bourdonnement et, pour une fois, l'appel aboutit. Une voix mélodieuse de femme me répondit. Une nonne, sans doute. Des oiseaux tropicaux babillaient en fond sonore quand elle partit chercher Lydia.

— Il pleut toujours ? demandai-je à notre fille. Le monastère n'a pas été emporté par les flots ?

Lydia m'assura qu'elle allait bien. Que même s'il pleuvait beaucoup dans leur région, les terribles inondations avaient lieu plus au sud. À l'entendre, les vrais problèmes étaient toujours ailleurs.

— J'envisage de venir en février.

— Au monastère ?

Elle semblait ravie et nerveuse à la fois.

Retenant mon souffle, j'imaginais les deux cents marches. *Et* le trou dans le sol qui me servirait probablement de toilettes. *Plus* les serviettes inexistantes, moelleuses ou pas (les invités avaient pour instruction d'apporter leur propre linge de maison). Et puis, il y avait l'information que Katharine, dans une crise, rare chez elle, de vulgarité morveuse, avait récemment délivrée : Lydia avait découvert une limace « sur son vagin » (j'avais réussi à élever deux filles qui ne connaissaient pas la différence entre un vagin et une vulve).

— Oui.

Trois nuits au monastère suffiraient, lui dis-je. Après, je m'installerais dans un quatre étoiles où elle serait la bienvenue, si elle voulait m'accompagner. Je fus surprise par son enthousiasme à l'idée de séjourner dans un hôtel de luxe.

Les vaccins. C'était ce que je redoutais le plus, ou presque (encore ma pathétique phobie des aiguilles). Je jouai même avec l'idée de m'en passer. Puis Heather, ma voisine, me parla d'un ami qui venait de rentrer du Sri Lanka avec la typhoïde *et* la malaria. Franchement, la perspective de tomber malade là-bas me dérangeait moins que celle de devenir une charge pour tout le monde.

Prête au pire, j'allais voir ma généraliste. Elle parut perplexe quand je lui révélai ma destination.

Sa liste de vaccinations recommandées donnait à réfléchir. Diphtérie et tétanos, hépatite A, hépatite B, polio, rage, typhoïde, grippe porcine, varicelle (pour ceux qui n'avaient jamais eu la variole) et quelques cachets pour la malaria. « Typhoïde », « choléra », « malaria » : que de noms romantiques gravés sur des tombes à travers tout l'empire.

Devant mon expression, elle ajouta que je pouvais *peut-être* me passer de certaines d'entre elles. Le regard posé fixement avec tact sur son ordonnance, elle me demanda si ce séjour pourrait inclure un échange de fluides corporels. Je me sentis flattée. Mais dans un monastère ? À mon âge ? Non, question cœur, ce qui me guettait plutôt, c'était une défaillance sur les deux cents marches.

Elle me convainquit de subir plusieurs piqûres et d'avaler une boisson gazeuse pour le choléra. En ayant terminé avec la prévention sanitaire, je demandai à Lydia quels cadeaux apporter. Les nonnes avaient les pieds très secs et rongés de crevasses, dit-elle. Elles apprécieraient du savon et du beurre de noix de coco pour le corps. Des bonbons, des stylos et des mini-torches (avec les piles) feraient le bonheur des garçons moines. Elle me demanda de lui apporter aussi son débardeur et son sarong pour la piscine de l'hôtel. Me souvenant comment elle tenait à se couvrir les bras à son retour du monastère, je pris cela pour un signe encourageant.

Quant à son maître/gourou, il apprécierait une nouvelle paire de pantoufles bordeaux en cuir, taille 42, dit-elle, avant de m'envoyer une photo des babouches auxquelles elle songeait. Nulle part je n'en trouvai de bordeaux. Finalement, Katharine et moi nous rendîmes dans une boutique qui les fabriquait sur commande. Quand j'expliquai les circonstances, le cordonnier hocha la tête avec sagesse.

— J'ai connu des moines, dit-il. J'ai fréquenté beaucoup de monastères en Asie, jusqu'à ce que je comprenne que c'était exactement comme les églises grecques orthodoxes de mon enfance. S'incliner, allumer des bougies et prier. Tout pareil.

Il alla chercher un morceau de cuir bordeaux dans son arrière-boutique. La couleur était parfaite. Il recommanda de doubler les pantoufles avec du molleton plus foncé parce qu'ils ont « tout le temps les pieds nus ». Les moines ont des vies difficiles, expliqua-t-il, qui le deviennent de plus en plus avec l'âge. Il avait, un jour, fabriqué des bottes en cuir pour un bonze tibétain qui avait terriblement froid aux pieds.

— Ils sont entraînés à faire preuve d'une incroyable résistance mentale, ajouta-t-il. Il y en avait un, en Thaïlande, qui me frappait. Il me hurlait de me mettre à quatre pattes. On ne peut pas discuter avec eux. Ils voient le monde selon leur point de vue et c'est comme ça. Ils n'envisagent pas une autre façon de faire.

Je lui dis quelle taille il nous fallait et payai un acompte.

— Beaucoup de gens abandonnent le bouddhisme parce qu'ils se rendent compte qu'ils passent leur vie à rester assis là, à la regarder, et pas à la vivre, conclut-il. Ne vous inquiétez pas pour votre fille.

Facile à dire pour lui.

— Elles seront prêtes demain. Vous voulez que je vous présente *mon* moine ? demanda soudain l'homme en nous emmenant à l'avant de sa boutique, où il écarta une paire de mocassins sur une étagère.

Une grosse chatte tigrée dormait dans la pénombre.

— Elle a dix-sept ans et elle sait tout. Elle me dit quand je dois me calmer et elle sait quand je suis malade. Elle me parle tout le temps. Quand elle a faim, elle me fait des clins d'œil.

Nous admirâmes un moment la chatte endormie.

— Tant qu'elle est là, je n'ai besoin de personne d'autre, dit le cordonnier.

Je me demandai si un jour, Lydia éprouverait la même chose pour Jonah. Cela semblait peu probable.

Suivant les conseils d'un ami qui voyageait beaucoup, je fis une halte dans une pharmacie pour acheter des pilules orange utiles en cas de diarrhée et des jaunes qui auraient l'effet opposé, si nécessaire.

Ensuite, je me rendis dans un magasin de sport qui sentait la toile et le produit anti-moustique. Philip adorait ces endroits. J'avais passé ma vie à les éviter.

Un type genre *Ushuaïa* m'accueillit.

— Vous allez *où* ?

Une fois ne lui suffit pas, il me demanda de répéter ma destination. Sa perplexité ne fit que grandir quand je lui exposai les raisons de mon voyage.

Il avait campé en Namibie et nous échangeâmes quelques informations sur les moustiques. Sales bêtes, dit-il, avant de me convaincre d'acquérir une immense moustiquaire imbibée de produits fatals à ces bestioles, ainsi qu'un filet destiné à recouvrir mon chapeau. Ushuaïa avait été très heureux dans son sac de couchage doublé de soie (et lui aussi imprégné d'anti-moustique) en Namibie ; j'en achetai donc un. Et pendant que j'y étais, un peu de poudre anti- vous-savez-quoi pour tremper mes vêtements dedans. Tous ces trucs étaient bien sûr éminemment chimiques. Dire que, depuis l'âge adulte, je m'efforçais de manger bio.

Lydia m'avait dit qu'une lampe halogène qui se fixait au front était essentielle en cas de coupure d'électricité (et surtout, pour éloigner les rats et trouver mon chemin la nuit jusqu'aux toilettes). J'ajoutai un oreiller de camping (l'absence de draps impliquait sans doute une absence d'oreiller), un superbe outil servant à enlever les tiques, et deux bracelets phosphorescents pour éloigner les moustiques. Encore.

— Amusez-vous bien, dit Ushuaïa en emballant le tout.

Je ne pense pas qu'il était sérieux.

Jonah fut intrigué quand j'étalai mes achats sur la table de la cuisine. Il fourra son nez à peu près partout, appréciant ces parfums inconnus.

Katharine, par contre, était horrifiée.

— *Je t'en prie*, ne me dis pas que tu vas porter un chapeau avec un filet à moustiques ! gémit-elle.

— Ce sera au Sri Lanka. Tu ne me verras pas.

— Mais, maman, c'est trop pas cool !

Suivant les instructions d'Ushuaïa, je sortis la moustiquaire dans le jardin afin de l'aérer pendant vingt-quatre heures.

Les calmants de Jonah ne fonctionnaient plus si bien à mesure que mon départ approchait. Avec son instinct habituel quant aux allées et venues des membres de cette maison, il devenait collant. Katharine l'emmena faire une promenade dans le jardin avec sa laisse. En levant les yeux peu après, je vis la moustiquaire flotter comme un fantôme. Jonah l'avait attrapée entre ses dents et la traînait derrière lui.

La nuit du 9 février, la veille de mon départ, Jonah arrosa les rideaux de la chambre du Divin marquis. Ma valise quasiment prête avait heureusement été épargnée.

Mâchoires serrées, Philip décrocha les rideaux pour les mettre à tremper dans la buanderie. Le moment était mal choisi pour un ultimatum.

Je lui rappelai que c'était le premier crime de Jonah depuis Noël.

Cette nuit-là, je vérifiai encore une fois ma liste : cadeaux, draps, serviettes, oreiller, vêtements (blancs pour la plupart afin de me conformer aux exigences du monastère), chaussettes longues et blanches, gants à la Marcel Marceau (pour les insectes), moustiquaires (grande et petite), lampe, papier toilette, antiseptique et assez de pilules et de potions pour ouvrir une pharmacie.

C'est alors que je me souvins des quotas alimentaires en vigueur là-bas : deux currys végétariens par jour ! Jamais je n'y survivrai. À 8 heures du soir, je rongerais les planches de ma cabane. Heureusement, le supermarché était encore ouvert. Avec deux grands paquets de barres aux noisettes, je me sentis enfin prête.

Le lendemain matin, j'enfilai mes bas de contention et mes boucles d'oreilles en pierre de lune, cadeau d'anniversaire de Lydia. Pendant que Philip faisait rouler ma valise jusqu'à la voiture, Katharine se tenait sur le porche avec Jonah dans les bras. Il leva une patte pour me dire au revoir.

— Il ne ronronne pas, constata-t-elle.

39

L'île aux Larmes

« Fille je suis dans la maison de ma mère,
mais maîtresse dans la mienne »,
Rudyard Kipling.

Quand l'avion quitta le tarmac en frémissant, la peur et un sentiment plus exaltant s'emparèrent de moi. Quoi qu'il se passe désormais, que Lydia entre dans les ordres ou bien que je meure, dans des circonstances gênantes, d'une maladie au nom romantique, je ne pouvais plus revenir en arrière.

J'enlevai mes chaussures. Somnolente, je picorai un repas et regardai un film avant de consulter le moniteur de vol. Nous étions *encore* au-dessus de l'Australie ! En bas, la terre ressemblait à une piscine de pierres – brune avec des taches vertes et bleues. Elle était étonnamment belle.

Soudain, je pris conscience de la taille embarrassante de mes chaussures par rapport à celles du minuscule Malais assis à mes côtés. Je devais lui paraître une montagne de femme pour le moins envahissante. Il se montrait, néanmoins, amical et accommodant.

Vers la fin du vol, mon nouvel ami ne donna sa carte professionnelle, sans doute pour me remercier de ne pas l'avoir écrasé pendant mon sommeil. À Kuala Lumpur, où m'attendait une escale de vingt-quatre heures, nous quittâmes l'avion ensemble pour nous retrouver dans la chaleur d'un hammam. Des lumières multicolores ornaient les gratte-ciel en l'honneur du Nouvel An chinois. Des gens, visiblement inquiets, n'arrêtaient pas de me demander si j'étais seule. Dans les restaurants, les serveurs se dépêchaient de m'apporter journaux et magazines pour me soulager de l'inconfort de ma situation de femme solitaire.

J'avais volontairement oublié le débardeur de Lydia. Dans un grand magasin très chic, j'en trouvai un qui arborait un logo Calvin Klein en faux diamants. Un choix risqué. Mais j'espérais qu'il restait assez de l'ancienne Lydia en elle pour apprécier les paillettes.

Dans ce même centre commercial, je rendis visite aux toilettes. Une pancarte disait : « Attendre ici. » Les cinq box étaient tous occupés. Quand je pus enfin avoir accès à l'un d'entre eux, ce fut pour découvrir un trône d'un blanc étincelant avec des trous pour les pieds de chaque côté de la vasque. Il n'y avait pas de siège. Comment utiliser ce dispositif sans enlever tous les vêtements recouvrant la partie inférieure de mon corps ? Vaincue et mortifiée, je fonçai à l'hôtel. Si je ne parvenais pas à utiliser des toilettes rutilantes en Malaisie, comment diable allais-je m'accommoder de la plomberie d'un monastère sri lankais ?

— Musique bonne température pour vous ? me demanda la jolie masseuse de l'hôtel auprès de laquelle j'étais allée chercher un réconfort bien mérité.

Quelques minutes plus tard, je regrettais amèrement d'avoir choisi le style « traditionnel » : si ces massages portent cette dénomination, c'est sans doute parce qu'ils sont trop violents pour devenir modernes. La jolie masseuse me déboîtait les orteils avec une conscience admirable. En une fraction de seconde épouvantablement douloureuse, je pris une pointure de chaussures supplémentaire.

L'escale m'avait été recommandée pour atténuer les dégâts du décalage horaire, mais quand je rejoignis en titubant le vol de nuit pour Colombo, je me sentais toujours aussi désorientée. Dans la file d'attente, derrière un cortège de jeunes hommes couverts de chapeaux de plage et des inévitables tatouages, je remarquai que leurs jambes étaient poilues mais leurs barbes à peine perceptibles. Ils sentaient le *chewing-gum* et brandissaient des sacs en plastique remplis de vodka *duty-free*. Le monde était leur terrain de jeu. Tandis qu'ils se chambraient dans un jargon incompréhensible, je crus que la voix annonçant le vol disait « Colombie ». J'étais dans un tel état que, pendant une seconde, je crus avoir commis une erreur et que j'allais embarquer pour le pays de la cocaïne.

Je m'endormis en regardant *Secretariat*, un film qui, comme son nom l'indique, parle d'un cheval de course, pour me réveiller quand les bruits des moteurs changèrent. Par le hublot, les lumières de Colombo s'étalaient comme une rangée de perles le long de la côte. L'île qui avait enchanté ma fille et subi tant d'événements douloureux au cours de ces dernières années semblait étonnamment paisible.

Le commandant nous présenta ses excuses pour l'atterrissage mouvementé. La raison en était, nous dit-il, que les inondations avaient endommagé la piste. J'étais trop occupée à examiner les autres avions pour m'en rendre compte : ils étaient décorés comme des oiseaux bariolés dans un style naïf. Une statue de Bouddha illuminée brillait dans la nuit de velours. Nous avions atterri au beau milieu d'un conte de fées exotique.

Réglant ma montre sur 3 heures du matin, j'attendis que l'équipage ouvre les portes de la cabine. Le trajet jusqu'au monastère durant quatre heures par des routes difficiles, Lydia et moi avions convenu que je m'installe dans un hôtel près de l'aéroport jusqu'à ce qu'elle vienne me chercher aux alentours de midi. Quelqu'un devait passer me prendre dans le hall des arrivées. J'espérais qu'il serait déjà là avec une pancarte portant mon nom.

Pénétrant dans le terminal, je me préparai à affronter les assauts d'arnaqueurs en tous genres, tels que ceux que j'avais rencontrés dans des endroits comme Bali ou Mumbai, mais rien de tel ne m'attendait. Je passai devant des visages calmes et attentifs : des familles, des femmes portant des sarongs aux couleurs de pierres précieuses, et une autre statue de Bouddha. Soudain apparut une forêt de pancartes ornées de noms. Choc. Le mien n'y figurait pas.

Un vieux bonhomme distingué avec des favoris blancs vint à la rescousse et me guida jusqu'à une voiture, dehors. La nuit était brûlante mais l'humidité tolérable. Prête à savourer les parfums du Sri Lanka, j'ouvris grand les poumons. Pour les remplir de kérosène.

Les inondations n'avaient pas été trop fortes autour de Colombo, me dit le vieux gentleman, mais à l'est et au nord du pays, c'était comme s'il y avait eu un autre *tsunami*.

— Vous aussi, vous avez eu de terribles inondations au Queensland, n'est-ce pas ?

J'en restai sans voix pendant un instant. Certes, les inondations du Queensland avaient été dévastatrices, mais en rien comparables à celles qui avaient ravagé le Sri Lanka. Il était incroyablement délicat de sa part d'exprimer une telle inquiétude pour les habitants d'un pays bien plus fortuné que le sien.

— Oui, mais c'est chez vous que plus d'un million de personnes ont tout perdu, répondis-je.

J'étais surprise qu'il soit si bien informé de la situation chez nous. Les médias australiens avaient pour la plupart ignoré la catastrophe sri-lankaise.

Il héla une voiture et un jeune conducteur en bondit pour venir prendre ma valise.

— La route principale a été fermée pour cause de travaux, expliqua le vieil homme. Vous allez devoir emprunter des routes secondaires. Il vous faudra une dizaine de minutes pour arriver à l'hôtel. Ne vous alarmez pas.

Dans un coin de ma tête, je conserve une liste de derniers mots fameux : « Un feu rouge ? Quel feu rouge ? » « Il n'est pas chargé. » « Ces serpents ne sont pas venimeux. » En grimpant dans ce véhicule qui n'arborait aucun signe distinctif, j'ajoutai une nouvelle phrase à ma liste : « Ne vous alarmez pas. »

Dans l'obscurité, il était impossible de savoir où nous allions. Nous passâmes devant un barrage militaire, une autre statue de Bouddha (le Sri Lanka devance, et de loin, l'Italie pour ce qui est du nombre d'édifices et de monuments religieux), et une route très large mais barricadée. Il devait s'agir de cette voie principale dont avait parlé mon galant gentleman.

Nous nous engouffrâmes dans une petite rue bordée de publicités pour des pastilles contre la toux. Des chiens et des cyclistes y circulaient, à peine visibles dans les ténèbres. Que pouvaient-ils faire dehors à une heure pareille ?

Soudain, la voiture tourna brusquement pour s'engager sur une route étroite et tortueuse dépourvue de tout éclairage. Nous approchâmes d'un pont, à peine plus large qu'un sentier, et à moitié démoli. Le conducteur ralentit, comme pour évaluer les risques puis… écrasa l'accélérateur. Quand notre véhicule eut franchi l'obstacle en bringuebalant à une vitesse ahurissante, le chauffeur se retourna pour m'adresser un sourire victorieux. Me tordant le cou, j'aperçus un ruban argenté luisant très loin en contrebas. Je refusai d'envisager les conséquences d'une chute dans un tel précipice.

Mais à 3 heures 30 du matin, dans un coin perdu de Colombo avec un parfait inconnu, dans une voiture dépourvue de tout signe reconnaissable, je me mis par contre à penser à un enlèvement. S'il s'agissait bien d'un kidnapping, et si la mort venait me cueillir, je décidai que je n'avais pas à me plaindre. J'avais eu une bonne vie – riche et merveilleuse de bien des façons. J'avais eu le temps d'aimer, de donner naissance à quatre fantastiques enfants et de connaître joies, tristesses – et chats – dans toutes leurs complexités.

D'un autre côté, mes organes internes étaient invendables et il n'y avait pas grand-chose à voler dans mes bagages, hormis quelques tonnes d'anti-moustiques. On me relâcherait sûrement.

Une tache de lumière apparut devant nous, jaune et réconfortante. Nous étions de retour dans la civilisation. Quelques minutes plus tard, nous nous arrêtions devant le portail menant à l'hôtel. Au cas où j'aurais pu me croire arrivée au Nirvana, un gardien passa la voiture au détecteur de métal. Quand il nous laissa passer, il nous fallut encore franchir un parcours d'obstacles sous la forme d'une dizaine de dos-d'âne avant de nous immobiliser devant l'hôtel lui-même.

Deux *gentlemen* me souhaitèrent chaleureusement la bienvenue. Le frère jumeau d'Omar Sharif s'occupa de mes bagages, tandis que son collègue m'informait que j'avais été surclassée dans une suite. Il m'escorta dans une série de pièces, chacune de la taille d'un petit court de tennis. Le lit aurait pu accueillir Hugh Hefner et au moins six Bunnies de Playboy. Les rideaux, dignes d'une salle d'opéra, se déversaient majestueusement sur le sol. Longue vie à l'empire.

Après quelques heures d'un sommeil agité, j'effectuai ma première randonnée sri-lankaise : j'allai à la fenêtre ouvrir les rideaux. L'océan Indien me contempla, argenté et couvert d'une brume de chaleur. J'avais toujours cru qu'une mer aussi légendaire serait bleue.

Des palmiers scintillaient le long d'une plage plate, apparemment infinie. Au loin, un minuscule bateau de pêche essayait d'avancer. Sous mes fenêtres, deux hommes en uniforme blanc nettoyaient une piscine turquoise. L'hôtel et le pays qui s'étendait au-delà de ses murs imposants étaient deux mondes distincts.

Un texto réveilla mon téléphone. Lydia m'informait qu'ils n'étaient plus très loin.

Dans l'espoir de faire bonne impression, je me vêtis de mes plus blancs atours et attendis, angoissée, dans le hall de l'hôtel. Tandis qu'une procession de taxis et de limousines défilait devant les portes, je me préparais à revoir ma fille.

J'espérais qu'elle ne serait pas trop maigre – tout en sachant qu'il valait mieux éviter le moindre commentaire à ce sujet. Et si elle arrivait en tenue de nonne, ne *surtout pas* me lamenter. C'était son monde, celui où elle avait choisi de vivre. L'autorité maternelle, ou ce qui en tenait lieu à ce stade de nos vies, devait être mise de côté. Ici, je n'étais qu'une simple visiteuse.

Un frisson parcourut le hall quand un vieux van s'immobilisa devant les portes. Poussiéreux et cabossé, le véhicule était une véritable offense au défilé de voitures de luxe qui l'avait précédé, si bien que quand les gardes de sécurité se précipitèrent vers lui, je fus certaine que c'était pour le faire dégager au plus vite.

Mais, au lieu de dégainer leurs armes, les gardes se mirent à sourire comme des bébés, les mains unies en signe de prière, avant de s'incliner profondément devant cette épave roulante.

Un chasseur manœuvra la poignée de la portière comme s'il s'agissait de celle d'un carrosse royal.

J'aperçus des reflets bordeaux derrière les vitres du véhicule. Puis, dans un *timing* et une élégance parfaits, le maître de Lydia surgit, souriant comme une rock star.

Le concierge abandonna son poste pour tomber à genoux devant le moine, pressant ses lèvres sur l'ourlet de sa robe. J'avais déjà entendu l'expression « baiser l'ourlet d'une robe » mais ne l'avais encore jamais vue réalisée.

Le moine acceptait cette adulation avec une dignité radieuse. Magnifique dans sa robe, il était *ici* chez lui. En Australie, il inspirait le respect à quelques-uns tandis que la plupart se détournaient ou le considéraient comme une bizarrerie : le représentant d'une religion alternative. Au Sri Lanka, il faisait partie d'un système de croyance essentiel à la majorité de la population. Il était soudain plus facile de comprendre pourquoi, lors de son séjour chez nous, il s'était attendu à une déférence dont j'étais incapable. Accordant sa bienveillance à tous ceux qui se prosternaient devant lui dans le hall de cet hôtel, il était traité comme un demi-dieu.

Malgré toutes mes réserves passées à son égard, j'étais ravie de le voir, et je me sentais honorée qu'il ait accompli le pénible voyage depuis le monastère pour me rencontrer. En tant que non-bouddhiste et vieille connaissance, j'inclinai la tête avec respect, en espérant que cela suffise.

Deux nonnes le suivaient de près, acceptant gracieusement les courbettes (un peu moins profondes) qui leur furent offertes. Enfin, une silhouette familière s'extirpa du siège arrière du van pour courir vers moi.

Un large sourire aux lèvres, Lydia m'enveloppa dans ses bras et m'embrassa sur les joues. Je ne me souvenais pas d'une telle démonstration d'affection de sa part depuis qu'elle avait quitté l'école primaire. Toutes les rancœurs et les difficultés des dernières années se dissipèrent d'un coup. Ses sentiments à mon égard avaient changé.

La serrant moi aussi, je remarquai qu'elle était toujours vêtue de blanc – une disciple donc, pas une nonne. Et à ma stupeur, je constatai qu'elle avait laissé ses cheveux repousser ! Mais il était encore bien trop tôt pour en tirer la moindre conclusion. Peut-être comptait-elle faire son initiation pendant ma visite.

— S'il y a bien une perle en ce monde, c'est Lydia, déclara son maître en m'adressant un sourire rayonnant.

Je ne sus comment interpréter cette remarque si flatteuse. Mais il était clair qu'il considérait ma fille comme la sienne.

Le van et ses passagers avaient besoin de repos et de rafraîchissements avant de s'embarquer pour le long voyage de retour jusqu'au monastère. Heureusement, ils étaient arrivés avant midi : le moine et les nonnes pouvaient donc encore se restaurer. Le personnel de l'hôtel dressa deux tables, de sorte que le moine et son chauffeur s'installent de leur côté et Lydia, les sœurs et moi du nôtre. Quand Lydia s'adressa au serveur en cinghalais, celui-ci ne put cacher sa surprise et son sourire devint incandescent.

Ensuite, elle me conduisit au buffet où elle me présenta quelques spécialités locales, délicieuses, m'assura-t-elle. Ne voulant pas prendre le moindre risque alimentaire alors que mon séjour venait à peine de commencer, je choisis des pâtes. Pendant que nous mangions, je lui demandai si d'autres Occidentaux se trouvaient au monastère actuellement. Non, dit-elle, nous étions les seules.

Un peu plus tard, et après de multiples révérences et embrassades d'ourlet, le moine et sa suite regrimpèrent à bord de l'épave. Il s'installa devant, aux côtés du chauffeur, les nonnes s'asseyant sur des strapontins derrière lui, face à Lydia et à moi. Pas de ceintures de sécurité. Celle-ci serait assurée par le Bouddha accroché au-dessus du rétroviseur et par les colliers porte-bonheur et la croix (chrétienne ?) qui en pendaient. Déjà en nage, je jetai un regard plein d'espoir vers le système de climatisation qui propulsait un air tiède au-dessus de nos têtes. Quoi qu'elle nous réserve, cette expédition allait mettre notre foi à rude épreuve.

Le moteur s'ébroua dans une pétarade. Il coulait encore assez de sang rural dans mes veines pour diagnostiquer, en entendant un craquement sinistre, un problème de boîte de vitesse. Le personnel nous accorda un adieu royal tandis que nous gagnions le portail en hoquetant sur les dos-d'âne dans un concert d'explosions. Peu après, nous filions péniblement devant des étals offrant des noix de coco, des bananes, des jouets gonflables et (je commençais à m'y faire) toutes sortes de statues de Bouddha.

J'interrogeai Lydia à propos des rangées de fauteuils d'avions flambant neufs qui s'étalaient au bord de la route. Elle m'expliqua qu'il y en avait partout. Apparemment, les vans importés sans vitre ni siège bénéficiaient d'une exemption d'impôts. Des habitants du cru, débrouillards, avaient mis la chose à profit en se procurant des véhicules semblables au nôtre qu'ils équipaient ensuite de sièges de fortune. Elle me montra les trous percés parfois au petit bonheur dans la carrosserie de notre engin.

Quelques villageois s'inclinaient dès qu'ils apercevaient les pieux personnages qui l'occupaient. D'autres continuaient à vaquer à leurs occupations : faire des courses, papoter ou bien porter d'invraisemblables fardeaux sur leurs têtes. Nous vîmes un séduisant jeune homme sans jambe dans une chaise roulante, des soldats avec des mitraillettes qu'ils semblaient avoir oubliées à l'épaule, des garçons jouant au cricket, des filles avec des parapluies multicolores marchant le long d'une voie ferrée, un héron blanc dans une rivière. Un homme, un carton sur le crâne, nous sourit à travers les vitres et nous proposa des chaussures de soirée serties de pierres précieuses.

Les routes sri-lankaises ne sont pas faites pour les timides. Aux deux voies coutumières s'ajoute une troisième, invisible, que tout le monde se dispute. Les voitures venant dans les deux sens revendiquent ce territoire pas tout à fait vierge au milieu de la chaussée, chacune fonçant aussi vite que le permettent la route et son moteur. Écrasant klaxon et accélérateur, les chauffeurs chargent droit devant, défiant quiconque de s'interposer. Même un éléphant transporté à l'arrière d'un camion ne reçoit pas la priorité. S'il ne se produit pas une collision frontale toutes les deux minutes, c'est que bluff et négociation réussissent en une fraction de seconde… et sans doute aussi grâce à un miracle permanent.

À l'arrière de ce van démuni de ceinture de sécurité, j'étais sûrement en train de vivre l'expérience la plus périlleuse de toute mon existence. Il ne servait à rien de s'inquiéter. Avec un moine et deux nonnes à bord, nous avions toutes les chances de notre côté.

À mi-chemin du sommet d'une colline, nous nous arrêtâmes devant une banque pour que je puisse y retirer de l'argent afin de payer la location du véhicule. Quand le chauffeur tenta de repartir, celui-ci refusa de bouger. Les gardiens de la banque, serviables, nous poussèrent (en montée) – une tâche pénible qui ne leur incombait nullement. Le moteur s'ébroua à contrecœur. Triomphant et transpirant, les gardiens nous adressèrent des signes joyeux.

Les villages cédèrent la place aux rizières, à des champs d'ananas et à des rangées de bananiers. Le paysage se déployait devant nous, déclinant tous les tons de vert, du plus sombre au plus phosphorescent. Tandis que la route ne cessait de grimper, nous emmenant en serpentant vers la ville de Kandy, la sœur supérieure tira sa capuche sur son crâne et s'endormit comme un loir. Le crâne de sa consœur brillait d'un doux reflet dans le bain de vapeur qu'était devenu l'habitacle. La climatisation n'avait pas survécu à la première heure de voyage. Ouvrir les fenêtres aurait été ridicule. L'air était aussi brûlant dehors.

Nous passâmes devant des arbres aux feuilles larges comme des plats à tarte, un cimetière de camions et une cabine au bord de la route, dans laquelle un Bouddha était couronné d'une auréole de néons. En dépit de l'intensité de la chaleur, j'étais séduite par la spontanéité colorée de cette île. Les affiches publicitaires étaient dépourvues de ces images semi-pornographiques contre lesquelles nous avons appris à nous vacciner en Occident. Les femmes étaient représentées de façon saine, et vêtues de tenues modestes. Pas de mannequin anorexique à l'horizon.

L'embrayage patinait de plus en plus à mesure que la pente s'accentuait. Au sommet d'une colline péniblement atteint, nous traversâmes un village qui ne vendait que des poteries, ce qui me rappela ma première visite à Ubud à Bali, un quart de siècle plus tôt. Les Australiens disent toujours que Bali était plus agréable il y a vingt-cinq ans. Qui veut découvrir comment était l'île avant l'invasion du tourisme devrait faire un tour au Sri Lanka.

— Ici, les gens ne se considèrent pas comme pauvres, me dit Lydia. Ils estiment juste que les Occidentaux sont ridiculement riches. Il suffit de consulter n'importe quelle carte de distribution des ressources pour constater que c'est vrai.

Ma fille a parfois le don de présenter les faits avec une clarté chirurgicale. Et elle avait raison. Comparés aux Sri-Lankais, nous baignons dans l'opulence, mais nous nous appauvrissons mentalement en nous concentrant sur ce que nous n'avons pas.

Les habitants de cette île ravagée par les inondations, les *tsunamis* et la guerre semblaient posséder une humanité que l'Occident a quelque peu perdue dans sa servitude consumériste. Je me surpris à vouloir partager le Sri Lanka avec le monde tout en désirant en même temps le protéger. Si les touristes débarquaient ici, le pays y gagnerait financièrement mais risquait d'y perdre beaucoup.

Le moine ordonna à notre chauffeur de s'arrêter devant une confiserie pour y prendre un thé. Après le vigoureux massage que mes organes internes venaient de subir sur cette route, c'était un soulagement de l'interrompre et de me dégourdir les jambes. Des visages curieux se tournèrent vers le moine, les nonnes, Lydia et moi tandis que nous gagnions la boutique.

Il fallut quelques secondes pour que mes yeux s'habituent à la pénombre. Le décor était sommaire mais l'ambiance amicale. On aurait dit une version sri-lankaise de Spoonful. Après avoir choisi des douceurs faites maison sur un comptoir près de la porte, nous nous installâmes sur un banc. Si, en Occident, le service aurait été considéré comme pléthorique, il était cependant impeccable. Une personne nous servit les gâteaux, une autre versa le thé et au moins trois assistants surveillaient que tout se passait bien.

La photo d'un homme à l'air grave avec une moustache en forme de guidon de vélo trônait derrière le comptoir. Une version plus âgée, et plus distinguée encore, du même personnage se tenait à la porte. J'essayai un sourire. En réponse, ses yeux étincelèrent.

Nous nous gorgeâmes de thé fort et de confiseries délicieuses. Ces gâteaux au sésame auraient mérité une réputation mondiale, suivis de près par ces sucres de canne non raffinés. Quant à la glace à la noix de coco, j'en étais une experte, car papa en faisait quand nous étions gosses. La version locale, étalée en couches roses et blanches parsemées de fruits, était la meilleure que j'avais jamais goûtée.

À notre retour dans le van, notre chauffeur se lança avec bravoure à l'assaut des dernières montagnes menant à Kandy. L'embrayage ne fit pas preuve de la même bonne volonté. Après moult couinements et craquements, il rendit l'âme dans un lacet. En nage et fatigués, malgré tout le sucre que nous venions de consommer, nous nous installâmes au bord de la route pendant que le pauvre homme et quelques passants curieux examinaient les entrailles du moteur.

Le propriétaire d'un café nous proposa aimablement de venir nous asseoir à des tables munies de nappes à carreaux rouges et blancs. Nous commandâmes du Coca. Le moine sortit un téléphone portable des plis de sa robe et appela un mécanicien. Des mouches tournoyaient au-dessus de nos têtes et des moustiques bourdonnaient autour de nos chevilles. Je dégainai le tueur d'insectes *high tech* de mon sac et… découvris que la pompe manquait. Je l'avais apporté d'Australie pour rien !

Dans des circonstances normales, j'aurais paniqué. Combien de temps avant qu'un mécanicien n'arrive ici ? Saurait-il réparer le van ? Serions-nous encore bloqués dans ce café dans trois jours ? Allais-je périr suite à la piqûre d'une quelconque bestiole ? Mais m'inquiéter ou regarder ma montre en permanence n'auraient servi à rien. J'éprouvai une sensation étrangement agréable en m'en rendant compte. Je ne m'étais pas sentie aussi libre depuis un voyage à Samoa quand j'avais une vingtaine d'années.

Tandis que nous bavardions en sirotant notre Coca, Lydia me surprit une nouvelle fois : cela faisait des années qu'elle ne s'était pas montrée aussi ouverte et chaleureuse. Elle voulait tout savoir de la maison : si Annie rampait mieux qu'avant, si le « petit problème » de Jonah nous rendait toujours cinglés. Réconfortée, je compris que même si elle devenait nonne et s'installait dans ce pays, elle voudrait toujours rester liée à nous.

Le temps passait sur le bord de cette route menant à Kandy. Heures ou minutes, retard ou pas, tout cela devenait sans importance. Si nous étions encore là à la tombée de la nuit, le propriétaire des lieux nous offrirait sans doute de dormir par terre. Et ce serait parfait.

Mais c'était décidément la journée des miracles. Le mécanicien arriva et répara l'embrayage en un temps record. Pendant ce temps, le moine n'avait pas chômé au téléphone. Il venait d'apprendre qu'une affaire importante l'attendait à Kandy. Une voiture vint le chercher et disparut dans un nuage de poussière, nous laissant, les nonnes et nous, accomplir la dernière étape de notre voyage vers le monastère en compagnie du chauffeur qui se confondait en excuses. J'avais espéré que le moine pourrait me consacrer un peu de temps pour parler de l'avenir de Lydia. Demain, peut-être.

Le Sri Lanka est un pays lointain pour beaucoup de gens. La plupart des habitants de Colombo considèrent que Kandy est un trou perdu. Je n'allais pas tarder à découvrir que les habitants de cette ville avaient du mal à localiser la forêt dans laquelle se trouvait le monastère, but de notre expédition.

Quand nous eûmes franchi l'embranchement qui menait vers Kandy, la route devint encore plus étroite et défoncée, serpentant le long des gorges d'une rivière.

— Pour cette dernière partie, dis-toi que tu fais une excursion en quatre-quatre, me conseilla Lydia au moment où nous quittâmes la route principale pour nous engager sur une piste qui la croisait à la perpendiculaire.

Je m'agrippai à ce que je pus trouver tandis que notre véhicule se frayait un chemin dans une épaisse jungle. Les secousses étaient si violentes que j'eus peur pour ma cicatrice abdominale. Mais l'angoisse était contre-productive. Les habitants de ce pays avaient des soucis bien plus graves.

Le chauffeur actionna son klaxon pour dépasser une femme tenant un enfant sur la hanche, un homme en sarong et un autre qui portait un sac de farine sur la tête. Leurs sourires étaient éblouissants dans la pénombre. Puis apparut une pancarte « Réparation d'ordinateurs », assez incongrue dans les profondeurs de cette jungle. Après un dernier lacet et un dernier bond sur une bosse particulièrement pointue, la mère supérieure se tourna vers moi, le regard brillant.

— Regardez, sœur Hélène ! s'exclama-t-elle. C'est notre montagne !

Si nous avions été dans un film, des voix célestes auraient accompagné la bande-son. L'héroïne (Doris Day ? Julie Andrews ? Non, Meryl Streep !), les yeux étincelants de larmes, aurait levé le visage vers les nuages.

40

Monacal

Les anciens apportent de nombreux bienfaits.

La montagne du Rocher se dressait devant nous, dressée comme par miracle (encore un). C'était un empilage de pierres énormes, beaucoup plus grosses qu'un éléphant. Si quelques plantes grimpantes avaient l'audace de s'y accrocher, la plupart des rochers étaient nus et ridés par l'âge. Immuables sculptures, ils étaient à la fois beaux et intimidants dans les ombres opaques du soir.

D'autres moines avaient tenté de s'installer ici par le passé, m'expliqua la nonne, mais ils avaient été chassés par les mauvais esprits. Le moine actuel, le maître de Lydia, était fait d'une autre étoffe. Méditant dans une grotte près du sommet pendant plusieurs années, il avait fait déguerpir ces présences maléfiques.

Même si, dans la montagne, l'air était plus frais que près de la mer, il restait immobile. Je rêvais d'une brise, surtout en sachant que deux cents marches se cachaient là, dans la forêt. Ma valise était d'une taille ridicule. J'aurais dû m'équiper d'un sac à dos.

Tandis que nous quittions la camionnette, le chauffeur hissa galamment mon bagage sur son épaule et disparut dans un escalier couvert de mousse. Nous le suivîmes, grimpant et grimpant encore. Les plantes de la jungle s'enroulaient partout avec voracité, cachant la vallée en contrebas. Tout ce que je voyais, c'était la volée de marches suivante. Bientôt, mes yeux se mirent à me piquer et mes poumons à demander grâce. M'arrêtant pour reprendre mon souffle, je fis signe aux autres de continuer. À mon grand soulagement, elles disparurent dans la végétation. Seule restait Lydia, attendant patiemment derrière moi. Je m'excusai de la retenir. Elle me dit de ne pas m'inquiéter, qu'elle aussi avait besoin de respirer.

Quand le sang cessa de me marteler les tempes, elle mit ses pas dans les miens sans montrer le moindre agacement, ni la moindre frustration. Papa, fervent montagnard, avait un dicton : « Toujours laisser les plus lents devant. » Avec gratitude, je compris que c'était ce que faisait ma fille. Je ne me donnais pas la peine de compter les marches, m'appliquant plutôt à en gravir une à la fois sans penser à celles qui m'attendaient encore. C'était un bon exercice pour apprendre à vivre l'instant présent – parfait pour l'ascension vers un monastère bouddhiste, à vrai dire.

Les ombres s'allongeaient quand nous atteignîmes le bâtiment à un étage réservé aux nonnes. J'enlevai mes chaussures à la porte et entrai en titubant dans une pièce à peine éclairée.

— Asseyez-vous, dit la sœur supérieure sur un ton qui n'admettait aucune réplique.

Sale et en nage, je me laissai tomber sur une chaise en plastique recouverte d'un tissu doré. Nulle ne prononça le moindre mot mais j'appris plus tard que ce siège était uniquement destiné aux moines.

Un chaton rouquin trottina dans ma direction pour se frotter contre ma cheville. Quand il leva vers moi des yeux couleur d'ambre, je pensai à Jonah, me demandant s'il aurait apprécié la vie monacale. Décidément, ce chat se montrait si envahissant que je le voyais partout ces temps-ci : dans les yeux d'un cheval de course ou ceux de bêtes étrangères. Sa beauté et sa force semblaient habiter chaque animal.

— Quel joli chaton ! dis-je.

— Ce n'est pas un chaton, c'est une chatte, expliqua Lydia. Les nonnes l'ont trouvée, qui miaulait dans la forêt, il y a huit ans. Elle a eu plusieurs portées mais aucune n'a survécu. Elle est végétarienne.

Un chat végétarien ? Mieux valait éviter tout commentaire. Peut-être s'agissait-il là d'un spécimen félin doté d'une très haute spiritualité ? À moins que cette chatte ne se plie aux règles du monastère.

— Comment s'appelle-t-elle ?

— Puss. Juste Puss.

Le chauffeur du van nous salua et s'inclina profondément devant chacune des nonnes. Puis, à mon immense gêne, il se tourna pour se plier tout aussi généreusement devant moi. Je rougis furieusement.

— C'est la coutume pour la plus vieille personne présente, m'expliqua la sœur supérieure.

Je la regardai, incapable de lui donner un âge : trente ou quarante ans ? Son visage monacal était dépourvu de ride. Je découvris plus tard qu'elle n'avait que deux ans de moins que moi.

S'incliner devant des gens juste parce qu'ils sont *vieux* ? Voilà qui constituait un renversement total des priorités culturelles.

— Les anciens apportent de nombreux bienfaits, poursuivit-elle avec un sourire radieux.

Ma première journée au Sri Lanka avait été remplie de tant d'expériences curieuses que je commençais à me sentir comme Alice au pays des Merveilles. La plus étrange de toutes, pour une personne issue d'une culture qui voue un culte à la jeunesse et déteste les cheveux gris, étant d'être *vénérée* à cause de quelques rides. Non pas que j'aime me penser vieille… disons plutôt mature, avec une once de sagesse.

Une fois que le chauffeur eût encore présenté ses excuses pour la panne et fût parti, Lydia me précéda dans un escalier extérieur pour me montrer ma chambre. Trop épuisée pour l'examiner, j'enregistrai des murs abricot, une ampoule nue, une table avec une chaise en plastique et un lit dissimulé par une moustiquaire bleue.

L'air était épais et tiède. Lydia ouvrit les fenêtres, disant qu'elle n'avait jamais eu le moindre problème avec les moustiques dans sa chambre voisine. Juste au moment où elle allait m'expliquer où trouver les toilettes, nous fûmes plongées dans l'obscurité. La sœur supérieure se glissa dans la pièce, avec une chandelle allumée créant un halo autour d'elle.

— C'est juste une coupure d'électricité, sœur Hélène, dit-elle, posant la bougie sur la table et disparaissant à nouveau dans l'embrasure de la porte.

La bougie tomba aussitôt par terre et s'éteignit.

— Tu as apporté une lampe frontale ? demanda Lydia.

Un bruit écœurant retentit. Lydia m'assura qu'elle venait de marcher sur la bougie.

Une fois nos torches halogènes dûment sanglées sur nos têtes, nous brillions comme des vers luisants. Je suivis Lydia dehors, sur le balcon. Il fallut tourner dans un angle où saillait une bosse potentiellement dangereuse pour parvenir à ce qu'elle qualifia avec tact de toilettes « à la française » : un sol carrelé avec un trou au milieu, plus un seau et une brosse ; pas de chasse d'eau. Comparées à ceci, les commodités de Kuala Lumpur s'élevaient au pinacle de la technologie sanitaire.

Je décidai que je pouvais m'accommoder d'un trou dans le sol à condition qu'il n'abrite pas un nid de scorpions. Néanmoins, même si c'était le cas, il n'était pas question que j'aille faire pipi dans la jungle parmi les serpents et tous ces autres machins qui y rôdaient. Pendant les quelques jours qui viendraient, je me contenterais de mon trou – qui était aussi celui de Lydia et de je ne sais qui encore. J'allais juste devoir apprendre à me servir du seau et de la brosse.

De retour au rez-de-chaussée, je me lavai sous un filet d'eau tiède en compagnie d'un gros cafard. À mesure que la crasse de la journée disparaissait, il m'apparut que j'étais en train de prendre l'une des meilleures douches de ma vie.

Il était fascinant de découvrir dans quelle simplicité Lydia avait vécu pendant des semaines, voire des mois d'affilée. Ma chambre à coucher était identique à la sienne, avec un lit composé d'un matelas posé sur du contreplaqué, juste assez grand pour un enfant de dix ans. Une fois fait, avec des draps venus de la maison et l'oreiller de voyage, il me parut irrésistible. Après la journée passée dans une essoreuse montée sur quatre roues, je bénissais son immobilité.

Lydia apporta des *mugs* de thé, si brûlant et si fort qu'on aurait cru boire de la soupe. Avec une certaine anxiété, je sortis un petit paquet de ma valise pour le lui donner.

— Ouaoh ! s'exclama-t-elle en tenant le débardeur de façon que les paillettes brillent dans la pénombre. Calvin Klein ! Génial.

Sa joie devant la vulgarité du vêtement faisait plaisir à voir.

Au bout d'un moment, elle me souhaita une bonne nuit en me disant de frapper à sa porte en cas de besoin. Seule dans ma chambre avec ma lampe frontale, je souris en entendant la sonnerie électronique en provenance de la sienne. Dans un tel environnement, il était rassurant de constater qu'elle n'avait pas tant changé : elle oubliait toujours de régler son réveil et elle continuait à trébucher sur n'importe quoi.

Dehors, la nuit était noire comme de l'onyx. Je m'étais naïvement imaginé que dans la jungle, l'obscurité était synonyme de silence, mais un chœur hypnotique de voix mâles retentissait au-dessus de la vallée. Ce son résonnait en moi, me ramenant à travers les générations vers d'anonymes ancêtres qui avaient vécu avant la Révolution industrielle, le siècle des Lumières et la Renaissance.

Quand la mélopée cessa, d'autres bruits plus insistants prirent le relais. Couchée, j'entendais des crickets (de différentes sortes), des oiseaux, des crapauds, des chiens et toute une ribambelle de créatures non identifiées qui trillaient, gloussaient, hennissaient, caquetaient et pépiaient. Lancées dans une concurrence sans merci, elles m'expédiaient encore plus loin dans le passé, vers des époques où les esprits maléfiques étaient palpables.

Au bout d'un moment, énervée par cette symphonie effrayante, je sautai du lit pour saisir mon iPhone. Une image clairement pixelisée de Jonah posé comme un béret sur le crâne de Philip surgit dès que je pressai le bouton. Quel soulagement, cet engin fonctionnait toujours ! Pendant un instant, je m'étais crue dans un autre millénaire.

À la lumière de ma torche, je sortis les bouchons d'oreilles de ma trousse de toilette, remerciant l'actuel PDG des cieux de ne pas avoir oublié ces petits machins orange qui allaient sûrement m'éviter de sombrer dans la folie. Ensuite, je comptai mes barres aux noisettes. À raison de deux par soirée, elles devraient me permettre de tenir. Sinon, je n'aurais qu'à me persuader que le monastère proposait une cure d'amaigrissement.

En fouillant mes bagages préparés avec tant de soin, je me sentis ridicule. Presque tout ce que j'avais apporté pour me « protéger » s'avérait inutile. Je plaquai la moustiquaire imbibée d'insecticide sur la fenêtre pour le cas où Lydia aurait fait preuve d'optimisme à propos des bestioles volantes. Quant à la doublure en soie, les bracelets, les gants de mime, les chaussettes à hauteur de genou et le filet pour le chapeau… j'aurais mieux fait de ne pas m'en soucier. Les pilules laxatives et anti-laxatives se morfondaient dans leurs boîtes. J'espérais presque croiser une tique pour pouvoir me servir de l'outil dont j'avais aussi fait l'acquisition.

Pourtant, pensais-je, en me réinstallant avec prudence dans le lit qui était peut-être plus fragile qu'il ne le paraissait, le voyage n'était pas terminé. Il restait encore largement le temps pour que le pire se produise. Même à travers les bouchons, j'entendais la jungle hurler… mais j'étais trop fatiguée pour m'en soucier.

Je venais à peine de m'endormir quand je fus réveillée par un pivert qui martelait un tronc d'arbre. Au bout d'un moment, je compris que ce n'était pas un pivert mais un roulement de tambour – le réveille-matin des moines. Peu après, une étrange mélopée s'éleva. Avec des harmonies auxquelles même Schoenberg n'aurait osé rêver, leurs voix montaient au-dessus de la canopée. C'était un chant d'un autre monde… la musique qu'aurait produite un banc de poissons qui auraient su chanter.

Une lumière rose filtrait à travers les rideaux. Depuis plus de trois décennies, la maternité m'avait conduite dans toutes sortes d'endroits : dans des services d'obstétrique ou devant une tombe. Mais, pendant toutes ces années, je n'avais jamais imaginé qu'elle me conduirait dans un monastère au Sri Lanka.

J'étais soulagée qu'on ne m'ait pas invitée à cette prière d'avant l'aube. C'était peut-être un rite réservé aux hommes. La vie monastique ne semblait pas encourager le mélange des sexes. Les moines vivaient de l'autre côté de la colline, très loin de la maison des nonnes.

Me rendormir était impossible. Je m'extirpai de mon lit pour réfléchir à ma tenue. Un pantalon blanc et une tunique plus ou moins blanche à manches longues semblaient indiqués... pour supporter la chaleur et éloigner les moustiques. Enfilant mes longues chaussettes blanches, j'envisageai de mettre aussi les gants... avant de les ranger à nouveau au fond de la valise.

Lydia m'accompagna en bas, dans la salle à manger qui était un endroit simple avec deux petites tables couvertes de toiles cirées, un évier et un four à micro-ondes. Un mur de fenêtres donnait sur une flore qui se prélassait joyeusement au soleil. Je crus reconnaître un bananier et quelques cocotiers mais, tassés les uns sur les autres, ils étaient plus grands et plus verts que tous ceux que j'avais déjà vus, comme dopés aux hormones de croissance. Je fus, encore une fois, désarçonnée par ma propre ignorance.

Le repas fut servi : galettes de pain, *dhal*, boulettes de riz délicatement parfumées et bananes. Il y avait aussi un tube de margarine et un pot de Vegemite, la seule et unique pâte à tartiner australienne. Hormis ces deux importations, tous les autres produits étaient frais et provenaient des alentours du monastère. Le petit déjeuner était simple et substantiel. Quand je dis que tout ceci devait être bon pour la santé, Lydia m'expliqua que leur alimentation était basée sur les principes ayurvédiques selon lesquels il est possible de se soigner par la nourriture.

Approchant cette nouvelle journée avec un esprit ouvert, je me demandais si le maître de Lydia allait dispenser des cours quelconques auxquels je pourrais assister. Il s'avéra que ses affaires à Kandy n'étaient pas terminées, ce dont il s'était excusé par téléphone. Lydia proposa une visite guidée, après laquelle nous pourrions aller en ville avec les nonnes. Oh, ajouta-t-elle, et une diseuse de bonne aventure allait venir du village un peu plus tard dans la matinée.

Après que nous eûmes lavé et rangé nos assiettes, je lui demandai de me donner un bref cours de méditation. Perchée sur un coussin bleu posé à même le sol, je fermai les yeux et écoutai sa voix. Forte et autoritaire, elle m'intima de me concentrer sur ma respiration ; mes tentatives furent mises à mal par une rivière de sueur qui me coulait dans le dos, et je commençai à être prise de vertiges.

Comme une écolière insolente, je l'interrompis pour lui demander si je pouvais m'allonger par terre. Elle accepta. Même à l'horizontale, j'étais mal à l'aise. Ma jambe droite me grattait et ma gorge était sèche. C'était peut-être le décalage horaire, mais je fus soulagée quand la séance prit fin.

Lydia me montra la demeure du maître, un agréable *cottage* avec vue sur la vallée. Nous nous promenâmes ensuite dans les quartiers des moines où des robes bordeaux séchaient sur des cordes à linge. Ils étaient neuf à vivre là en ce moment, m'apprit-elle. Des adolescents pour la plupart, entre douze et dix-neuf ans.

Nous passâmes devant la salle de classe : un hall ouvert sur les quatre côtés avec des bancs et un tableau blanc où elle leur enseignait l'anglais et les neurosciences. *Les neurosciences ?*

Un sujet qui ne passionnait pas tous ses élèves, reconnut-elle, mais les liens avec la méditation et ses effets sur le cerveau étaient particulièrement pertinents. Apparemment, le bonheur peut être mesuré grâce à une activité accrue dans le cortex orbito-frontal. D'après certains scientifiques, l'homme possédant le cerveau le plus heureux du monde se trouvait être un moine bouddhiste.

Avant que je n'aie le temps de l'interroger plus avant sur ce sujet, il fallut nous dépêcher de rentrer pour rencontrer la diseuse de bonne aventure. Des neurosciences à la divination, le bond était aisé en ce lieu retiré du monde.

Pour moi, la voyante du village devait avoir des cheveux blancs et plus de dents. Celle-ci avait environ trente ans, des yeux aux paupières lourdes et des cheveux noirs qui tombaient en cascade sur ses épaules. Elle était belle et c'était le genre de femme avec qui j'aurais pu être amie dans une cour de récréation, il n'y a pas si longtemps. Malheureusement, elle ne parlait pas l'anglais.

La sœur supérieure, à qui elle avait fait des révélations étonnamment précises quelque temps auparavant, accepta de traduire pendant que Lydia prenait des notes. La voyante ne demanda pas à voir ma main. Au lieu de cela, elle se tourna vers la fenêtre d'un air désintéressé.

— Vous gagnez beaucoup d'argent mais vous le gâchez, dit-elle.

Un point sur lequel je ne pouvais la contredire.

— Votre famille vit près de vous. Frères, sœurs – certains derrière votre maison, d'autres à côté.

Eh bien, même les meilleures diseuses de bonne aventure peuvent se tromper, parfois.

— Dans votre maison, il y a le fantôme d'un vieil homme, poursuivit-elle. Un chat le suit sans arrêt dans l'escalier. Vous avez un chat ?

J'acquiesçai.

— Le chat et le fantôme du vieil homme… je crois que c'est votre père. Ils sont bons amis.

Lydia et moi échangeâmes un regard. Jonah essayait peut-être de nous dire quelque chose quand il avait arrosé le piano de papa. Et papa avait toujours aimé les chats.

— Vous avez eu de très gros problèmes de santé ces derniers temps, enchaîna la femme. Mais tout va bien, maintenant. Vous aurez un autre problème vers soixante ans, mais ne vous inquiétez pas. Ce ne sera pas grave. Vous vivrez jusqu'à…

Elle prit le crayon des mains de Lydia et nota « 82 » sur le papier.

Je n'en demandais pas plus.

— Vous avez traversé un terrible moment quand tout allait très mal, ajouta-t-elle, les yeux soudain voilés par un souvenir douloureux. Vous vouliez mettre un terme à votre vie mais, au lieu de cela, vous êtes devenue forte. Vous avez perdu toutes vos peurs et vous avez commencé une nouvelle vie.

Tout le monde a envie de coincer une voyante. Je lui demandai quel âge j'avais à cette époque. Sans hésiter, elle répondit « 28 » – soit précisément l'âge que j'avais quand Sam avait été tué. Elle avait raison. J'avais vraiment eu des idées de suicide.

Je l'interrogeai sur mon travail.

— Je vois deux livres, dit-elle. Ils répandront la lumière du soleil sur le monde.

J'espérais qu'elle poursuivrait en parlant de Lydia mais elle semblait avoir dépensé toute son énergie. Elle dit que Lydia aurait trois enfants et qu'elle devait faire attention quand elle conduisait une voiture.

La diseuse de bonne aventure nous demanda ensuite si Lydia et moi pourrions être intéressées par des pierres précieuses qui nettoieraient toutes les impuretés de notre sang. Son associé, qui attendait justement dehors, en vendait et nous en ferait des pendentifs pour un prix dérisoire, bien moins élevé que dans notre propre pays. J'aurais été heureuse de soutenir l'économie locale, mais Lydia posa la main sur mon bras. En dépit de ses penchants spirituels, elle avait toujours été astucieuse en matière de finances. Remerciant la voyante, et lui payant plusieurs fois le prix de sa consultation, elle dit que nous allions réfléchir au sujet des pierres purificatrices.

Après son départ, Lydia et moi savourâmes un banquet de pommes de terre au curry avec des légumes verts, de la salade, des lentilles parfumées au safran et du soja. Les Sri-Lankais adorant le sucré, les desserts furent tout aussi somptueux : nouilles séchées décorées de yogourt et de miel puis aspergées de sirop de sucre de palme. Pour le cas où cela n'aurait pas suffi, papayes et bananes furent ajoutées au menu. Le cuisinier du monastère était un poète, un Cézanne de la gastronomie. Et dire que j'avais craint la famine !

Le *tuk-tuk* sri-lankais est, en gros, une arme de destruction roulante. Il s'agit d'une moto dont la selle tire une petite cabine, offrant tout un éventail de tortures. Si les gaz d'échappement ne vous étouffent pas, cet engin peut vous briser les os en rebondissant sur des sentiers de chèvres déguisés en routes. Il peut aussi à tout instant se renverser et vous expédier dans une rivière ou, plus simplement, s'écraser de plein fouet sur un camion chargé de bétail. Dernière possibilité : s'y loger à trois au risque d'être broyé par les deux autres.

— Vous croyez vraiment que nous allons tenir à trois là-dedans ? demandai-je en lorgnant un siège juste assez large pour y poser trois perruches.

La sœur supérieure et Lydia me jurèrent que oui.

— Tiens-toi bien, c'est tout, me conseilla ma fille tandis que le chauffeur dévalait la montagne à travers la jungle.

Si le van avait été une aventure, le *tuk-tuk* était un suicide. Nous rebondissions sur des nids de poule, plongions dans des lacs de boue, avant de prendre des virages en évitant le précipice de justesse. Quand nous arrivâmes enfin au village, mon cœur avait pris la place de mes boyaux, et réciproquement.

En nous voyant débarquer de notre engin, deux filles portant des foulards sur les cheveux nous dévisagèrent comme si nous étions des extraterrestres. Plus loin, des femmes en sari hochaient la tête et souriaient avec curiosité. C'était très étrange d'avoir la peau pâle dans un village du Sri Lanka. Au cours de mon séjour, presque toutes les personnes que j'ai rencontrées se sont montrées polies et amicales. J'espère qu'il en va de même pour les Sri-Lankais qui débarquent dans mon pays et qu'ils s'y sentent autant les bienvenus.

La sœur nous amena dans un supermarché pour où elle acheta de la confiture pour sa mère malade. Deux semaines auparavant, la dame de quatre-vingt-trois ans avait eu un vertige. En voulant s'asseoir dans son lit, elle était retombée sur les couvertures et, depuis, gisait là. La confiture était l'unique aliment qu'elle parvenait à avaler.

Parmi les rayonnages, je fus surprise de trouver toutes sortes de pilules, potions et crèmes pour blanchir la peau. Encore une fois, les préoccupations semblaient à l'opposé des nôtres puisque chez nous, les jeunes femmes consacrent une part non négligeable de leur existence à rendre leur peau plus foncée, parfois même orange.

Quand Lydia trouva les confitures, la sœur supérieure lui demanda d'en vérifier la date de péremption. Une fois rassurée, elle conclut son achat avant de nous conduire dans une boutique de *tee-shirts*.

Contrairement à tous mes préjugés sur les nonnes, celle-ci s'avéra une cliente maligne dotée d'un œil avisé. Elle me conseilla un débardeur pourpre avec des motifs en cachemire brillant pour Katharine. J'avoue que son goût était très sûr. Les vendeuses furent surprises d'entendre Lydia plaisanter et rire avec elles dans un cinghalais parfait. Un peu à l'écart, je faisais semblant de tout comprendre.

Sur le chemin du retour vers la montagne, le *tuk-tuk* s'arrêta devant une modeste maison à moitié cachée dans les arbres. Un groupe de personnes se tenant sur le porche nous salua en souriant.

— Voulez-vous rencontrer ma mère ? demanda la nonne. Elle est très faible.

Dès que je franchis le seuil, je reconnus l'ambiance de deuil. Des femmes assises bavardaient calmement. Des hommes debout espéraient avoir l'air utile. Des enfants jouaient à l'étage. Quelle que soit la culture, la chaleur et la tendresse dont nous faisons preuve dans un moment pareil sont identiques. Dans une maison où la mort est présente, on voit l'amour dans le cœur des humains.

Les membres de la famille nous souhaitèrent la bienvenue et la nonne nous conduisit dans une chambre à l'arrière de la demeure. C'était une pièce étroite et sombre. Malgré la fenêtre ouverte, il y régnait une chaleur irrespirable.

Gisant sur le lit, la vieille femme était si décharnée qu'on aurait dit une carcasse. Se penchant avec tendresse au-dessus de sa mère, la nonne ajusta une couverture en coton pour couvrir les bâtons qui lui servaient de jambes. Une perfusion de fortune était reliée à son bras maigre et tanné. Ses lèvres étaient aspirées dans sa bouche édentée comme si elle avait soif en permanence.

Pourtant ses yeux brillaient comme si jamais auparavant elle n'avait vécu avec autant d'intensité. Son sourire était si lumineux qu'il éclairait toute la chambre. Sa main ridée se posa sur la manche de Lydia à qui elle s'adressa en cinghalais.

— Elle dit qu'elle est très contente de te rencontrer, dit Lydia. Et elle te souhaite une longue vie.

Je pris la main qui ressemblait à de la tôle ondulée pour la caresser. Elle était étonnamment douce et tiède. Recevoir un vœu pareil de la part d'une personne sur le point de rejoindre le monde des esprits est un grand privilège.

Le sentiment de proximité que j'éprouvais à son égard me rappela le cercle des femmes qui m'avait aidée à affronter le cancer et à cette immense capacité qui est la nôtre de nous donner force et lumière les unes aux autres. J'espérais un jour pouvoir transmettre à mon tour la bénédiction de la mère de la nonne à d'autres femmes, jeunes ou vieilles… leur souhaiter à chacune une longue vie remplie d'amour.

Après avoir remercié la famille, nous quittâmes la maison. J'étais incapable de parler. J'avais redouté de venir dans ce pays et pourtant, en très peu de temps, le Sri Lanka m'avait abreuvée de richesses inattendues. L'accro aux serviettes spongieuses, la femme obsédée par la peur que je croyais être devenue avait cédé la place à l'aventurière amoureuse de la vie que j'avais été.

L'accueil si chaleureux de la nonne et de sa famille avait été un cadeau inestimable. Après que j'eus reçu la bénédiction d'une mourante, le cercle des femmes me paraissait plus puissant que jamais. Quels que soient leur âge ou leur pays d'origine, les femmes ont énormément de vigueur et de compassion à s'offrir les unes aux autres.

J'avais aussi trouvé un endroit où les vieux n'étaient pas méprisés mais considérés comme une source de bienfaits.

Plus important que tout, je m'étais rapprochée de ma fille, celle que je croyais avoir perdue.

Pas étonnant que cette île se soit appelée *Serendipity*, la terre des accidents heureux.

41

Disciple

Les affaires secrètes des nonnes.

Tandis que le *tuk-tuk* s'arrêtait en crachant et en toussant aux pieds du monastère, de sombres éponges se massaient dans le ciel. Une mélopée flottait sur la vallée : des voix masculines, un peu plus mélodieuses que celles qui m'avaient réveillée avant l'aube.

Lydia m'expliqua que c'étaient des musulmans dans la mosquée située sur la montagne voisine. Je baissai la tête pour sourire. Dans ce pays, les gens vivaient et respiraient la religion. En cas de doute, priez.

Les gouttes de pluie martelaient les marches et éclaboussaient les arbres. Des gouttes de plus en plus grosses qui s'écrasaient sur des feuilles de la taille de crêpes. Nous gravîmes les degrés le plus vite possible tandis que les nuages se rassemblaient pour lâcher des torrents qui noyèrent le son de la prière au loin, ainsi que tout autre bruit, humain ou animal.

La sœur supérieure sourit quand nous enlevâmes nos chaussures avant de nous réfugier à l'intérieur. Je trouvai une chaise qui n'était pas réservée à un moine et m'y installai pour reprendre mon souffle.

Soudain, la plus jeune des nonnes écarquilla les yeux et pointa le doigt vers le sol, près de l'entrée. Un scorpion de la taille d'un gros crabe avançait sur le carrelage, la queue relevée en courbe belliqueuse.

— Ne bougez pas ! murmura la sœur supérieure en s'emparant d'un balai. La pluie les attire à l'intérieur.

Les piqûres de scorpions tuent des milliers de personnes chaque année. Elles font dix fois plus de victimes que les serpents venimeux. James Bond a peur des scorpions. Pas cette nonne bouddhiste.

Le balai sur l'épaule, elle s'accroupit, les yeux fixés sur l'arachnide surarmé. Sa concentration et sa posture me firent penser à Jonah quand il se mettait en chasse. Au début, je crus qu'elle cherchait à l'écraser avant de me rendre compte que la situation était plus complexe. Tuer une créature, même un scorpion, aurait été à l'encontre de ses croyances. Cette femme intrépide comptait donc toutes nous protéger en faisant fuir l'animal sans lui ôter la vie.

Gardant autant qu'il était possible ses distances, elle menaça la créature avec son balai. La bête se figea et dressa un dard menaçant. La nonne passa à l'action. Tenant le balai d'une seule main, elle fouetta le scorpion tandis que, de son autre main, elle ouvrit le battant. La bête gicla à l'extérieur.

Quand sa jeune consœur claqua la porte, un concert

d'applaudissements et d'acclamations retentit pour saluer cette performance remarquable de courage et de coordination.

Souriant modestement, la sœur s'inclina et rangea son balai.

Hilares, nous bûmes du thé sucré pour fêter la victoire. La jeune sœur demanda si sœur Lydia et sœur Hélène désiraient prier un peu. À Rome…

Pendant qu'elle préparait la salle de prières, je demandai à sa supérieure comment elle avait trouvé sa vocation.

— J'étais douée à l'école, dit-elle. Mon père ne tenait pas à ce que j'entre dans les ordres. Mais je voulais trouver la paix et le bonheur dans ma tête, et aider les autres.

Son choix ne l'avait jamais déçue. Elle passait l'essentiel de sa vie à rendre des visites dans des hôpitaux ; elle était un membre important de sa communauté, faisant tout ce qu'elle pouvait pour les femmes, notamment. Deux ans seulement nous séparaient, mais nos existences n'auraient pu être plus différentes.

— Lydia, ma fille, dit la nonne en se touchant le cœur.

L'amour le plus pur rayonnait de son visage.

Lydia lui sourit à son tour. Il n'y a pas si longtemps j'aurais éprouvé une pointe de jalousie en entendant une autre femme proclamer que ma fille était la sienne. Plus maintenant. Être parent, c'est cela : à moment donné, il *faut* les laisser partir. Et se réjouir pour nos enfants s'ils trouvent l'amour, sous quelque forme que ce soit, en dehors du cercle familial.

Je n'avais pas encore eu l'occasion d'interroger Lydia quant à ses projets à plus long terme. Si elle tenait toujours à devenir nonne, je comprenais désormais qu'ici elle ne manquerait ni d'amour, ni de bienveillance.

Les sœurs nous conduisirent dans une alcôve proche de la pièce principale. Une statue du Bouddha nous souriait depuis un nid de fleurs et de chandelles. Lydia me tendit ce qui devait être un livre de prières.

Je n'ai jamais aimé rester assise dans une église, et je n'étais pas très à l'aise non plus de me retrouver en tailleur à même le sol, mais je voulais prendre part à cet instant. Une des cuisinières apparut pour se joindre à nous.

Tandis que la nonne, face à l'autel, récitait des phrases hypnotiques, je commençai à somnoler. Lydia me flanqua un petit coup de coude et me montra la prononciation anglaise rédigée en phonétique. J'essayai de suivre mais ces mots n'avaient aucun sens. Ils me ramenaient à ces dimanches, dans l'église St Mary quand Maman me montrait des phrases dans le livre de cantiques, qui étaient tout aussi indéchiffrables.

La religion me faisait peur, à l'époque. Le vicaire semblait vivre dans un univers très bizarre. Pourquoi nous parlait-il sans cesse de la Sombre vallée de la mort alors que nous avions un très joli parc avec une mare à canards ? Selon lui, la ville entière grouillait de pécheurs. J'aurais bien aimé que nous déménagions quelque part où il n'y avait pas autant de créatures maléfiques. Après la messe, quand il se plantait devant la porte de l'église pour saluer ses paroissiens, je faisais tout mon possible pour éviter que sa patte molle enveloppe ma main.

La nonne tendit un fil de coton blanc à la cuisinière qui en transmit un bout à Lydia, qui me le donna. Tenant ce long fil blanc qui zigzaguait à travers la pièce, nous continuâmes à prier. Quand elles estimèrent que cela suffisait, le fil fut sagement rembobiné et rendu à la nonne.

Selon Lydia, ce mystérieux rituel avec le fil blanc était une bénédiction spéciale.

La nonne recommença à prier tout en attachant un bracelet en coton autour de mon poignet pour une protection et une bénédiction très spéciales. Après m'être inclinée et avoir remercié toutes les personnes (et divinités ?) concernées, je retournai dans ma chambre.

Au lieu de me doucher « à l'occidentale » sous le filet d'eau tiède surveillé par le cafard en bas, je décidai d'observer les coutumes locales. Me verser un seau d'eau froide sur la tête dans la salle de bains « à la française » fut beaucoup plus simple et rafraîchissant.

Je n'avais pas saisi à quel point les journées de Lydia au monastère étaient chargées. En dehors des heures passées à méditer et à enseigner aux jeunes moines, elle guidait son maître dans les méandres d'Internet. Elle rédigeait aussi les mails et assistait quiconque se montrait désireux de communiquer avec ce monde extérieur qui ne comprenait que l'anglais.

Quand le chauffeur qui louait ses services au monastère devait importer un véhicule de Malaisie, Lydia l'aidait à s'occuper des formalités. Elle faisait de même quand les nonnes organisaient une conférence en Thaïlande sur les femmes et le bouddhisme. Ces tâches, et bien d'autres, requéraient de nombreuses discussions et négociations qui n'allaient pas sans quelques crises de nerfs. Elle faisait face à tout cela avec bonne humeur.

En évoquant ce qu'on exigeait d'elle ici, elle me dit que ses premiers travaux au monastère avaient été physiquement éprouvants. Transporter des briques depuis le pied de la montagne, rénover un vieux bâtiment et balayer le temple et ses dépendances avaient fait partie de ses attributions.

Je serais, avec joie, restée au monastère... du moins, une ou deux nuits encore. Je comprenais enfin pourquoi il tenait une place aussi importante dans la vie de Lydia et cela avait été un bonheur de partager le quotidien des nonnes. J'aimais la manière dont, en un clin d'œil, leurs expressions solennelles cédaient la place à des rires de filles. La discipline qu'elles respectaient ne les empêchait pas de faire preuve de légèreté. Leur engagement religieux et envers leur maître était enrichi par l'amour qu'elles portaient à leur famille et aux habitants du village. Habituées à la souffrance, elles savaient savourer la joie d'être vivantes.

Lydia me surprit en m'avouant qu'elle était impatiente de passer quelques nuits dans un hôtel proche de Kandy. Je pensais que le trajet prendrait environ une heure. Mais son maître, qui avait enfin pu se libérer de ses autres obligations, tenait absolument à nous montrer les plantations de thé.

— Elles sont sur la route de l'hôtel ? demandai-je.

— Pas tout à fait, répondit d'une voix aussi mélodieuse qu'autoritaire.

Une fois nos bagages bouclés, j'eus enfin l'occasion de rencontrer certains moines : des jeunes gens à la peau lisse, arborant une épaule nue. L'un devait s'aider d'une béquille à cause d'une opération pour une hernie. Même s'il affirma ne pas souffrir, il était pâle et pouvait à peine gravir les marches.

Je pensais à leurs mères. Étaient-elles soulagées que leurs fils soient nourris et éduqués, ou bien se languissaient-elles de leurs garçons ?

Ils écoutèrent Lydia avec attention quand elle leur donna un cours de neurosciences en se servant de PowerPoint sur son ordinateur portable. Tandis qu'elle expliquait que les neurones ne sont pas remplacés une fois qu'ils sont endommagés, mais qu'ils peuvent parfois s'attribuer un nouveau rôle, il était difficile d'apprécier la réaction de son auditoire. Si certains semblaient plus passionnés que d'autres, ils demeuraient tous d'une politesse impeccable et ne manifestaient pas le moindre signe d'ennui.

Adieux et cadeaux furent échangés, des photos furent prises. J'allai dans ma chambre récupérer ma valise pour découvrir qu'elle avait disparu – transportée comme par miracle aux pieds des marches, devant la voiture qui nous y attendait.

Tandis que nous emboîtions les pas du gourou, il nous prévint que celles-ci étaient glissantes après la pluie de cette nuit. Même si la perspective d'une chasse d'eau et d'une douche au jet bien puissant exerçait une puissante attraction sur mon esprit trop faible, j'étais triste de partir. Mon séjour au monastère avait été bref mais mon cœur s'y était ouvert et j'étais beaucoup moins habitée par la peur.

M'installant sur le siège arrière, je dis au moine que nous serions plus qu'heureuses d'aller tout droit à l'hôtel.

— Mais il faut vraiment que vous voyiez les plantations de thé, insista-t-il. Cela ne prendra qu'une heure ou deux et elles sont splendides. Et puis, il fait si bon, si frais, là-haut, dans les montagnes.

Considérant à quel point le monastère était déjà proche des cieux, il était difficile d'imaginer que nous puissions grimper davantage pour aller « là-haut ».

Il était clair que le moine n'admettrait pas la moindre contradiction. Désirait-il mettre cette escapade à profit pour avoir une discussion sérieuse au sujet de sa « disciple » Lydia ?

42

La question

Fantômes affamés et bonheur radieux.

Tandis que la voiture serpentait à travers des villes, toutes vitres baissées, le mélange de chaleur et de vapeurs de gaz me donnait la nausée. Le moine n'était guère plus à son aise. Se penchant par la fenêtre, il cracha sur la chaussée. Le chauffeur nous promit que nous serions bientôt dans un endroit plus frais, plus agréable.

Devant une cahute au bord de la route, un garçon passait au crible les longs cheveux noirs de sa mère qui lui arrivaient à la taille. Cette scène touchante me rappela nos sempiternelles batailles avec nos nattes à l'école primaire.

La route s'éleva soudain, escaladant des collines assez vertes pour avoir été colorées numériquement.

Au détour d'un virage, nous rencontrâmes un soldat en armes avec un sifflet entre les lèvres. D'un signe autoritaire, il nous ordonna de nous arrêter. Les battements de mon cœur s'accélérèrent tandis que je repensais aux dix-neuf reporters au moins qui avaient été tués au Sri Lanka depuis 1992. Je ne me considérais plus comme une journaliste, juste comme une mère au foyer ayant commis un *best-seller* accidentel, mais le fait de croiser des militaires sri-lankais ne rendait nerveuse. Pourtant, à la seconde où le soldat vit notre moine, son sourire devint si large que son sifflet lui tomba de la bouche et il nous fit signe de passer.

— Regardez, miss Lydia ! dit le chauffeur en s'arrêtant sur le bas-côté. Une cascade !

Nous fîmes une halte aux côtés d'un groupe d'autochtones aux vêtements multicolores pour admirer le torrent qui s'écoulait au-dessus d'immenses rochers. Au moment où je me penchais par la fenêtre pour prendre une photo, une main se glissa dans la voiture, la paume tendue, dans un geste identique partout dans le monde. Le bras appartenait à une femme aux cheveux gris, aux yeux que l'âge avait rendus laiteux. Une autre mendiante fantomatique apparut du côté de Lydia.

Le chauffeur nous intima de ne rien leur donner, mais c'était ma première rencontre avec la mendicité locale. Je fouillai dans mon portefeuille à la recherche d'un billet adapté, mais la main en désigna un autre, l'équivalent de 10 $: une véritable fortune dans ce pays. Je le lui tendis.

Tandis que nous repartions, le chauffeur grommelait. Ces gens, ils ne font rien, se plaignit-il. Ils veulent que les autres s'occupent de tout à leur place. Mais le moine lui rappela que les mendiants fournissaient l'occasion d'obéir au *dharma*.

Les plantations s'étalaient comme d'épaisses moquettes vertes sur les montagnes. Pas étonnant que les Britanniques se soient sentis chez eux ici : un endroit paisible à l'écart de l'agitation confuse des basses terres, pourvu d'une inépuisable réserve de thé. Parmi les rangées de plants s'échinaient des travailleuses en sari avec de gros sacs blancs sur le dos. Leurs corps devaient se plier en permanence pour cueillir le thé, tout cela pour un salaire de 2 $ quotidien.

Midi – le moment magique – approchait, heure avant laquelle le moine devait se nourrir. Notre voiture quitta à nouveau la route et gravit une allée menant à un gracieux bâtiment blanc décoré de volutes Arts déco. Tout droit issu du temps des colonies, c'était une ode au raffinement.

Immobilisant l'automobile devant l'entrée scintillante, notre chauffeur lança un coup de klaxon et attendit. Un serveur élégant surgit à toutes jambes pour venir tendre un menu au moine. Pendant que celui-ci l'inspectait, plusieurs membres du personnel se réunirent autour de notre véhicule dans l'attente de son verdict.

Même s'il pensait qu'un peu plus haut dans la montagne, nous aurions pu trouver un meilleur établissement, le moine décréta que celui-ci conviendrait. Visiblement soulagés, les divers serveurs et maîtres d'hôtel nous escortèrent à l'intérieur.

Avec son hall, ses colonnes et ses fauteuils en cuir, le restaurant sortait tout droit d'un autre siècle. J'admirai le plafond en métal façonné tandis que nous gravissions un vaste escalier qui nous conduisit dans une salle à manger déserte dominant les collines. Lydia et moi fûmes conduites à une table près de la fenêtre ; le moine et le chauffeur s'installèrent à plusieurs mètres de nous. En fait, ce système de séparation des genres n'est pas si stupide, il serait peut-être judicieux de l'importer chez nous. Ces messieurs pourraient parler sport pendant que nous, les femmes, échangerions nos ragots en paix.

Lydia et moi commandâmes des sodas et attendîmes notre tour pour faire notre choix au buffet. Je commençais à comprendre que les plats locaux étaient bien meilleurs et bien plus sains que la cuisine italienne telle qu'on la préparait ici. Les saveurs délicates, aussi bien que la variété des textures et des couleurs, m'avaient conquise.

Nous admirerions de vieilles photographies de l'époque impériale quand le chauffeur, l'air navré, vint nous rejoindre.

— Je suis navré de vous le dire, mais le maître ne va pas bien, annonça-t-il.

Nous nous tournâmes vers le moine qui contemplait, pensif, le paysage par la fenêtre. Il ne semblait pas en proie à d'intolérables souffrances.

— Il faut qu'il aille tout de suite à l'hôpital, reprit le chauffeur. C'est peut-être sa pression sanguine. Il a trop travaillé ces derniers temps.

Nous proposâmes notre aide mais les deux hommes nous assurèrent qu'il n'y avait rien que nous puissions faire. Le moine se leva en déclarant qu'il n'y avait pas de quoi s'inquiéter. Je lui trouvais une bonne mine mais cela ne voulait rien dire : la maladie peut nous ronger de l'intérieur sans offrir le moindre signe visible. Il quitta le restaurant, le chauffeur dans son sillage.

Lydia et moi échangeâmes un regard au-dessus de la table. Je n'avais pas prévu de me faire abandonner au beau milieu des montagnes sri-lankaises. À l'époque où je voulais tout contrôler, j'aurais piqué une crise. Passé des coups de téléphone. Appelé des taxis. Mais si ce pays m'avait appris une chose, c'était bien de laisser le temps au temps. Ce restaurant était très agréable.

— Tu crois qu'ils en ont pour longtemps ? demanda Lydia, souriante.

— S'il est admis à l'hôpital, cela peut durer un moment. Et ils risquent de nous oublier.

De façon surprenante, le fait de ne pas savoir à quoi nous attendre était libérateur. Nous finîmes notre déjeuner avant de commander un grand pot de thé. Une visite aux toilettes (ouah ! une chasse d'eau !) fut suivie par un autre thé.

Une heure ou deux plus tard, nous envisagions de gagner l'hôtel par nos propres moyens. Il ne devait pas se trouver très loin et nous allions bien trouver un car ou un taxi. Au moment où nous nous apprêtions à partir, une volute bordeaux franchit l'entrée de la salle à manger et le maître de Lydia flotta vers nous, l'air toujours aussi paisible et bienveillant.

— Je n'ai pas le moindre problème, annonça-t-il.

Diagnostic qui fut confirmé par le chauffeur. Après un examen minutieux, les médecins avaient conclu que le moine était en parfaite santé.

— Nous partons directement à la plantation de thé, ajouta le moine.

— Vous n'allez pas nous y amener, dis-je, en regrettant déjà mon plongeon dans la piscine de l'hôtel. Il vous faut du repos.

Mais il ne voulut pas en entendre parler. Nous nous retrouvâmes donc tous à bord de la voiture qui grimpa péniblement, de montagne en montagne, jusqu'à la Mackwood Tea Plantation et ses « plus de 165 années d'excellence ».

Sur le parking, nous croisâmes nos premiers touristes. Avec leurs corps blancs et flasques et leurs lunettes noires branchées, on aurait dit des créatures d'une autre planète. Surgissant par flots de cars et de voitures de location en shorts kaki et grosses chaussures de marche, enduits de crème solaire, ils se tassaient en groupes craintifs. Dans toute autre circonstance ou presque, j'aurais été comme eux.

Voyageant à bord d'une espèce de sous-marin culturel, ils s'autorisaient de brefs coups d'œil aux paysages qui s'offraient à eux avant de reporter toute leur attention sur leurs compagnons, histoire de se conforter dans l'idée qu'eux seuls constituaient le monde réel.

Ils se ruèrent avec frénésie dans une boutique vendant des paquets de thé à l'emballage séduisant, comme s'ils craignaient une pénurie mondiale. Dans la salle voisine, ils engloutirent des litres de breuvage et des kilos de gâteaux au chocolat. Insatiables, toujours insatiables de nourriture et de shopping.

Dans la Roue de la vie bouddhiste, les Fantômes affamés sont tourmentés par des besoins qu'ils ne peuvent jamais satisfaire. Pas vraiment vivants, ils demeurent incapables d'apprécier le moment présent et sont donc la proie d'une rage et d'une frustration permanentes.

Celui qui a représenté les Fantômes affamés avec des cous maigres et des ventres proéminents devait penser aux touristes.

Devant la boutique, nous vîmes une curiosité au Sri Lanka : un enfant obèse. Le visage pâteux avec des yeux comme des raisins, le jeune garçon déambulait d'une démarche pataude dans son *tee-shirt* de marque et sa casquette trop petite. Produit d'une société consumériste, il m'inspira de la pitié.

Pendant que les touristes se prenaient en photo en train d'acheter du thé, de boire du thé et de poser devant une fabrique de thé, le maître de Lydia se sentait en pleine forme. Il était impatient de nous embarquer dans une visite guidée de l'endroit d'où s'échappait un arôme doux et entêtant.

Une charmante jeune femme nous expliqua le processus de fabrication qui, et ce fut une nouvelle surprise, ne faisait appel à aucune technologie moderne. Il fallait moins de vingt-quatre heures à la feuille de thé pour se retrouver en sachet. Après avoir admiré des tapis roulants chargés de feuilles vertes qui allaient finir par infuser dans des théières un peu partout à travers le monde, nous retournâmes au parking.

Pendant que les autres visitaient les commodités, le chauffeur m'attira à l'écart, me dévisageant avec la plus sincère franchise. Il pourrait, dit-il, m'offrir une maison avec des meubles et *tout* le reste, si je parvenais à trouver un bon mari pour sa fille. Je n'aurais plus jamais besoin de rien si je lui dénichais un homme au cœur pur.

Prise au dépourvu, je songeai à toutes les femmes que je connaissais, de seize à soixante-seize ans, qui se lamentaient sur la difficulté de trouver un type correct. Je lui répondis qu'il s'agissait là d'un problème universel.

La visite de la plantation terminée, nous confiâmes au moine et au chauffeur que nous serions ravies d'aller à l'hôtel.

— Mais il faut que vous voyiez Little Britain ! s'exclama le moine.

Pendant un instant d'égarement, je crus qu'il faisait référence à la série télévisée.

— Nuwara Eliya a été bâtie au XIXe siècle et elle ressemble en tout point à une ville anglaise avec des bâtiments en briques rouges et des hôtels qui donnent sur des lacs. C'est très beau. Et le jardin botanique est une splendeur.

La voiture pétarada donc jusqu'à Little Britain. Le dieu de l'Angleterre étant avec nous et ne voulant pas nous laisser une impression mitigée, il pleuvait sur le lac. Nous visitâmes un très joli et très vieil hôtel sur lequel Victoria régnait encore. Un piano mécanique dans le hall jouait des airs de Noël alors que nous étions en février. Dans les jardins, des couples aux cheveux blancs venus du Surrey dodelinaient de la tête sous un grand magnolia tandis que des femmes en sari et des hommes en veston blanc les abreuvaient de thé.

La scène avait quelque chose de touchant. Tous les participants, étrangers comme locaux, jouaient à « Et si l'empire n'était pas mort ». Les touristes britanniques se montraient enchantés de revivre la gloire de leurs ancêtres et les autochtones, vêtus d'habits d'époque, se montraient ravis de satisfaire leurs fantasmes en les servant avec des théières en argent… en échange d'une somme rondelette. Quant au magnolia, il abritait tout ce beau monde de la pluie.

Un homme sur le bas-côté nous informa que le jardin botanique se trouvait à une demi-heure de route. Inquiète à l'idée de ne pas arriver à notre hôtel avant la nuit, je suggérai qu'une visite n'était peut-être pas absolument nécessaire. Le moine affirma le contraire.

Sur le chemin, nous aperçûmes les dégâts dévastateurs provoqués par les inondations. Tout un flanc de montagne s'était effondré. Bulldozers et pelleteuses labouraient la terre pour faire réapparaître une piste qui, un jour, redeviendrait peut-être une route. Cette fois, il n'y eut aucune magie à voyager avec un moine. Un homme coiffé d'un casque nous fit signe de nous arrêter et d'attendre… Quarante minutes plus tard, on nous laissa enfin passer. Il était près de 4 heures de l'après-midi quand nous atteignîmes l'entrée du jardin botanique qui fermerait dix minutes plus tard. Le tarif était de 10 $ américains par personne plus une taxe spéciale pour la voiture. Un véritable *hold-up* selon les standards locaux. Préférant ne pas discuter de peur de retarder encore notre retour à Kandy, j'ouvris mon porte-monnaie.

Glissant le long d'un mur blanc sur lequel était gravé « 1861 », nous franchîmes un portail en fer forgé pour remonter une allée. Le jardin était joli mais guère différent de ses homologues de l'époque. Le moine et le chauffeur convinrent ensemble que ce n'était pas la bonne saison pour les fleurs.

Après cette très brève visite, nous fûmes enfin autorisés à entamer le voyage de cinq heures vers notre hôtel. Lydia saisit l'occasion pour demander à son maître de lui donner un nom bouddhiste.

Je me tortillai, mal à l'aise, pendant qu'il émettait une série de « humm » et de « aahh », tout en évoquant plusieurs options à voix haute. Lydia avait reçu le prénom de la mère de papa, une femme de caractère. Nous ne l'avions pas choisi au hasard. Un nom, ça vous marque, c'est le thème de la chanson. Le sien était adéquat et lui venait d'un digne héritage. La vieille terre de Lydie (quelque part dans la Turquie moderne) avait été la première à fabriquer des pièces de monnaie. Dans la bible, il y a une Lydia qui vend des vêtements pourpres.

Si notre fille comptait rejeter toute son éducation, il était logique qu'elle se débarrasse de son prénom. Mais si elle tenait vraiment à faire une chose aussi sérieuse que de changer de nom, elle pouvait au moins attendre d'être dans un temple et pas sur le siège arrière d'une voiture japonaise. Le moine se décida pour Nanda, qui signifie « Bonheur radieux ». Voilà donc ce qu'elle allait être désormais : sœur Bonheur radieux.

À mon immense gêne, Lydia lui demanda alors de me trouver un nom bouddhiste. Cela étant, s'il était disposé à baptiser quelqu'un qui n'appartenait pas à sa religion, ce n'était peut-être pas si important, non ? Après réflexion, il choisit Ramani, « Celle dont les bienfaits viennent de la nature ». J'en fus secrètement ravie. Le moine semblait mieux me comprendre que je ne l'avais cru.

L'obscurité enveloppait l'automobile et les paupières du chauffeur paraissaient lourdes dans le rétroviseur. Avec cet aller-retour imprévu à l'hôpital et ces kamikazes qui sévissaient sur les routes locales, il avait eu une journée éprouvante.

Pour le tenir éveillé, Bonheur radieux et Celle dont les bienfaits viennent de la nature l'encouragèrent à parler de sa passion : les voitures. Selon lui, Toyota était la meilleure marque disponible au Sri Lanka. Il s'enquit du véhicule que nous utilisions chez nous, et secoua tristement la tête en entendant « Subaru ». Les pièces détachées sont trop chères. Il avait conduit une Ferrari une fois mais l'engin de ses rêves était une Lamborghini.

— Au fait, demanda-t-il, vous savez où se trouve l'hôtel ?

Bouddha soit loué pour Google Earth. Les indications étaient claires mais, comme le remarqua notre conducteur, elles nous firent emprunter une véritable piste de safari. Non loin de Kandy, la carte nous ordonna d'escalader une falaise. J'avais entendu dire que la route menant vers l'hôtel avait été fermée à cause des inondations. Il s'agissait peut-être là d'une déviation. Bringuebalée dans une nuit d'obsidienne, je commençais à en avoir assez, des péripéties imprévisibles.

Des yeux brillaient sur le bas-côté. Quand le chauffeur leur demandait le chemin, ils disparaissaient dans la jungle. Un bus dévala la pente et fit de son mieux pour nous expédier dans le précipice. Les deux chauffeurs s'arrêtèrent, sans doute pour échanger leurs impressions après ce duel, et celui du car nous dit joyeusement que nous nous trouvions sur la bonne route, qu'il suffisait de continuer à grimper.

Près du sommet, la pancarte bien éclairée annonçant l'hôtel apparut, rassurante. Une silhouette surgit des ténèbres. Notre conducteur baissa sa vitre. L'homme lui tendit un bout de papier mais le chauffeur écrasa aussitôt l'accélérateur.

— Ces gens sont dangereux, expliqua-t-il. Il veut qu'on trouve quelqu'un dans l'hôtel mais, en fait, c'est pour vendre de la drogue. On aurait pu se faire tuer. Ils appellent la police et on se retrouve tous dans la même cellule. Deux Sri-Lankais et deux étrangères.

Quand nous atteignîmes enfin les abords de l'hôtel, j'éprouvai un immense soulagement. Je me préparai à saluer le moine et son chauffeur, mais ils annoncèrent qu'ils avaient encore le temps de prendre un petit rafraîchissement avant de repartir.

Une fois à l'intérieur, tout m'émerveilla : la musique d'ascenseur, la lueur irréelle de la piscine, les uniformes du personnel censés faire référence aux tenues traditionnelles.

Une fois à table, et quelque peu hébétée, je me fis la remarque que la robe de moine était décidément une tenue bien pratique, autant à sa place dans le hall d'un hôtel chic que dans un monastère au fin fond de la jungle.

Après quelques tasses de thé, le moine s'éclaircit la gorge. J'étais trop fatiguée et désorientée pour m'imaginer ce qu'il allait dire :

— Lydia, commença-t-il avec son sourire le plus charmeur, si vous voulez vivre au monastère et devenir nonne, vous pourrez enseigner la méditation.

Soudain sur le qui-vive, je me penchai en avant et attendis la réponse de Lydia. Le moment pour lequel j'avais traversé la moitié du monde était enfin arrivé. Si elle répondait : « Oui, pas de problème », j'irais certainement jusqu'à prendre une cahute à Kandy pour passer plusieurs mois par an dans ce merveilleux pays de dingues. Mais, quand même…

Lydia faisait tourner la paille dans son soda.

Le moine, le chauffeur et moi attendions qu'elle dise quelque chose.

Mais, hormis le tintement de coupes de champagne à la table voisine et Elton John dans les haut-parleurs… il n'y eut que le silence.

43

Révérence

Il peut arriver qu'on se trompe d'ennemi.

Le jeune homme qui faisait le ménage dans notre chambre tomba violemment amoureux de Lydia. Quand elle lui adressa pour la première fois la parole en cinghalais, ses sourcils se dressèrent comme deux barrières de passage à niveau. Sa stupeur se mua en ravissement avant de prendre l'ampleur de la passion lorsqu'il découvrit qu'elle avait vécu plusieurs mois dans un monastère.

Quand son nouvel admirateur ne traînait pas dans le couloir devant notre chambre, il inventait une litanie d'excuses pour franchir notre porte. Les sachets de thé avaient oublié de se remplir tout seuls. Nos oreillers n'étaient pas bien placés. Nous devions fermer les rideaux nous-mêmes.

Même s'il était très séduisant et charmant, il mesurait environ vingt centimètres de moins que Lydia. Une différence de taille qui ne calmait nullement ses ardeurs. Comme elle, disait-il, il était bouddhiste et, ajoutait-il dans un élan touchant de sincérité, espérait visiter l'Australie un jour.

Elvis portait des couches la dernière fois où j'avais été témoin d'un tel cas d'amour transi. Je prévins Lydia de ce déchaînement mais elle haussa les épaules. Depuis le début de sa phase religieuse, elle avait perdu toute capacité à décrypter le moindre signal érotique. À la différence de sa sœur, elle était totalement immunisée contre les biceps gonflés et les lotions après-rasage. Elle parlait quatre langues, mais le vocabulaire de la séduction lui était inconnu.

Le cinghalais est célèbre pour sa complexité. Le seul mot que je parvenais à reconnaître était « oh » pour « oui ». Lydia et le jeune homme bavardaient avec animation, hochant souvent la tête et multipliant les « oh ». Me sentant autant à ma place qu'un bâton d'encens de rechange dans un *ashram*, je m'enquis du sujet de leur conversation.

— C'est Poya, expliqua Lydia comme s'il s'agissait d'une évidence. La pleine lune est une journée très spéciale dans le calendrier bouddhiste. C'est le meilleur moment pour visiter le temple de la Dent.

Subjugué par ma fille, le jeune homme promit en souriant que si nous allions visiter le temple il ferait « quelque chose de spécial » dans notre chambre. Puis il s'excusa et sortit le chariot roulant contenant les sachets de thé oubliés.

— Qu'est-ce qu'il entend par « quelque chose de spécial » ? demandai-je à Lydia. Il est fétichiste ?

— Ne t'inquiète pas, soupira-t-elle en inspectant mon chemisier rouge. Il faut te changer. Nous devons porter du blanc.

Croyant achevée la partie religieuse de mon expédition, j'avais entassé tous mes vêtements blancs au fond de ma valise. Bon. Le *look* froissé datait tellement maintenant qu'il devait être redevenu à la mode.

Un autre pilote fou de *tuk-tuk* nous fit faire un tour de montagnes russes sur des nids de poule de la taille de cratères le long d'un ravin. Il s'arrêta devant plusieurs boutiques pour nous révéler que c'était là que sa famille et lui achetaient toutes leurs pierres précieuses, antiquités et vêtements de marque, et que si nous voulions aller y jeter un coup d'œil, il ne verrait aucun inconvénient à nous attendre. Lydia m'expliqua qu'il s'agissait d'une pratique commune chez les chauffeurs de *tuk-tuk* : ils repassaient au magasin un peu plus tard pour percevoir un pourcentage sur les ventes.

Avec bonne humeur, elle lui fit signe de continuer à rouler. Mieux valait visiter le temple de la Dent avant que la chaleur ne devienne trop insupportable et la foule trop envahissante. Je ne mesurais pas encore l'importance du temple de la Dent Sacrée de Kandy. Abritant une dent (ou, pour être tout à fait précise, ce qu'il en restait) de Bouddha lui-même, c'était l'édifice religieux le plus important du Sri Lanka.

L'incisive avait été arrachée au bûcher funéraire de Bouddha en l'an 543 avant J.-C. et ramenée dans l'île, cachée dans la chevelure d'une princesse, au IVe siècle de notre ère. Selon les dires, celui qui détient cette relique a le droit de gouverner le pays. En raison de son importance, le temple de la Dent a été bombardé à plusieurs reprises, notamment en 1998 quand onze personnes avaient trouvé la mort lors de l'explosion d'un camion-suicide. À chaque fois, les bâtiments avaient été restaurés, aussi ne livraient-ils pas le moindre indice de ce passé mouvementé.

Tout bouddhiste sri-lankais se doit d'effectuer le pèlerinage au temple de la Dent au moins une fois dans sa vie. Lydia s'y était déjà rendue à plusieurs reprises, mais jamais lors de Poya.

Se dressant au-dessus des eaux limpides du lac de Kandy, les édifices du temple et du palais royal étaient imposants. Quand je vis la foule qui se pressait, j'envisageai de m'asseoir sous un arbre avec une boisson fraîche et de laisser Lydia se mêler à cette multitude. Mais j'avais triomphé de nombreuses autres phobies durant ce séjour. Je pouvais sûrement ajouter celle-ci à mon palmarès.

Nous louâmes les services d'un guide, enlevâmes nos chaussures à la porte et gravîmes un vaste escalier de marbre. Compressée au milieu de cette masse humaine dans une chaleur étouffante, je reconnus les premiers accès d'une attaque de panique. J'essayai de me concentrer : rester calme. C'était essentiel pour garder un semblant de dignité. Au moins pour ma fille, à défaut du reste.

— Continuez à avancer avec les gens, ne cessait de répéter notre guide, sur un ton paisible finalement assez rassurant.

Ma chemise trempée me collait au dos. Un filet de sueur me coulait sur la joue tandis que Lydia achetait trois fleurs de lotus blancs qui serviraient d'offrande à Bouddha. Elle m'en tendit une et une autre à notre guide. La serrant dans sa main, il contempla le sol, gêné. Un membre de la sécurité éclata de rire et se moqua de lui.

La fleur m'échappa et je me baissai pour la ramasser.

— Non ! Il ne faut pas faire cela ! aboya le gardien. Les offrandes doivent être propres et pures.

Au sommet des marches, notre troupeau fut conduit dans un espace ouvert muni de nombreuses colonnes. Des bannières multicolores pendaient d'un plafond fait de fleurs de lotus en or. Des musiciens portant des coiffes et des sarongs blancs, noués par des cordons rouges, s'avancèrent dans un puits de lumière. Des tambours se mirent à scander un rythme hypnotique, des instruments à vent entonnèrent une mélodie envoûtante : de la musique pour la transe.

Grimpant de nouvelles marches, je continuais à m'exhorter au calme. Quand nous arrivâmes enfin dans la salle funéraire, j'étais trop occupée à penser à ma respiration pour observer notre environnement. Lydia plaça sa fleur sur le coffret contenant la dent et nous regagnâmes l'escalier avant de sortir à la lumière du jour. Elle était aveuglante et je n'avais jamais éprouvé un tel soulagement.

Dehors, nous croisâmes un éléphant à peine moins gros qu'une petite villa. L'examinant, je me dis que le taxidermiste avait fait un travail magnifique… jusqu'à ce que sa trompe se tende vers moi. Je faillis grimper à un arbre. Les yeux du pachyderme brillaient de malice. Un homme lui tendit un régime de bananes.

À nouveau, la trompe se déroula, ridée et usée comme un vieux tuyau d'aspirateur, pour s'en emparer avec une adresse stupéfiante. Abasourdies, nous contemplâmes l'éléphant avaler le tout – bananes, peaux et branche – en une seule bouchée.

Le guide nous conduisit ensuite dans une cour remplie de centaines de femmes vêtues de blanc, assises sous des arbres, tandis qu'une voix masculine enregistrée débitait des enseignements à travers des haut-parleurs. Certaines, qui étaient seules, semblaient écouter, mais la plupart d'entre elles étaient rassemblées en petits groupes et discutaient à voix basse.

— Que font-elles ? murmurai-je.

— Les femmes en savent plus sur la douleur que n'importe qui, expliqua notre guide. Elles consacrent leur vie à leur famille et, ensuite, elles viennent ici pour rattraper un peu le temps perdu.

Deux grands-mères hochèrent la tête et sourirent, partageant le même amusement. Plusieurs femmes d'âge mûr étaient assises ensemble dans un silence agréable. L'histoire de leur vie semblait inscrite sur leur visage. Aucune n'avait connu l'accouchement sans douleur. Toutes mouraient d'inquiétude pour leurs enfants, leurs maris et leurs parents. Toutes passaient leur existence à donner, et s'accordaient ce moment de paix et douceur en ces lieux.

Il régnait une telle atmosphère dans cette cour que je regrettai de ne pas pouvoir m'asseoir sous l'ombre d'un arbre avec elles. Même si nos vies étaient différentes à un niveau superficiel, nous étions sœurs sous la peau.

Certaines des plus âgées restaient toute la nuit, poursuivit le guide, à parler et à boire du thé. Les plus jeunes partaient tôt, vers 5 heures de l'après-midi – ce qui signifiait qu'elles passaient quand même l'essentiel de leur journée ici.

C'était un vrai cercle féminin. Si j'avais trouvé du soutien auprès de mon groupe de yoga, de Mary et de mes amies, ces femmes du Sri Lanka avaient formalisé cette union. J'aurais voulu qu'un tel endroit existe à Melbourne, un lieu où les femmes pourraient se retrouver.

Après un nouveau voyage épouvantable en *tuk-tuk* pour remonter sur la montagne, nous arrivâmes, brûlantes et crasseuses, dans notre chambre d'hôtel.

— Oh, bon sang ! s'écria Lydia en ouvrant la porte devant la vue qui s'offrait à elle.

Nos lits étaient recouverts de fleurs rouges soigneusement disposées pour former des motifs géométriques contrastant avec le pourpre plus violacé de feuilles triangulaires. Une rangée de trois fleurs rouges ornait chacun de nos oreillers. À côté de celui de Lydia, son pyjama avait été amoureusement plié en rectangle.

Son admirateur avait bien créé quelque chose de spécial.

Nous enfilâmes nos maillots de bain pour nous rendre à la piscine dans l'air tiède du soir. Une pancarte, sur le chemin, nous proposa les services de la voyante de l'hôtel.

Une Allemande était en train de rappeler son enfant : il se trouvait trop près du bord. Un couple de Français sirotait des cocktails à une table. Le luxe de cet endroit semblait irréel en comparaison avec le monastère.

Le soleil se couchait derrière les collines, à l'autre bout de la vallée. Des nuages apparurent tels des temples ourlés d'or. Comme pour un baptême, Lydia et moi pénétrâmes dans une eau turquoise.

Un peu plus tard, rafraîchie, j'en ressortis pour m'installer sur une chaise longue afin d'admirer le spectacle qui se déployait au-dessus de la vallée. Il n'aurait servi à rien de sortir mon appareil. Aucune photo n'aurait rendu justice à la réalité. N'importe quel grand artiste – je veux parler des Grecs de l'Antiquité jusqu'à Van Gogh – aurait posé son pinceau devant un tel coucher de soleil.

Les voix soyeuses de moines s'élevaient à l'unisson d'un monastère voisin. Le soleil irradiait des rayons d'or géants qui traversaient le ciel.

Lydia sortit de la piscine, enfila son débardeur Calvin Klein et me rejoignit.

— Je ne me rappelle pas le dernier coucher de soleil que j'ai observé, dis-je. Je veux dire, *vraiment* observé.

— Je suppose que tu pourrais considérer cela comme une forme de méditation, dit-elle en se séchant les cheveux, la beauté de chaque seconde se fondant dans la suivante.

Je me levai pour marcher avec elle jusqu'au bord de la terrasse afin d'avoir une meilleure vue. À mesure que le soleil sombrait dans les nuages, de majestueuses traînées de couleur lardaient le ciel de coups de pinceau rouges et dorés.

— C'est un pays magique, déclarai-je, en contemplant les montagnes qui se découpaient au loin.

Elle hocha silencieusement la tête.

— Tu vas devoir te dénicher une autre île, maintenant que je t'ai trouvée ici, dis-je, ne plaisantant qu'à moitié.

Lydia sourit.

— Si j'avais eu ton âge, j'en aurais fait autant, poursuivis-je. Surtout si j'avais parlé la langue… mais je ne serais quand même pas allée jusqu'à devenir bonne sœur.

La scène était parfaite. Je voulais que tout s'arrête et reste figé. Ce ciel doré dans la tiédeur d'une soirée tropicale aux côtés de ma fille, adulte et si belle, dans le pays qu'elle s'était choisi.

J'avais connu d'autres instants au cours desquels j'aurais voulu pouvoir capturer le temps : un été où j'étais amoureuse à la folie ; un matin d'automne, près d'une mare à canard, où Lydia, bébé, trottinait vers moi, les bras ouverts pour ne pas me rater.

Mais s'accrocher aux moments, ou à sa fille, est futile. Il faut apprécier leur beauté, faire de son mieux pour les savourer puis les laisser partir avec toute la grâce dont nous sommes capables.

La vie n'est que mouvement. Un instant superbe peut se muer en un autre, plus précieux encore. Chaque seconde, même colorée de tristesse, possède le potentiel d'être plus riche que la précédente.

Pour l'accepter, il faut la conscience et la confiance ; avoir assez de sagesse pour prendre du recul afin de laisser la possibilité à la nouveauté de se déployer. Éviter de devenir un Fantôme affamé qui regrette le passé et voudrait déjà être dans le futur.

Les coups de pinceau rouges et or s'assombrissaient lentement pour devenir cramoisis. Les voix des moines nous enveloppaient de leurs harmonies liquides.

— J'aime être ici, déclara Lydia tandis que les collines se recouvraient d'une brume lilas. Mais j'en ai assez fait.

Cette dernière phrase me laissa sans voix.

— Quand j'ai commencé la méditation, je me disais que si je m'acharnais assez longtemps, cela provoquerait quelque chose d'incroyable, poursuivit-elle, la voix brisée par l'émotion. Tu sais, les scientifiques ont fait des tests et ils ont découvert des changements physiques dans le cerveau quand les gens approchent les plus hauts niveaux de conscience. Je pensais en être capable. Et que je pourrais même trouver…

Le silence plana entre nous. *Je t'en prie, ne dis pas que c'est trop dur à expliquer.*

— L'Illumination ? demandai-je doucement.

Le Français alluma une cigarette et l'Allemande enveloppa son enfant dans une serviette.

Une larme formait une traînée cristalline sur la joue de Lydia. Sa peine était profonde.

— Je me disais juste que si je restais assise assez longtemps… déclara-t-elle avant d'éclater en sanglots.

Je la pris dans mes bras.

Pendant tout ce temps où j'avais cru à une rébellion, Lydia visait une perfection inaccessible. Et elle avait mis en œuvre la même détermination que pour obtenir les plus hautes distinctions à l'université. Une fois qu'elle s'était décidée à atteindre un but, sa volonté était inébranlable.

D'où provenait ce besoin ? Cela avait-il un rapport avec le fait d'être née dans une famille portant le deuil d'un frère qu'elle n'avait jamais connu ? Si elle n'avait jamais été, en aucune manière, la remplaçante de Sam, il est vrai qu'elle ne serait jamais venue au monde s'il n'avait pas été renversé par une voiture ce jour-là. La pauvre chérie s'était-elle contrainte à porter le fardeau de guérir les cœurs ?

Même si j'avais toujours veillé à ne pas faire de Sam un saint, peut-être était-ce ainsi qu'il lui apparaissait. Avait-elle inconsciemment cherché à se mesurer à son frère aîné qui ne pouvait être souillé parce qu'il était mort ?

— J'ai gâché les cinq dernières années de ma vie, reprit-elle. J'aurais pu aller dans des fêtes, m'amuser avec mes amis au lieu de m'acharner autant, de méditer pendant des heures et des heures.

La berçant doucement dans mes bras, je songeais aux indices que je n'avais pas décryptés ces derniers jours. Ses cheveux, son silence après que son maître l'avait invitée à entrer dans les ordres, tout cela prenait un sens, désormais. Loin d'être manipulée, Lydia assumait elle-même sa vie.

— Il faut que je rentre à la maison, dit-elle.

Maintenant que j'avais enfin compris son amour pour le monastère et le Sri Lanka, elle voulait rentrer ?

— Vraiment ? demandai-je. Pas de robe de nonne ?

Tais-toi, bon sang !

— Cet endroit fera à jamais partie de moi mais…

Sa voix s'éteignit. Je résistai à l'envie de finir sa phrase à sa place.

— Mais quoi ?

— Je ne m'y sens plus chez moi. Je suis sûre de revenir un jour, mais pas avant un certain temps. Je veux faire un master en psychologie. J'ai pris contact avec l'université de Melbourne et il y a une place pour moi. Je veux combiner ce que j'ai appris ici avec les connaissances occidentales...

Elle enfouit la tête dans mon cou et me demanda si elle pouvait prendre le même avion que moi quelques jours plus tard et vivre chez nous un moment.

Mon séjour avec Lydia au Sri Lanka m'avait tant appris. Toute l'énergie que je consacrais à m'inquiéter à propos des toilettes, des currys de légumes et des moustiques était du gaspillage. La terrifiante île aux Larmes s'était révélé une oasis de délicieuses contradictions. Elle avait aussi fait renaître en moi l'aventurière d'autrefois.

Surtout, cette île magnifique m'avait permis de comprendre Lydia. Les tensions entre nous étaient nées de nos similarités plutôt que de nos différences.

Le ciel était devenu une couverture pourpre.

— J'ai tellement honte de m'être rendue ici quand tu étais malade, dit-elle, les joues luisantes dans les dernières lueurs. Je ne savais pas ce que je faisais.

— Mais tu as été là quand j'ai vraiment eu besoin de toi, répondis-je, toujours en la berçant. Tu étais là et tu as veillé sur moi, grâce à ton père qui t'a payé ton billet de retour.

Elle se redressa et s'essuya les yeux.

— Non, c'est mon maître qui l'a payé, dit-elle.

— *Ton maître ?!* Je croyais que c'était lui qui t'empêchait de venir !

Elle secoua la tête.

— Au contraire. Il a refusé de m'apprendre quoi que ce soit à cette époque. En fait, il m'adressait à peine la parole. Il m'a parfaitement fait sentir que ma place était à tes côtés. La famille est très importante dans le bouddhisme.

Serendipity avait gardé sa plus grande surprise pour la fin. Le gourou que je soupçonnais de vouloir embrigader ma fille pour nous la voler se révélait bien plus généreux que je ne l'avais cru.

J'avais été stupide de m'être à ce point trompée sur son compte. Il n'avait jamais pensé qu'au bien-être de notre famille. Quant à Steve, je ne m'étonnais plus qu'il n'ait pas répondu à mon mot de remerciement.

À travers toute cette tourmente, une chose n'avait jamais varié : la détermination de ma fille à avoir un impact significatif sur le monde.

Les profondes ténèbres des tropiques nous enveloppèrent. Les voix des moines s'éloignèrent. Les oiseaux et insectes nocturnes entamèrent leur propre hommage musical à la vie.

44

Achèvement

Le bonheur, c'est le poids d'un chat sur votre ventre et une fille contente.

Comme nous approchions de Shirley, un double arc-en-ciel se déploya dans le ciel. Dans l'arc inférieur, les couleurs étaient si vives et si clairement définies qu'on pouvait les séparer. Je n'en avais jamais vu de si brillant.

Loin au-dessus du premier, un second demi-cercle plus flou formait une courbe protectrice. Un arc-mère, veillant sur sa fille, ravi de s'extasier de sa beauté.

Une silhouette familière était assise à la fenêtre du salon. À la seconde où Jonah nous vit, il bondit sur ses pattes, arqua son dos et remua la queue. Il ne cessait de regarder la voiture. Nous distinguions les deux éclairs bleus de ses yeux.

— Il y en a un qui est content de te voir, dis-je à Lydia.

Tandis qu'elle remontait l'allée en courant, Jonah quitta son poste d'observation pour venir l'attendre de l'autre côté de la porte. Nous l'entendions miauler. Lydia tourna la clé et il repoussa le battant pour lui sauter dans les bras.

— Comme tu m'as manqué ! s'écria-t-elle en plongeant son visage dans la fourrure.

Le ronronnement de Jonah était si profond et sonore qu'il me rappela quelque chose que j'avais entendu quelques jours plus tôt : le chant des moines au crépuscule. Je pensai alors au fabricant de pantoufles et à son « moine ». Jonah serait plus que ravi de devenir le gourou de Lydia.

Revenir à une « vie normale » fut plus difficile pour elle que je ne l'avais imaginé. Dans sa recherche de perfection spirituelle, elle avait laissé de côté tant de choses. Elle commença par mettre à jour sa page Facebook. Son ancien profil, avec des photos d'elle dans des monastères ou bien participant à des levées de fond, lui donna envie de pleurer.

— On dirait que je ne suis pas réelle !

Elle s'enferma dans la salle de bains pour en émerger, vingt minutes plus tard, maquillée comme jamais.

— Je t'en prie, prends-moi en photo, dit-elle en me mettant l'appareil dans les mains.

Je m'étais enfermée dans mon bureau pour commencer un nouveau livre mais il y avait une telle urgence dans sa voix… Nous allâmes dans le jardin où elle essaya de poser sous l'arbre. Contrairement à la plupart des représentants de sa génération qui s'entraînent à sourire en se photographiant à bout de bras avec leur téléphone, Lydia avait oublié comment se tenir devant un objectif. Elle m'arracha l'engin et supprima la plupart des fichiers. Si je lui avais révélé le fond de ma pensée – qu'elle irradiait de beauté –, elle se serait repliée sur elle-même. La phrase de son maître ne cessait de retentir dans ma tête : « S'il y a bien une perle en ce monde, c'est Lydia. »

Reprendre contact avec ses amis fut d'abord douloureux. Certains ne semblaient que parler, rire et boire. Elle avait du mal à s'intégrer. Plusieurs fois, elle rentra à la maison en larmes, regrettant encore une fois ces cinq années « gâchées ». J'essayais de la rassurer. Si les bénéfices de ses expériences ne lui paraissaient pas encore évidents, ils n'en étaient pas moins là, en elle, et y resteraient à jamais.

Un samedi matin, alors que nous descendions Chapel Street, elle glissait sur le trottoir, inconsciente des coups d'œil admiratifs que lui lançaient les hommes. Quand je lui flanquai un coup de coude et lui demandai si elle avait remarqué le type mignon qui avait essayé de capter son regard, elle parut presque effrayée.

À notre grand plaisir, à Katharine, Philip et moi, elle nous accompagna à l'opéra, voir des comédies musicales et même quelques mauvais films. Pendant sa période dévote, elle rejetait ces divertissements qui n'étaient que des « diversions ».

Il était merveilleux de la voir porter des vêtements qui ne provenaient pas d'œuvres de bienfaisance.

Elle développa une addiction surprenante pour une boutique spécialisée dans les tenues classiques proposant des cardigans en cachemire et des accessoires en cuir. Au grand bonheur de Jonah. Il se ruait dans sa chambre à la première occasion pour lui piquer ses écharpes.

— J'ai honte de l'avouer, dit-elle un jour. Mais j'ai un faible pour les motifs peau de bête.

Je lui achetai aussitôt un sac à main imitation léopard. Évidemment, Jonah considéra qu'il lui appartenait et se mit à le trimbaler partout dans la maison.

Lydia éleva ses talents culinaires à des niveaux jamais atteints dans notre demeure. Elle recréait le biscuit au gingembre de maman à la perfection. Nous aurions pu graver trois étoiles sur la plaque, à côté de « Shirley ».

Jonah galopait dans la cuisine dès qu'il l'entendait fouiner dans les placards. C'était pour lui le début d'un nouveau jeu : sauter sur le plan de travail, s'en faire chasser aussitôt et recommencer. Lydia trouva une solution pacifique à ce conflit en plaçant son plus grand poteau à griffer en plein centre de la cuisine afin qu'il puisse superviser ses actions. Une tâche qui consistait à « parler » beaucoup, répondre à chaque question par un « miaou » ou un claquement de langue… ou alors, s'il la désapprouvait pour une raison quelconque, à émettre un de ses reniflements habituels.

— Je ne suis que son sous-chef, plaisantait-elle.

Quand je montais à l'étage, l'odeur d'encens me manquait presque. La méditation ne l'intéressait plus. Je suggérai qu'elle ne devrait peut-être pas complètement l'abandonner.

Depuis que Katharine avait emménagé dans une résidence étudiante, la maison était très paisible, habitée par nous trois… nous quatre, en comptant Jonah. Au bout de quelques mois, Lydia fut prête à s'installer avec des jeunes de son âge. Ses trois amis et elle avaient trouvé un appartement moderne au-dessus d'une galerie d'art dans Carlton. Ensoleillé et spacieux, il était idéal. Maintenant qu'elle avait décidé de préparer un doctorat en philosophie en plus de son master en psychologie, elle comptait y vivre quelques années.

Elle quitta la maison par une de ces belles après-midi ensoleillées que nous avons parfois en hiver. Son lit partit avec elle, non sans que Philip eût remplacé le bout de cadre que Jonah avait saturé de ses inconduites.

Le pommier agitait ses branches nues en guise d'adieu tandis que deux déménageurs descendaient l'allée avec son bureau, sa chaise et ses cartons de vêtements. Après leur départ, elle m'appela dans sa chambre. Elle était vide à l'exception d'une étagère bourrée de livres. Je passai la main sur les murs abricot. Ils donnaient encore à cette pièce une atmosphère d'un autre monde.

— Ça a été une drôle d'aventure, dis-je en ramassant un coussin de méditation. Tu ne le prends pas ?

— Tu peux le garder si tu veux.

— Méditer, dis-je en tripotant l'objet. Ça m'aide un peu quand — d'écrire.

– Tu n'envisages pas de devenir bonne sœur, n'est-ce pas ? dit Lydia en rigolant.

Je secouai la tête et éclatai de rire. Elle posa les mains sur mes épaules et m'attira vers elle.

— Merci pour tout, maman.

Mes oreilles prirent feu. Je n'arrivais pas à le croire.

Ma tête de mule de fille qui m'avait toujours appelée Helen venait enfin de dire maman.

45

Le bout de la queue

Les libérer… mais sous certaines conditions.

Cette après-midi-là, j'enfilai son harnais à Jonah pour l'amener dans le jardin derrière la maison.

Tandis que je m'étirai dans une chaise longue et fermai les yeux, il sauta sur le transat voisin. Ronronnant et se roulant dans la chaleur dorée du soleil, il m'invitait à lui caresser le ventre. Comme toutes les bonnes concubines, je m'exécutai.

Un demi-cachet de Prozac pour chat faisait partie de son régime quotidien. Il était toujours fou, charmant et tyrannique mais le médicament avait grandement résolu son « petit problème ». Ces temps-ci, il n'urinait que si l'un des chats noirs de la rue venait le narguer à travers la fenêtre, ou bien s'il surprenait quelqu'un avec une valise. Le piano de papa était toujours une source d'intérêt malsain, aussi restait-il, à la grande curiosité des visiteurs, sous son emballage protecteur.

— Tu es un bon garçon, pas vrai ? dis-je, tandis qu'il se laissait aller sur le côté et fermait les paupières.

Notre matou semblait si calme et si heureux que je décidai de prendre le risque de lui donner ce qu'il désirait depuis toujours. Il parut à peine remarquer que je dégrafais son harnais. Nous gisions côte à côte, savourant le soleil et notre compagnie mutuelle. Il était libre à présent et il choisissait de rester avec moi. Flattée, je fermai les yeux pour somnoler moi aussi.

Je n'arrivais pourtant pas à me détendre. Toutes les cinq secondes, je vérifiais qu'il se trouvait encore à mes côtés. Il semblait plongé dans le coma. Mais, le scrutant entre mes cils, je le surpris qui m'examinait d'un regard perçant, comme pour s'assurer que je dormais.

Je décidai de faire semblant, pour mieux surprendre la sournoise créature en train de m'observer encore une fois. Ravi de me croire inconsciente, il sauta du siège, s'ébroua d'un air satisfait et s'enfuit. Mon cœur se serra quand je le vis disparaître au coin de la maison.

Soupirant à la perspective d'une nouvelle traque dans le quartier, je quittai ma chaise longue et partis péniblement à sa recherche. Ce chat ne méritait décidément pas ma confiance.

Quand je franchis l'angle, il avait déjà dépassé la poubelle. Bien trop loin pour que je puisse le rattraper, même si je me lançais dans un sprint.

— Jonah ! couinai-je. Reviens.

Il se figea, tourna son beau museau vers moi et cligna des paupières.

— Ce serait gentil à toi de rester à la maison, dis-je.

Il hésita. Je pensais qu'il s'enfuirait d'une seconde à l'autre. Mais, nouvelle surprise, il s'allongea dans l'allée, roula sur le dos les pattes en l'air comme pour dire : « Tu n'as qu'à venir me chercher. »

Le berçant dans mes bras, j'embrassai son front poilu. En retour, il me gratifia d'un ronronnement fort sympathique. Il avait apprécié la plaisanterie.

Les chats et les filles. Laissez-les traîner un peu.

Mais tenez-les à l'œil.

Remerciements

En devenant une auteure internationale, j'ai eu la chance de rencontrer des hommes et des femmes extraordinaires. C'est un privilège de travailler avec une des plus grandes éditrices du monde, Lisa Highton, ainsi qu'avec son équipe à Two Roads. Lisa est généreuse, charitable et sage. C'est un honneur pour moi de la compter parmi mes amies.

Je me suis souvent demandé pourquoi les écrivains remercient leurs agents. Depuis que la divine Elizabeth Sheinkman de Curtis Brown s'occupe de moi, j'ai compris. C'est une visionnaire et une provocatrice… qui est aussi incroyablement séduisante.

Je serai toujours reconnaissante à Louise Thurtell chez Allen & Unwin à Melbourne. Et à Martina Schmidt de Deuticke, Autriche, pour avoir transformé Cléo en élégante chatte parlant l'allemand, et pour être devenue une amie chère.

Remerciement sincère à mon vieil ami Ross Alley pour les dîners spectaculaires qu'il organise chaque fois que je viens à Londres. Et à Emily et Michael Deane, ainsi qu'à ma nièce Nicola Dryden, pour m'avoir fait mourir de rire la dernière fois.

Merci, aussi, aux merveilleux lecteurs de *Cléo* qui m'ont envoyé des courriels du monde entier pour dire qu'ils allaient recommander le livre à leurs amis. C'est la chose la plus agréable qu'un auteur puisse entendre.

Robert Dark, génie des ordinateurs et père de cinq enfants, m'a aidée à comprendre la puissance d'un site web.

Je m'incline devant Julie Wentworth, meilleur prof de yoga de la Terre, pour ses séances du vendredi après-midi dans son appartement pendant que je travaillais sur ce livre. Elle fortifie l'esprit.

Gratitude, aussi, pour les massages de Bronwyn Quigley et les entraînements avec Stephen Holden. Sans leur aide pour maintenir mon corps en état de marche, je me serais écroulée.

L'amitié de Douglas Drury, Deirdre Coleman, Liz Parker, Sarah Wood, Geoff Clifford et Sue Peden, Heather Leviston, Rocky et Jeanie Douche, Roderick et Gillian Deane, Mano et Hether Thevathasan, James Fisher, Kim Paleg et d'autres, est inestimable.

Toute ma reconnaissance aux médecins et infirmières qui m'ont permis de traverser le cancer du sein. Gribouiller un livre ou deux n'est rien comparé à leur travail : sauver des vies.

Merci à mon frère Jim Blackman et à son partenaire Aaron Beckett.

Et à Bronte et Stevan chez Spoonful pour me fournir en café, carburant indispensable à un écrivain.

Certains fans sont là depuis des années, ranimant ma confiance quand elle vacillait. Maureen Riesterer, Mary Stanley-Shepherd et Jim Chalmers de Christchurch, Faye Ketu d'Ekatahuna, Iskra Levi et beaucoup d'autres. Vous vous reconnaîtrez.

Il est impossible d'exprimer une reconnaissance suffisante à ceux qui ont accepté d'apparaître dans ce livre sous leur nom véritable. Vivienne Smith, extraordinaire comportementaliste animale, nous a aidés à mieux comprendre notre chat difficile.

Ma sœur, Mary Dryden, mérite une mention spéciale. Non seulement elle a amené Jonah dans nos vies, mais elle a surtout apporté sa lumière dans notre maison quand nous en avions besoin.

Les gens me demandent parfois comment ma famille perçoit le fait d'être le sujet de mes livres. Tout ce que je sais, c'est que ses membres sont incroyablement tolérants et généreux. Philip, Katharine, Rob, Chantelle et petite Annie… vous êtes les joyaux de ma vie.

Mes plus grands remerciements vont à Lydia qui a si généreusement accepté d'être le centre de cette histoire. Nul doute que tu l'aurais racontée différemment. Un jour, peut-être, le feras-tu. D'ici là, j'espère que tu apprécieras ce livre pour ce qu'il est… une espèce d'histoire d'amour.

Et Jonah, si tu lis ceci, il en va de même pour toi.

Cet ouvrage a été réalisé par Patrick Leleux PAO
14123 Fleury-sur-Orne

Achevé d'imprimer sur rotative
par l'Imprimerie Darantiere
à Dijon-Quetigny
en janvier 2013

N° d'impression : 13-0040
Dépôt légal : février 2013

Imprimé en France